KB165668

# 노예 12년

**일러두기**

• 본문에서 첨자로 부연 설명한 것은 옮긴이가 달았다.

# 노예 12년

## 19세기 한 자유인의
## 기구하고 참혹한 노예생활

**솔로몬 노섭 지음**

데이비드 윌슨 엮음 | 박우정 옮김

글항아리

농장에서 작업복 차림을 한 솔로몬 노섭.

# '자유인이란 누구인가'를 알게 해준
# 한 노예의 위대한 논픽션

노만수 시인·서울디지털대 문예창작학부 교수

자서전 혹은 수기는 미국의 초기 '아프리카계 미국인(흑인)' 문학에서부터 19세기 전반 노예 이야기Slave Narrative의 전성기를 거치면서 뿌리를 깊이 내렸다. 그리고 부커 워싱턴, 마틴 루서 킹, 맬컴 엑스 등에 의해 오늘날까지도 부단히 이어져오는 미국 소수자 문학의 대표적인 전통 양식이다.

특히 19세기 초반부터 흑인들이 노예로서 겪은 체험을 담은 자전 기록은 엘리트 지배층인 백인 독자들에게도 큰 반향을 일으켰다. 예컨대 프레더릭 더글러스의 『미국인 노예: 프레더릭 더글러스의 인생 이야기An American Slave: Narrative of the Life of Frederick Douglass』(1845), 윌리엄 브라운의 『도망 노예 윌리엄 브라운의 이야기Narrative of William Wells Brown, a Fugitive Slave』(1847), 헨리 비브의 『미국인 노예 헨리 비브의 삶과 모험 이야기Narrative of the Life and Adventures of Herny Bibb, on American slave』(1849), 솔로몬 노섭의 『노예 12년Twelve Years A Slave』(1853), 그리고 부커 워싱턴의 『노예제의 극복Up From Slavery』(1900) 등과 같은 작품들이다.

솔로몬 노섭이 자신의 자서전을 "꾸며낸 이야기도 아니고 과장하지도 않았다"라고 밝힌 대로, 현실에서 실제로 벌어졌던 일들을 '사실 그대로' 충실하게 반영한 이런 논픽션 전기들은 그 역사적·문화적 가치가 매우 컸다. 미국사에서 가장 추악했던 노예제의 본질과 그 문제의 근간들, 그리고 흑인(과 혼혈인) 노예들의 비통하고 처참한 삶의 곡절을 감동적으로 묘사하며 노예 제도의 참상을 고발하고, 노예제 폐지운동의 프로파간다 자료로 선용되었기 때문이다. 이른바 노예 억압에 항거하는 '저항protest 문학'의 전통을 세우며, 아프리카계 미국인 노예들의 갖가지 삶의 참모습을 기록한 보고로서 반노예제 휴머니즘 운동의 큰 원동력이 되고, 이후 본격적인 흑인 문학의 밑바탕 구실을 한 것이다.

## 미국사를 바꾼 가장 고귀한 자서전

'바이올리니스트 자유인' 솔로몬과 '노예' 플랫이라는 두 사람 몫의 삶을 산 한 흑인 남자의 거짓말 같은 실화 『노예 12년』은 미국에서 2013년 10월 스티브 매퀸 감독의 영화로 개봉되면서 대중적 관심이 지대해졌다. 책도 베스트셀러가 되고 여러 출판사에서 거듭 펴내고 있다. 이 영화는 2014년 1월 제71회 골든 글로브 시상식에서 7개 부문에 최다 노미네이트되며 최우수작품상을 수상했고, 미국제작자조합상, 런던비평가협회 등에서도 작품상을 휩쓸며 대중성과 예술성을 함께 인정받았다. 영화의 성공은 노예제에 관한 교과서로 널리 읽혀왔던 원작의 힘이 컸다는 게 중론이다.

1808년 뉴욕 주의 자유인으로 태어난 솔로몬은 1841년 일자리를 구해준다는 두 명의 백인에게 속아 워싱턴DC로 갔다가, 납치되어 노예상인 제임스 버치에게 팔렸다. 노예 소유주의 성을 따르는 관습에 의해, 솔로몬 노섭은 이후 주인이 세 번 바뀌면서 '플랫 포드-플랫 티비츠-플랫 엡스라는 이름으로 불리며 12년간 노예의 굴레가 씌워진 채 살았다. 그의 아버지를 노예로 소유했던 주인의 아들 헨리 노섭이 뉴욕 주지사와 다른 여러 관청에서 솔로몬이 자유인임을 증명하는 문서를 가지고 찾아와, 1853년 1월에 드디어 구출되었다. 솔로몬은 가족들이 있는 뉴욕으로 돌아와 노예상인들을 법정에 고소했지만, 노예상인들은 솔로몬이 자유인 신분임을 몰랐다고 변명함으로써 무혐의로 풀려났다. 이후 솔로몬은 노예제 폐지 운동가로 강연과 연설을 하던 중 행방불명되었다. 사망 연도나 원인은 분명히 밝혀지지 않았다. 1860년대 초에 퀘이커 교도들과 트루스Sojourner Truth나 터브먼Harriet Tubman과 같은 노예 출신들이 구축한 '지하철도underground railroad'라는 조직에 참여해 도망노예들에게 은신처와 탈출 수단을 제공했다는 기록도 있다.

남북전쟁 전 유색 인종의 자유와 미국적 정의의 한계, 노예제를 둘러싼 남부와 북부의 단계적 갈등을 세세하게 알려주는 이 책은 미국의 수도 워싱턴에서 흑인 자유인을 납치해 노예로 파는 대목에서부터 시작된다. 국회의사당이 훤히 보이는 곳에서 자유인이 노예상인에게 팔려나가는 인신매매가 어떻게 가능했을까? 1850년에 선포된 도망노예법Fugitive Slave Act에 대한 이해가 우선 필요하다. 동시에 1852년에 출간된 해리엇 비처 스토의 픽션(소설)『톰 아저씨의 오두막』이 노예제 폐지론자들의 양심을 크게 일깨운 측면도 주지해야 한다.

물론 『노예 12년』은 스토의 소설만큼 팔리지는 않았다. 그러나 소설이 아니라 '논픽션 자서전'이라는 점에서 『톰 아저씨의 오두막』이 단지 '비현실적인 공상'이라는 남부 백인들의 주장을 강력하게 반박할 증거 자료가 될 수 있었다. 솔로몬이 풍부한 증거가 뒷받침되는 사실과 역사적 진실만을 기술한다는 원칙을 엄격하게 고수한 덕분이었다. 다시 말해 솔로몬의 논픽션(자서전)은 스토의 픽션(소설)이 현실세계에서 충분히 일어날 수 있는 '사실관계'였다는 것을 고증해준 셈이었다. 가령 스토의 소설 속 노예 엘리자가, 자신의 아이가 남부 사람에게 팔려가는 것을 보며 울부짖는 대목은, 솔로몬의 자서전에서 일라이자가 두 아이와 각각 따로 팔려가는 실제 상황에 다름 아니었다.

솔로몬의 실제 이야기가 대중적 매력을 발산했던 결정적인 까닭은 솔로몬이 플랫이라는 노예로 10년 동안 속박당했던 루이지애나의 바유뵈프 지역이, 스토의 소설 속에서 잔인한 노예 매매업자로 등장하는 사이먼 러그리의 '가상fictional 농장'과 단 100킬로미터 정도밖에 떨어지지 않았고, 또한 솔로몬이 묘사한 현실세계의 인물들이 스토가 창조한 허구의 인물들과 매우 엇비슷했기 때문이다.

솔로몬의 자전적 기록문학은 그를 구출해준 변호사 헨리 노섭의 제안으로 이뤄졌다. 헨리 노섭이 생각하기에, 솔로몬의 경험담은 노예제 폐지라는 정의를 실현시킬 수 있는 굉장히 흥분할 만한 소재였음에 틀림없었다. 뉴욕의 유색 자유인이 납치당해 차꼬를 차고 12년 동안 뉴올리언스 등에서 노예로 살다가 풀려나 작가가 되었다는 괄목할 만한 사실은 그당시 상상만 해도 충격적인 사건이었다. 당시 언론들은 즉각적으로 이를 대서특필하며, 솔로몬의 자서전은 스토의 소설을 첫 번째로 실증한 '가장 고귀한 논픽션'이라는 식의 평가를 내렸다. 스토는 『해방자The liberator』 (1953년 8월 26일)에서 "솔로몬 노섭이 강제노동을 한 농장이 바로 톰 아저씨가 속박당했던 레드 강 유역이라는 점, 그리고 농장에 대한 묘사와 그곳에서의 생활 형태, 그가 설명한 몇 가지 사건이 톰 아저씨 이야기와 보기 드물게 유사하다는 점은 미국 역사에서 참으로 놀라운 광경이다"라고 말했다.

스토의 소설보다 한 해 늦게 출간된 『노예 12년』은 첫 달에 8000부가 팔리고, 당시 논픽션 시장에서 3만 부라는 적지 않은 판매고를 올렸다. 1856년 최종판이 나올 때까지 몇 차례나 더 찍혀 나오며, 노예제 문제를 공론화하는 데 크게 이바지했다. 그러나 이후 절판되었다. 오랫동안 먼지 더미 아래 묻혀 있던 이 책은 1960년대 들어서야 다시 주목받기 시작한다.

이에 혁혁한 공을 세운 사람이 역사학자 수 아이킨Sue Lyles Eakin(1918~2009)이다. 그녀는 열두 살 때, 솔로몬이 노예생활을 했던 루이지애나 주 뵈프 강 근처의 한 플랜테이션 농장 서재에서 오리지널판을 발견했다. 이것을 평생의 연구 주제로 삼은 그녀는 드디어 1968년, 10년간의 연구 끝에 가장 권위 있는 '솔로몬 노섭 자서전 비평판'을 펴냈다. 2007년에는 여든여덟 살의 나이로 100페이지가 넘는 새로운 정보와, 이전에는 출판되지 않았던 사진, 그리고 이야기와 얽힌 독특한 지도 등을 함께 수록한 결정판을 완성했다. 텔레마코스 프레스에서 출간한 '수 아이킨 주석판'에는 솔로몬이 자유를 되찾은 이후의 삶, 역사적 맥락 등을 고찰한 200개가 넘는 주석이 140페이지 분량으로 실려 있다.(한국어판에서는 생략했다.)

흑인 노예 당사자의 체험을 방대하고 상세하게 사실대로 쓴 '논픽션 기록물'이라는 이 책의 독특한 가치를 재발견한 수 아이킨의 노력으로 솔로몬의 수기는 '미국 자전문학의 정전canon'이자 '불후의 논픽션 고전'으로 확실히 자리매김할 수 있었다. 1000개가 넘는 미국 독자들의 독서 후기도 거의 마찬가지다. 더불어 '미국의 미시생활사'를 연구하는 데 활용 가치가 높은 역사 자료로도 손색이 없다. 패코드리 늪과 레드 강 등 미국 대륙의 광활한 자연과 동식물에 대한 생동감 넘치는 묘사, 목화와 사탕수수 재배법, 노예 식량 대용으로 쓰인 너구리나 주머니쥐 사냥, 유일한 휴가 크리스마스 무도회, 노예의 결혼 풍습, 차꼬와 통발의 형태, 베이컨 저장법,

호리병박의 쓰임새, 노예 사냥 등등에 대한 흥미진진하고 세부적인 서술은 '사실이 말하게 한다'는 역사학의 기본 논리에도 충실하기 때문이다.

## 위대한 인간 해방 전쟁을 낳은 한 흑인의 시대적 문제작

미국 노예제의 역사, 특히 1850년대 전후 남부(노예 주州)와 북부(자유 주州) 간에 열띤 논쟁을 자아냈던 도망노예법을 미리 파악해두는 것이 이 책을 이해하는 지름길이다. 17세기 말 미국의 담배 농장들이 흑인 노예들을 주된 노동력으로 삼으면서 아프리카 노예들이 북아메리카로 유입되었다. 1776년 미국의 독립 이후에도 남부 경제의 토대는 노예노동이었다. 한편 북부는 임금노동에 경제 기반을 두었다. 노예제가 남부에서는 경제적 이득과 직결되었지만, 북부는 도덕적으로 용납할 수 없다는 인정 논리가 대세였다. 이는 남부와 북부 사이에 위화감을 불러일으켰다. 이러던 차에 목면 방적기와 목면 수확 기계가 도입되어 목화 생산이 비약적으로 증가하자, 노예제를 사회 필요악으로 마지못해 인정해오던 남부의 정치인들과 교회지도자들은 이제 필수불가결한 제도로 용인하기 시작했다.

남북 문제의 근원을 거슬러 올라가자면, 나폴레옹이 전쟁 자금 마련을 위해 미국에 팔아버린 루이지애나 땅에 1819년 미주리 주가 수립되고, 노예 주로 연방에 가입하겠다고 요청하면서 본격화되었다. 당시 남북은 자유 주와 노예 주의 숫자가 11주씩 균형을 이루고 있었다. 자유 주란 주의 헌법에 노예 강제노동을 폐지한다는 조항을 새겨놓은 북부의 주들이다. "1840년 5월 14일에 통과된 법에는 '뉴욕 주의 자유인이 납치되거나 노예 신분으로 전락하는 것을 좀더 효과적으로 방지하기 위한 법령'이란 이름이 붙어 있었다. 이 법은 자유 주의 자유인 혹은 주민이 부당하게 붙잡혀 있거나, 노예 취급을 받았다는 납득이 갈 만한 정보를 입수했을 경우 그 사람의 필요에 따라 자유를 되찾아줄 조치를 취하는 것이 주지사의 의무"라고 규정했다. 반면 남부 노예 주들에는 이러한 법 조항이 없었다.

미주리 문제는 1820~1821년의 타협안에 의해, 루이지애나 남쪽 지방에서는 노예제를 존속시키고 북쪽 지방은 자유 주로 하되 미주리는 예외를 둬 노예 주로 인정한다는 것으로 마무리되었다. 북부에도 뉴햄프셔 주의 땅을 떼어내 메인 주라는 새로운 자유 주 하나를 세움으로써 남북의 균형을 잃지 않았고, 또 이후로 북위 36도 30분 이북의 지역에서는 노예제를 금지하는, 즉 노예 주와 자유 주(또는 남부와 북부)의 경계가 되는 '메이슨딕슨 라인'이 설정되어 미연방의 분열 위기를 잠시 모면했다.

1850년에 남부의 노예 가격은 어림잡아 총 1억 달러쯤이었다. 당시의 면화 붐으로 남부인들은 날이 갈수록 새로운 경작지를 찾아 서부로 이주해갔다. 북부인들은 남부인들이 서부를 차지하며 노예제를 미국 전역에 퍼뜨릴까봐 걱정했다. 남부인의 입장에서, 만약 서부 개척 정책에 따라 서부의 미개척지를 노예 주로 확장해 노예의 수요가 많아지고 노예를 아무런 제약 없이 신생 주들로 수출할 수 있다면, 그 가격은 금세 갑절 이상으로 뛸 게 틀림없었다. 반면 북부는 국제적으로 지탄받는 노예제가 서부의 신생 주에까지 확대되면, 미국이 미개 국가의 오명을 뒤집어쓰게 될 것을 우려했다.

이러한 상황에서 미주리 협정은 더 이상 버티기가 어려웠다. 서부의 캘리포니아를 자유 주로 할 것인가 노예 주로 할 것인가를 두고 남북은 또다시 첨예하게 대립했다. 그래서 나온 것이 도망노예법이었다. 캘리포니아를 자유 주로 하고 이 지역에서 노예무역을 폐지하되, 그에 대한 보상으로 노예 주에서 자유 주로 도망친 노예들을 엄격히 단속하자는 법령이었다. 연방보안관은 도망노예를 잡기 위해 어떤 시민에게라도 도움을 요청할 수 있었다. 도망노예로 고발된 이들에게 법적 소송은 허락되지 않았다. 도망노예를 도와준 자는 길게는 6개월 동안 감옥에 갇히고 1000달러의 벌금을 물었다. 이것은 백인이라면 어떤 흑인이라도 도망노예로 몰아붙일 수 있게 해주었다. "도망친 노예를 붙잡으면 때때로 돈벌이가 되었다. 통행증이 없는 노예를 발견했다고 공지한 뒤 주인이 나타나지 않으면 가장 높은 값을 부른 사람에게 팔 수 있었다. 노예를 되찾아가는 경우에도 노예를 발견한 사람에게 일정한 수수료를 주었다. 그래서 이런 놈팡이들에게 '비열한 백인'이란 별명이 붙여졌다." 도망노예가 자유 주에 있는 것도 더 이상 안전하지 않게 되었던 셈이다.

하지만 도망노예법은 남북의 갈등을 완화시키기는커녕 더 악화시킬 뿐이었다. 이런 시기에 북부 자유 주 사람들의 양심을 뒤흔들었던 대표적인 책이 바로 해리엇 스토의 소설과 솔로몬 노섭의 자서전이었다. 사회적 파장은 컸다. 노예제로 인한 남부와 북부의 갈등은 전쟁이 아니면 더 이상 해결할 수 없는 국면으로까지 치달았다. 1854년에는 '캔자스-네브래스카법', 즉 캔자스와 네브래스카 준주準州(아직 주의 자격을 얻지 못한 지역)를 창설하고, 주민투표를 통해 노예제 인정 여부를 결정할 수 있게 허용했다. 이로 인해 이 두 주는 남부와 북부가 각자의 세력을 확장하려는 각축장이 되었고, 노예제 찬성파와 반대파 분대들이 캔자스로 밀려들어와 '피의 캔자스 사태'를 일으켰다. 민주당과 휘그당 모두가 분열되었고, 공화당이 창설되면서 미국은 두 개의 정치 진영(북은 공화당, 남은 민주당)으로 쪼개졌다. 마침내 1861년 4월 남부 연맹이 섬터 요새의 수비대를 향해 포탄을 발사하자, 남북전쟁이 발발했다.

**노예제를 통해 인간 본성의 극한까지 파헤친 자전문학의 정전**

이러한 역사적 배경 아래에서, 이 책은 다양한 인간 군상으로 노예제의 진상을 폭로·고발하면서 노예제의 그림자와 주인공이 자유를 되찾은 과정을 핍진하게 보여주고 있다. 갈등의 두 축은 '노예와 노예 소유주' 그리고 '노예 폐지론자와 노예제 옹호론자'다. 하지만 선악의 이항 대립 구조를 '칼로 무 자르듯이' 쉽게 자를 수만은 없는 노릇이듯 윌리엄스, 아서, 채핀, 피터 태너, 에이브럼, 피비, 치안판사 찰스 휴즈 등 많은 조연을 통해 노예제에 대한 복합적인 반응을 엿볼 수 있게 해준다. 흑인들도 제각기 다르다. 가령 엡스의 농장에서 감시인 노릇을 하는 흑인 노예 톰은 "건장한 체격의 남자로 가혹하기가 짝이 없었다."

남부인들은 당연히 노예제가 야만적이라는 것을 알면서도 경제적 이익 때문에 성경을 왜곡하기까지 한다. 성경이 흑인을 노예로 삼으라고 가르쳤다, 백인과 흑인은 본래 신분이 다르다, 흑인에게는 주인의 가호를 받는 노예 상태가 더 좋다, 라는 식이다. 「누가복음」 20장 47절을 '하느님이 노예 폭력은 정당하다고 말씀하셨다'라고 해석하는 피터 태너와 남부 사람 대개가 이런 입장이었다.

하지만 백인들이라고 깡그리 '그 나물에 그 밥'이라며 한통속으로 싸잡을 수는 없었다. 솔로몬은 플랫이라는 이름의 노예로 지내는 동안 세 명의 주인을 거쳤다. 그가 감사하면서 떠올리는 주인이 있는가 하면 괴로운 심경으로 떠올리는 주인도 있다. 이렇듯 이 책은 억압받는 흑인과 잔인한 백인이라는 단순한 선악 구도를 따르지 않고, 또한 인물들의 성격과 심리묘사가 중층적이라는 점에서 문학적으로도 높은 평가를 받을 수 있다.

물론 솔로몬의 진술대로 노예 소유주는 '선한 노예주'와 '악한 노예주'로 나뉜다. 윌리엄 포드 대 티비츠·에드윈 엡스가 이러한 양극단의 태도를 보여준다. 솔로몬의 첫 번째 노예주였던 윌리엄 포드는 선한 노예주다. 플랫 포드(솔로몬)의 눈에도 침례교 전도사인 그는 "친절하고 고상하며 솔직한 기독교인"이다. 반면에 '노예 파괴자' 에드윈 엡스는 유색 인종을 "단지 노새나 개와 다름없는 살아 있는 소유물로서 '순수 동산動産'으로 여길 뿐이었다. 그들이 개들에게 죽도록 물어뜯기고 있어도, 이득만 된다면야 아무렇지 않게 바라볼 수 있는 그런 냉정하고, 잔인하고, 부당한 인간이었다."

하지만 아이들과 따로따로 팔린 일라이자를 성심성의껏 위로하는 포드일망정, "평생 살아오는 동안 영향을 받고 관계를 맺어온 주변 사람들과 환경이 노예제 밑바탕에 내재한 악을 보지 못하도록 그의 눈을 가리고 있었다. 그는 다른 사람을 노예로 부리는 자의 도덕적 권리에 의문을 품지 않았고, 자기 조상과 같은 시각과 방식으로 세상을 보았다." 솔로몬은 이 지점에서 인간은 선과 악, 사랑과 혐오의 본성을 동전의 양면처럼 동시에 갖추고 있다는 점을 꿰뚫어본다.

선한 사람도 노예제 아래에서 무책임한 절대 권력을 갖게 되면 얼마든지 악한 자가 될 수 있고, 악한 사람일지라도 종교적 혹은 도덕적 감화에 따라 얼마든지 선한 사람으로 거듭날 수 있지 않은가? 선과 악에 대한 이런 이원적이고 길항적인 입장은 노예제에 대한 조망에도 적용된다. 솔로몬은 노예제가 단연코 폐단인데도 불구하고 무너지지 않는 까닭은, 노예제 아래에 있는 선한 노예 소유주들 탓이라고도 인식하는 듯하다. 선한 노예 소유주들의 관용 때문에 악질 농장주의 비인간성이 감춰지는 것이다.

말인즉슨 노예제가 악이라는 것을 인식하면서도 노예제 폐지 운동을 하지 않는 '선한 자의 부작위성'은 결국 노예제를 옹호하는 것이나 마찬가지라는 논리다. 이렇듯 인간성에 대한 야누스적인 시각은 『노예 12년』을 관통하는 사상이다. 인간 본성의 내부 모순은 '선한 노예주'인 윌리엄 포드와 여자 농장주 매코이를 통해서도 잘 드러나고 있다. 궁극적으로 솔로몬은 노예제가 '병 주고 약 주는 웃기는' 제도라고 진단하는 듯하다. 그래서 이 책은 노예제를 통해 인간 본성의 극한까지 파헤치며 '무릇 인간이란 무엇인가'에 대한 깊이 있는 통찰을 담을 수 있었을 것이다.

"열두 살쯤 먹은 똑똑한 아이" 엡스의 맏아들을 보자. 이 아이는 "에이브럼에게 왜 일을 그렇게 했느냐고 물어보고, 그 어린 머리로 생각하기에 에이브럼의 대답이 만족스럽지 않은 것 같으면 그에게 채찍질 형벌을 내리곤 했다. 이 모습을 본 엡스는 매우 기뻐했다. 그럴 때면 아이는 노예들이 딱히 잘못한 것도 없는데 가죽 채찍을 휘두르며 노예들에게 일을 제대로 하라고 욕설을 섞어 소리치곤 했다." 솔로몬은 때문에 "어릴 적부터 이런 환경에서 자란다면 아이의 천성이 아무리 착하다 한들 노예들의 고통과 힘겨운 삶에 대해 관심을 가진 어른으로 성장하기란 거의 불가능하다. 이렇게 부당한 제도가 버젓이 행해지면서 그 안에 사는 이들의 영혼도 무정하고 잔인하게 변해가는 것"이라고 지적한다. 노예제 아래서 살아가는 사람들은 결국 사악해질 수밖에 없다는 것이다. 단도직입적으로 사람을 사고파는 상품으로 취급하는 인신매매 장사치들에게서 사람다운 자의식이나 행동이 나오기를 어찌 바랄 수 있겠는가.

물론 솔로몬은 백인 중에서도 노예제 폐지를 주장하며 행동하는 "고귀하고 너그러운 마음씨를 지닌 영혼의 소유자"가 있다는 것을 숨기지 않았다. 바로 그의 편지를 북부로 전달해준 노총각 목수 배스가 그러한 인물이다. 솔로몬의 눈에 배스는 "의롭고 옳은 일을 하기 위해 죽음도 불사했다." 특히 배스가 에드윈 엡스와 벌인 논쟁은 노예제를 둘러싼 남부와 북부의 생각 차이와 "모든 인간은 자유롭고 평등하게 창조되었다"는 미국의

독립선언문 정신을 여실히 보여주고 있어 흥미롭다. "흑인들이 원숭이 정
도의 지능밖에 없다고 생각한다면 그것이 엡스와 같은 백인들의 책임임
을 아셔야 합니다. 이 나라에는 아주 무서운 죄악이 만연해 있고, 언젠가
는 반드시 그 죄에 대한 대가를 치르게 될 것"이라는 배스의 주장은 묵시
론적 예언을 담고 있어, 찌릿찌릿하기까지 하다.

　한편 일라이자의 경우를 통해 알 수 있듯, 당시 농장주 백인들은 흑인
여자 노예를 상대로 혼혈아를 낳아 길렀다. 하지만 참혹한 인권 유린으
로 생각하지 않고, 도리어 법과 관습에 의해 허가된 떳떳한 행위이자, 노
예 신상품을 증식시키는 이로운 행위로 여겼다. 이로 인해 흑인 여자 노예
들은 노예 소유주들의 욕정, 탐욕, 증오, 오만, 질투, 분노, 잔학성, 악취미
등 인간 오욕칠정의 처참한 피해자가 될 수밖에 없었다. "날씬하고 아름답
고 마음씨 착한" 탓에 "음탕한 주인의 욕정에 찬 눈길 앞에서 움츠러들고,
안주인의 손아귀에서는 생명의 위협까지 느낀" 여자 노예 팻시가 그랬다.

　이런 유형의 등장인물이 수려한 외모이거나 흑인 엘리트이면서도 '비극
적 혼혈tragic mulatto'로 나오는 것은, 흑인 노예 작가 윌리엄 웰스 브라운이
쓴 첫 번째 미국 흑인 소설 『클로텔 또는 대통령의 딸Clotel, or The President's
Daughter』(1853)을 시발점으로 하여 어느덧 미국 흑인 문화의 전통이 되었
다. 까막눈이던 당시의 흑인들과는 다르게, 솔로몬도 글을 쓸 줄 아는 지
식인 물라토였고, 그의 어머니는 노예인 적이 없었던 흑백 혼혈 1세대였
다. 흑인 저자들이 엘리트 혼혈 흑인을 주인공으로 선호하는 까닭은, 백
인 지배의 미국이 흑인에게 입히는 비정한 인종 박해를 훨씬 더 극적으로
폭로하기 위해서였다. 또한 흑인도 백인과 마찬가지로 지적인 힘과 문화적
교양을 갖추고 있다는 것을 역설하기 위해서였고, 더불어 백인의 세계관
을 답습하는 흑인 엘리트층의 겉으로만 착한 척하는 짓과 허위의식을 자

아비판 식으로 들춰내고자 한 의도였다.

노예제는 150년 전 무렵에 사라졌다. 솔로몬의 자서전도 평범한 졸작이었다면 노예제와 함께 사라졌을지 모른다. 고전은 다시 읽음으로써 독자 자신의 다양한 모습을 발견하게 한다고 한다. 『노예 12년』을 읽으면서 우리 자신이 자유를 속박당하는(혹은 속박하는) 사람이 아닌가라는 생각이 든다면 이 책의 가치는 현재진행형일 것이다. 만약 그렇다면 철저한 사실에 입각해 인간성에 대해 진실한 묘사를 추구한 솔로몬의 자서전은 논픽션 고전의 반열에 올라선 작품임에 틀림없을 것이다.

분명 흑인 노예제는 사라졌음에도 불구하고, 그 기둥이 되었던 '물질적 이익을 위해 인간의 양심과 도덕을 배반하는 현상'은 여전히 횡행하고 있다. 돈이나 권력이 소수에게 집중되어, 힘없는 사람들이 자유를 억압받는 상황이 이곳저곳에서 발견되지 않는가! 그래서 솔로몬의 다음과 같은 웅변이 더더욱 귀에 쟁쟁하다.

나는 평생 동안 북부의 자유로운 공기를 마시며 살았고 내게도 백인들과 똑같은 감정과 애정이 있다는 걸 알고 있었다. (…) 나는 노예제의 원칙을 지지하거나 인정하는 법과 종교를 이해할 수 없었다. 나를 찾아온 모든 노예에게 늘 기회를 봐서 자유를 위해 싸우라고 조언했다. (…) 채찍질에 갈기갈기 찢긴 등에서 피가 흐르는 노예가 복종과 용서를 미덕으로 삼아 다시 일어날 것이라 생각한다면 그것은 오산이다. 언젠가는, 우리의 기도를 듣는 신이 정말 계신다면 언젠가는 끔찍한 복수의 날이 올 것이며 그때는 주인된 자가 자비를 베풀어달라며 오히려 애원해야 할 것이다.

# 서문

편집자로서 처음에 이 이야기의 출판을 준비하기 시작했을 때는 이 정도 분량이 되리라곤 예상하지 못했다. 그러나 내게 전해진 사실을 모두 담기 위해서는 지금의 길이로 늘려야만 했다.

이 책에 담긴 진술들 중에는 풍부한 증거가 뒷받침하고 있는 것이 많고, 그렇지 않은 진술들은 솔로몬의 주장에 전적으로 의지했다. 솔로몬은 진실만을 말한다는 원칙을 엄격하게 고수했기 때문에 적어도 편집자는 그의 진술에서 모순이 있거나 불일치한 부분을 발견하지 못했고 충분히 납득했다. 그는 아주 사소한 세부 사항도 어긋나지 않게 같은 이야기를 반복했고 원고를 꼼꼼하게 정독해 아주 미미하더라도 정확하지 않은 부분이 나타날 때마다 고쳤다.

솔로몬은 노예로 지내는 동안 몇 명의 주인을 거쳐야 했다. '파인우즈'에서 그가 받은 대우는 노예 소유주 중에는 잔인한 사람만이 아니라 인간적인 이들도 있다는 것을 보여준다. 솔로몬이 감사하면서 떠올리는 주인이 있는가 하면 괴로운 심정으로 이야기하는 주인도 있다. 바유뵈프에서 솔로몬이 겪은 경험을 담은 다음의 이야기는 그 지역에 현재 존속하는 노예제의 모든 빛과 그림자를 정확하게 묘사하고 있다. 편집자가 이 책을 펴내며 가장 중요하게 여긴 부분은 선입관이나 편견에 빠져 치우치지 않고 솔로몬의 삶을 그가 말한 그대로 충실하게 전하는 것이었다.

이 책에서 문체나 표현의 오류는 발견될지 모르지만 편집자로서 나는 이 목적을 이루는 데는 성공했다고 믿는다.

데이비드 윌슨

뉴욕 주 화이트홀에서 1853년 5월

# 노예 12년
# 12 years a slave

## 차례

# 01 나는 자유인이다

나는 자유인으로 태어나 30년 넘게 자유 주州에서 자유의 축복을 누렸다. 그러다 납치되어 노예로 팔려가 12년 동안 속박되어 살았는데 다행히 1853년 1월에 구출되었다. 이러한 내 삶과 운명을 다룬 이야기가 사람들에게는 흥미롭게 느껴질 것이다.

자유를 되찾은 뒤 나는 북부의 여러 주에서 노예제에 대한 관심이 높아진 걸 알게 되었다. 노예제의 혐오스러운 면뿐만 아니라 유쾌한 부분까지 아우르며 이 제도의 특징을 묘사한 소설들이 유례없을 정도로 널리 퍼졌고, 사람들이 의견을 내놓고 토론할 만한 생산적인 화두도 제기했다.

나는 노예제에 관해 내가 직접 보고 경험한 범위에서만 말할 수 있다. 내 삶의 이야기를 과장 없이 들려줌으로써 사실을 솔직하고 진실하게 전달하는 게 내 목적이다. 다른 소설들이 노예로서 내가 겪은 것보다 더 잔인한 악행과 더 가혹한 속박을 묘사했는지에 대한 판단은 독자들에게 맡기려 한다.

내가 아는 데까지 거슬러 올라가면 아버지 쪽 조상은 로드아일랜드 주에서 노예생활을 했다. 노섭Northup 가족이 우리 조상의 주인이었다. 그 가족 중 한 명이 뉴욕 주로 옮겨가 렌셀러 카운티의 후식에 정착할 때 내 아버지 민투스 노섭Mintus Northup을 데리고 갔다. 아버지는 그 신사가 50여 년 전에 세상을 뜨면서 남긴 유언에 따라 자유의 몸이 되었다.

내가 노예 상태에서 벗어나 자유를 되찾고 아내와 아이들이 있는 사회로 돌아가기까지에는 샌디힐의 저명한 변호사인 헨리 B. 노섭 씨의 힘이 컸다. 노섭 씨는 우리가 모신 가족의 친척이다. 노섭이라는 내 성은 그들에게서 받은 것이다. 그 인연 덕분에 노섭 씨가 나를 위해 그렇게 끈기 있게 애써준 것일 수도 있다.

아버지는 자유를 얻은 뒤 에식스 카운티의 미네르바로 옮겨갔고, 1808년 7월 그곳에서 내가 태어났다. 아버지가 미네르바에서 얼마나 오랫동안 살았는지는 정확하게 확인할 방법이 없다. 아버지는 다시 워싱턴 카운티 그랜빌에 있는 슬라이버러 근방으로 이주해 역시 전주인의 친척인 클라크 노섭의 농장에서 몇 년 동안 일했다. 그 뒤에는 샌디힐에서 북쪽으로 조금 떨어진 모스 가의 올든 농장에서 일하다가 포트에드워드에서 아가일로 이어지는 길가에 있던 러셀 프랫의 농장으로 옮겼다. 그리고 1829년 11월 22일 어머니와 나 그리고 형 조지프를 남기고 세상을 떠날 때까지 그곳에서 지냈다. 형은 지금도 오스위고 카운티의 오스위고 시 근방에 살고 있다. 어머니는 내가 노예의 삶을 사는 동안 돌아가셨다.

아버지를 기억하는 많은 사람이 기꺼이 증언하는 것처럼 아버지는 노예로 태어났고 불운한 우리 인종이 받은 많은 불이익을 당하며 일했지만 근면하고 진실한 사람으로 존경받았다. 평생 평화롭게 농사지으며 사셨을 뿐 아프리카 출신의 아이들이 특히 많이 했던 비천한 일들을 할 생각은 없었다. 자식들에게는 비슷한 처지의 아이들보다 더 높은 수준의 교육을 시켰고 근면하고 절약하는 생활로 선거권이 나올 만큼 재산을 모았다당시에는 납세액에 따라 선거권이 주어졌다. 평소 가족들에게는 자신의 젊은 시절을 즐겨 말씀하셨다. 아주 따뜻하고 다정한 분으로 자신이 노예로서 모신 가족을 사랑했지만 노예제의 부당함을 잘 알고 있었고 우리 인종의 처지를 슬퍼하셨다. 자식들에게 도덕심을 심어주고 가장 고귀한 피조물뿐 아니라 가장 비천한 피조물까지 돌보는 하느님에 대한 믿음과 신뢰를 가르치려고 애쓰셨다. 사람을 병들게 하는 머나먼 루이지애나의 노예 오두막에서 잔인한 주인으로부터 부당하게 입은 상처들 때문에 신음하며 오로지 아버지의 몸을 덮고 있는 무덤만 그리워하는 동안 어린 시절에 들었던 아버지의 조언을 얼마나 자주 떠올렸던지……. 그것은 압제자의 채찍질로부터 나를 보호하는 방법이기도 했다. 아버지는 신이 정해준 미천한 영역에서의 의무를 훌륭하게 수행한 뒤 샌디힐의 교회 마당에 잠들어 계신다. 작은 비석 하나가 그의 자리를 알려준다.

나는 주로 아버지와 함께 농장 일을 했고, 여가 시간에는 대개 책을 읽거나 바이올린을 연주했다. 바이올린은 내가 젊은 시절 열정을 쏟은 오락거리였다. 나와 운명을 같이한 소박한 사람들에게 즐거움을 안겨주고 내 운명에 대한 괴로운 생각을 잠시나마 달래며 위로하는 존재이기도 했다.

1829년 크리스마스에 나는 이웃에 살던 유색인 소녀 앤 햄프턴Anne Hampton과 결혼했다. 결혼식은 포트에드워드에서 마을의 치안판사이자 지금도 그곳 유지인 티머시 에디Timothy Eddy 씨의 주례로 거행되었다. 앤은 샌디힐에서 이글 여관의 주인이자 세일럼의 프라우드핏 목사의 가족인 베어드의 집에서 오랫동안 살았다. 베어드는 세일럼의 장로교 사회에서 긴 시간 중심적인 위치를 차지했으며 폭넓은 학식과 독실함으로 유명했다. 앤은 이 주인이 베풀어준 커다란 친절과 훌륭한 조언을 지금도 감사하는 마음으로 간직하고 있다. 앤은 자신의 혈통을 정확하게 알지 못하지만 그녀에게는 홍인종, 흑인종, 백인종 세 인종의 피가 섞여 있다. 그중 어느 쪽의 피가 더 많이 섞였는지는 알기 어렵다. 그러나 다양한 혈통이 합쳐진 앤은 외모가 보기 드물 정도로 독특하고 귀여웠다. 콰드룬quadroon 백인과 반 백인의 혼혈아, 흑인의 피를 4분의 1 받은 사람과 좀 닮기는 했지만 그렇게 부르기에도 적절치 않았다. 참, 빠뜨리고 말하지 않았는데 내 어머니가 콰드룬이었다.

나는 그해 6월에 스물한 살이 되었다. 이제 아버지의 조언과 도움을 받지 못하고 부양해야 할 아내까지 생겼기에 더 열심히 노력해서 살기로 마음먹었다. 그리하여 몇 에이커의 땅이 딸린 소박한 집을 갖게 되어 내 노력이 보답을 받고 행복과 편안함을 느끼게 되었을 때는 비록 피부색이라는 장애물을 안고 있고 내가 미천한 처지란 건 잘 알았지만 앞으로 올 즐거운 시절에 대한 꿈에 젖기도 했다.

결혼할 때부터 지금까지 아내에 대한 내 사랑은 진실하며 조금도 식지 않았다. 그리고 아버지로서 자식에게 많은 애정을 품은 사람이라면 아내와 나 사이에 태어난 사랑하는 아이들에 대한 마음을 헤아릴 수 있을 것이다. 이 책을 읽는 독자들이 이후에 내가 견뎌야 했던 모진 고통을 이해하려면 이 정도는 이야기하는 게 필요하다고 여겨진다.

앤과 나는 당시 포트에드워드 마을 남쪽 끝에 서 있던 낡은 노란색 건물에서 신혼살림을 시작했다. 그 건물은 나중에 현대식 맨션으로 개조되었고, 최근에는 라스롭Lathrop 선장이 살고 있다. 포트하우스Fort House라 불리는 그 건물에서는 카운티 의회가 조직된 뒤 이따금씩 의회가 열렸다. 또한 허드슨 강의 왼쪽 강둑에 있는 오래된 요새 가까이에 자리잡고 있어

1777년에 버고인 장군John Burgoyne, 1722~1792 영국군의 장군이자 정치가 및 극작가로도 유명하다. 미국 독립전쟁에서 역할한 바가 크며, 특히 1762년 '포르투갈 작전'이 유명하다이 점령하기도 했다.

나는 겨울에 샘플레인 운하를 수리하는 공사장 일자리를 얻었다. 윌리엄 밴 노트윅이 감독하는 구획에서 일했는데, 내가 속한 조의 직접적인 책임자는 데이비드 매키츠런이었다. 봄에 운하가 개통될 무렵, 나는 임금을 모아 말 두 필과 운송사업에 필요한 다른 물품들을 구입했다.

나는 유능한 일꾼을 몇 명 고용한 뒤 샘플레인 호수에서 트로이까지 커다란 뗏목들을 운반하는 계약을 맺었다. 뗏목을 나를 때 벡위스와 바테미가 나와 몇 번 동행했다. 그러는 동안 급류를 헤쳐나가는 기술을 완벽하게 터득했다. 그때 익힌 지식으로 나중에 존경할 만한 주인에게 도움을 줄 수 있었고, 바유뵈프 강둑에서 제재업자들을 놀라게 하기도 했다.

한번은 샘플레인 호수를 따라 내려가다가 캐나다에 가고 싶은 마음이 들었다. 그래서 몬트리올로 가 성당을 비롯해 도시의 흥미로운 장소들을 구경했다. 또한 킹스턴과 다른 마을도 둘러보면서 그 지역에 관해 알게 되었다. 이때 알게 된 것들 역시 나중에 도움이 되었는데, 이 이야기가 끝날 즈음에 들려줄 것이다.

운하에서의 계약을 만족스럽게 끝낸 뒤에도 게으름을 부리고 싶지 않았다. 운하에서의 운항이 다시 중단되었던 까닭에 이번에는 미대드 건과 나무 베는 계약을 맺었다. 1831년과 1832년 사이의 겨울은 그 일을 하며 보냈다.

봄이 되자 앤과 나는 집 근처의 농장을 인수할 계획을 세웠다. 나는 아주 어릴 적부터 농사일에 익숙했고, 농사는 내 취향에도 맞았다. 그래서 예전에 아버지가 살던 올든 농장의 일부를 인수했다. 우리는 암소 한 마리, 돼지 한 마리, 그 무렵 하트퍼드의 루이스 브라운에게서 산 황소 한 마리와 살림살이를 꾸려 킹스베리의 새 집으로 갔다. 그해에 나는 0.1제곱킬로미터의 땅에 옥수수를 뿌리고 넓은 땅에 귀리를 심었으며, 재력이 허락하는 한 최대 규모로 농사일을 시작했다. 내가 들에서 땀 흘려 일하는 동안 앤은 부지런히 집안일을 했다.

우리는 그곳에서 1834년까지 살았다. 겨울이 되면 바이올린 연주를 해 달라는 요청이 많이 들어왔다. 젊은 사람들이 춤을 추려고 모이는 곳이면 거의 예외 없이 나도 그 자리에 있었다. 인근 마을에서 내 바이올린 연주가 유명해졌다. 앤도 이글 여관에 사는 동안 요리를 잘하는 사람으로 소문이 나 의회가 열리는 기간이나 공식 행사가 있을 때면 셰릴의 커피하우스에서 삯을 두둑이 받고 일했다.

그렇게 농사와 바이올린 연주 그리고 요리사 일까지 해서 우리는 곧 풍족해졌고 행복하며 유복한 생활을 했다. 계속 킹스베리의 농장에서 지냈다면 좋았을 텐데……. 하지만 나를 기다리고 있던 잔혹한 운명으로 가는 다음 발걸음을 내디뎠다.

1834년 3월 우리는 새러토가스프링스로 옮겨가 워싱턴 가 북쪽에 있는 대니얼 오브라이언Daniel O'Brien의 집에서 살았다. 당시 아이작 테일러가 브로드웨이 북쪽 끝에서 워싱턴 홀이라 불리는 커다란 하숙집을 운영했다. 그는 나를 마부로 고용했고 나는 2년 동안 그를 위해 일했다. 그 뒤로 나와 앤은 관광 시즌이면 유나이티드 스테이츠 호텔과 다른 술집들에서 일하고, 겨울에는 주로 바이올린 연주로 돈을 벌었다. 트로이-새러토가 철도가 건설될 때는 여러 날 동안 그 현장에서 노역하기도 했다.

새러토가에서 살던 시절에 파커와 페리 씨의 상점에서 가족에게 필요한 물건들을 구입하곤 했다. 나는 여러모로 친절을 베풀어준 이 신사들을 아주 존경하게 되었다. 12년 뒤에 내가 그분들에게 편지를 보낸 건 그 때문이었다. 나중에 소개할 그 편지가 노섭 씨의 손에 들어가 내가 구출될 수 있었던 것이다.

유나이티드 스테이츠 호텔에서 일하는 동안 남부에서 주인과 함께 온 노예들을 자주 만났다. 노예들은 항상 잘 차려입고 부족함이 없어 보였다. 겉으로는 괴로운 일상적인 문제를 별로 겪지 않고 편하게 사는 듯 보였다. 노예들과 자주 이야기를 나누었는데, 그들이 거의 한결같이 자유에 대해 내밀한 갈망을 품고 있다는 걸 알게 되었다. 그중 일부는 도망치고 싶은 간절한 바람을 드러내면서 가장 좋은 방법이 무엇일지 조언을 구하기도 했다. 그러나 다시 붙잡혀왔을 때 받게 될 처벌에 대한 두려움은 어떤 경우에도 탈출 시도를 단념시키기에 충분했다. 나는 평생 북부의 자유로운 공기를 마시며 살았고 내게도 백인들과 똑같은 감정과 애정이 있다는 걸 알고 있었다. 그리고 더 하얀 피부를 가진 사람들 중 적어도 일부에게는 뒤지지 않을 만큼 스스로를 똑똑하다고 여겼다. 나는 어떤 사람의 경우 비참한 노예 상태로 사는 게 만족스러울 수 있다고 생각하지는 못할 정도로 무지했는지도 모른다. 어쩌면 그렇게 생각하기에는 아주 독립적인 인간이었을지도 모르고……. 나는 노예제의 원칙을 지지하거나 인정하는 법과 종교를 이해할 수 없었다. 자랑스럽게 말하건대, 나는 나를 찾아온 모든 노예에게 늘 기회를 봐서 자유를 위해 싸우라고 조언했다.

나는 1841년 봄까지 새러토가에서 살았다. 7년 전 우리를 꾀어 허드슨 강 동쪽의 조용한 농가를 떠나오게 한 부푼 기대는 실현되지 않았다. 항상 안락하게 살긴 했지만 가세를 크게 일으키지는 못했다. 세계적으로 유명한 온천 도시의 사회와 인간관계는 내게 익숙한 근면하고 절약하는 습관을 유지하는 데 맞지 않았다. 오히려 반대로 다른 사람들에게 대신 일을 시키는 구조여서 무력하고 낭비하는 경향이 있었다.

그 무렵 우리에게는 엘리자베스Elizabeth, 마거릿Margaret, 알론조Alonzo 세 아이가 있었다. 맏딸인 엘리자베스는 열 살, 마거릿은 두 살 더 어렸고, 막내인 알론조는 막 다섯 번째 생일을 지났었다. 딸들은 우리 집을 기쁨으로 가득 채웠다. 딸들의 목소리는 음악처럼 들렸다. 아내와 나는 이 어리고 순진무구한 아이들을 위해 수많은 공상의 성을 지었다. 일이 없을 때면 나는 아이들에게 가장 좋은 옷을 입혀 새러토가의 거리와 숲을 함께 걸어다녔다. 아이들의 존재는 내 기쁨이었다. 나는 따뜻하고 부드럽게 아이들을 가슴에 꼭 끌어안았다. 아이들의 어두운 피부가 눈같이 하얗기라도 한 것처럼······.

그때까지 내 삶은 별다른 게 없었다. 눈에 띄지 않는 한 흑인의 평범한 희망과 사랑, 노동이 전부였다. 하지만 이제 나는 내 삶의 전환기에 이르렀다. 말로는 표현할 수 없는 부당한 대우와 슬픔, 절망으로 들어가는 문턱에 선 것이다. 그때부터 나는 자욱한 구름과 짙은 어둠 속으로 들어가 이내 모습을 감추어버렸다. 그 뒤 오랜 세월 나는 모든 피붙이의 눈에서 사라졌고 달콤한 자유의 빛을 보지 못했다.

# 02 납치당하다

낯선 두 남자-서커스단-새러토가를 떠나다-복화술과 마술-뉴욕 시 여행-자유인 증명서-브라운과 해밀턴-서커스단 복귀를 앞둔 초조함-워싱턴 도착-해리슨 대통령의 장례식-갑자기 시작된 두통-고통스러운 갈망-멀어지는 불빛-의식을 잃다-쇠사슬과 어두움

1841년 3월 말의 어느 날 아침이었다. 당시 특별히 관심 가는 일이 없었던 나는 새러토가스프링스 마을을 걸으며 성수기가 올 때까지 어디서 일자리를 구할지 생각하고 있었다. 앤은 언제나 그랬던 것처럼 30킬로미터쯤 떨어진 샌디힐에 가서 의회가 열리는 동안 셰릴의 커피하우스 주방을 책임지고 있었다. 엘리자베스는 제 엄마를 따라갔던 것 같고 마거릿과 알론조는 이모와 함께 새러토가에 있었다.

콩그레스 가와 브로드웨이의 모퉁이에 있는 여관 근처에서 외모가 점잖아 보이는 신사 두 분을 만났다. 지금도 문Moon 씨가 운영하고 있는 여관 앞이었고 둘 다 내가 전혀 모르는 사람이었다. 지인 중 누군가가 두 사람에게 내가 뛰어난 바이올린 연주자라며 소개시켜준 것 같은데 아무리 생각해봐도 누구였는지 떠오르지 않는다.

어쨌든 두 신사는 곧바로 그 문제를 이야기하며 내게 바이올린 연주에 얼마나 능숙한지를 비롯해 이것저것 물어보았다. 두 사람은 내 대답이 만

족스러웠던지 내가 자신들의 일에 안성맞춤이라며 단기간 채용하겠다고 제안해왔다. 나중에 두 사람이 알려준 이름은 메릴 브라운Merrill Brown과 에이브럼 해밀턴Abram Hamilton이었다. 하지만 진짜 이름인지는 의심스러운데, 여기에는 그럴 만한 이유가 있다. 브라운은 마흔 살쯤 되어 보이는 키가 좀 작고 몸집이 떡 벌어진 사내로 빈틈없고 똑똑해 보이는 얼굴이었다. 검정 프록코트를 입고 모자를 썼으며 로체스터엔가 시러큐스에 산다고 했다. 해밀턴은 흰 살결에 옅은 색의 눈동자를 지닌 젊은 남자였는데, 스물다섯 살을 넘지 않은 듯했다. 키가 크고 호리호리했으며 황갈색 코트와 우아한 무늬의 조끼를 입고 광택 나는 모자를 쓰고 있었다. 전체적인 옷차림새가 굉장히 세련되었다. 다소 여성스러운 외모였지만 호감 가는 인상이었고 사람들과 잘 어울린다는 걸 보여주는 편안한 분위기가 감돌았다. 두 사람은 당시 워싱턴 시에 머물던 한 서커스 업체와 관계가 있다고 했다. 시골 구경을 하려고 잠시 북쪽으로 여행을 떠나 이따금씩 공연을 해서 경비를 충당하며 지내다가 이제 서커스단에 합류하러 가는 길이라고 했다. 두 사람은 공연할 때 음악을 연주해줄 사람을 구하기가 굉장히 힘들다면서 내게 뉴욕까지 함께 가주면 매일 1달러에 연주를 할 때마다 3달러를 더해주고 뉴욕에서 새러토가로 돌아오는 비용도 넉넉하게 챙겨주겠다고 했다.

　나는 그 솔깃한 제안을 단번에 받아들였다. 보수도 좋았고 대도시에 가보고 싶기도 했기 때문이다. 두 사람은 곧장 떠나길 원했다. 나는 잠시 동안만 집을 비울 것이라 생각하고 앤에게 내가 어디 가는지 알리는 편지를 써놓을 필요를 느끼지 못했다. 사실 내가 앤보다 먼저 돌아올 줄 알았다. 나는 갈아입을 속옷과 바이올린을 챙겨 떠날 채비를 했다. 마차가 도착했다. 한 쌍의 기품 있는 암갈색 말이 끄는 덮개가 있는 마차였는데 전체적으로 우아한 모습이었다. 두 사람의 커다란 트렁크 세 개는 선반에 묶여 있었다. 두 사람은 뒷좌석에 앉고 나는 운전석에 올라탄 뒤 새러토가를 벗어나 올버니를 향해 마차를 몰았다. 나는 새로운 일자리를 얻어 기분이 좋았고 내 인생의 여느 날과 마찬가지로 행복했다.

우리는 볼스턴을 지나 산길을 달렸다. 내 기억이 맞다면, 그 길을 따라가면 바로 올버니가 나왔다. 우리는 어두워지기 전에 올버니에 도착해 뉴욕 주립 박물관 남쪽에 있는 한 호텔에 묵었다. 그날 밤 두 사람의 공연을 볼 기회가 있었다. 그들과 함께 지내는 동안 공연을 본 건 그때 한 번뿐이었다. 해밀턴이 문가에 서서 손님을 받고 내가 연주하는 동안 브라운이 쇼를 했다. 쇼는 공 던지기, 밧줄 위에서 춤추기, 모자로 팬케이크 굽기, 눈에 보이지 않는 돼지를 꿀꿀 울게 하기, 그 밖에 복화술과 손으로 하는 마술 등으로 짜여졌다. 관객은 굉장히 적었고 수준 높은 사람들도 아니었다. 해밀턴은 관람료를 받는 상자가 궁상스럽도록 텅텅 비었다고 했다.

다음 날 아침 우리는 다시 길을 나섰다. 이제 두 사람의 대화에는 꾸무럭거리지 말고 서커스단까지 가야 한다는 걱정이 내비쳤다. 두 사람은 공연을 하려고 멈추지 않고 서둘러 달렸다. 상당한 시간이 지난 뒤 뉴욕에 당도해 도시의 서쪽, 브로드웨이에서 강으로 이어지는 길가 집에 숙소를 정했다. 여행이 끝났다고 생각한 나는 적어도 하루 이틀 뒤면 새러토가의 친구와 가족들에게 되돌아갈 줄 알았다. 그러나 브라운과 해밀턴은 워싱턴까지 함께 가자고 끈질기게 졸랐다. 두 사람은 여름이 다가오고 있으니 우리가 워싱턴에 도착하면 서커스단이 곧 북쪽으로 출발할 것이라고 했다. 그리고 내가 함께 가면 일자리와 높은 봉급을 주겠다고 약속했다. 두 사람이 내가 받게 될 이득을 아주 자세히 설명한 데다 부풀려서 표현하는 바람에 나는 마침내 그 제안을 받아들이기로 마음먹었다.

　다음 날 아침 두 사람은 우리가 노예 주에 들어갈 것이기 때문에 뉴욕을 떠나기 전에 자유인 증명서를 마련하는 게 좋겠다고 말했다. 그들이 제안하지 않았다면 나는 미처 그런 생각을 하지 못했을 텐데 신중한 생각인 듯싶었다. 곧바로 세관으로 갔다. 그들은 내가 자유인이라는 것을 알려주는 특정한 사실들을 진술했다. 그러자 담당자가 서류를 작성하더니 서기실로 가져가라며 건네주었다. 우리는 시키는 대로 했고, 서기는 서류에 뭔가를 추가하고는 6실링을 받았다. 다시 세관으로 가서 몇몇 형식적인 절차를 거친 뒤 서류가 완성되었다. 나는 서기관에게 2달러를 내고 서류들을 주머니에 넣은 뒤 새 친구들과 함께 호텔로 출발했다. 솔직히 말하면 당시 나는 그 서류들이 들인 비용만큼 가치가 없을 것이라고 생각했다. 내 안전이 위협받을지도 모른다는 걱정이 실감나게 들지 않았기 때문이다. 내가 기억하기로 우리에게 지시를 내렸던 서기는 커다란 장부에 뭔가를 썼는데, 내 생각에는 그 장부가 아직 그곳에 있을 것 같다. 1841년 3월 말이나 4월 첫 주의 항목들을 찾아보면 적어도 이 특별 업무처리와 관련된 내 의심에 확신이 들 것이다.

　자유인이라는 증명서를 손안에 넣은 우리는 뉴욕에 도착한 다음 날, 나루를 건넌 뒤 저지 시를 거쳐 필라델피아로 가는 길로 들어섰다. 필라델피아에서 하룻밤 묵은 뒤 다음 날 아침 일찍 볼티모어로 길을 재촉했다. 곧 그곳에 이른 우리는 철도역 근처에 있는 한 호텔에 묵었다. 래스본 하우스라 불리는 호텔이었던 것 같다. 제 시간에 서커스단에 도착할 수 있을지에 대한 두 사람의 염려는 뉴욕에서부터 쭉 점점 더 커지는 듯했다. 우리는 볼티모어에 마차를 둔 채 차를 타고 워싱턴으로 향했다. 그리고 해리슨 대통령의 장례식 전날 막 해질녘에 워싱턴에 도착해 펜실베이니아 가에 있는 개즈비 호텔에 묵었다.

저녁을 먹은 뒤 브라운과 해밀턴은 나를 자기들 방에 불러 43달러를 건네줬다. 받기로 한 돈보다 더 큰 액수였다. 그들은 그렇게 후하게 임금을 쳐주는 건 우리가 새러토가에서 여행하는 동안 내가 예상한 것보다 공연을 더 자주 하지 않았기 때문이라고 말했다. 그리고 서커스단이 원래는 다음 날 아침에 워싱턴을 떠날 예정이었지만 장례식 때문에 하루 더 머물기로 했다고 알려주었다. 그들은 처음 만났을 때부터 늘 그랬던 것처럼 그때도 매우 친절했고 나를 칭찬하는 말도 빠뜨리지 않았다. 두 사람의 호의에 커다란 호감을 느꼈다. 그래서 내 신뢰감을 솔직히 이야기했고 기꺼이 그들을 믿는다고 했다. 두 사람과 나눈 대화, 내게 보여준 태도, 자유인 증명서를 제안했던 통찰력이나 그 밖에 다시 말할 필요도 없을 수많은 사소한 행동은 모두 그들이 진정한 친구이고 내 안녕을 진심으로 염려한다고 느끼게 했다. 그러나 나는 두 사람이 누구인지 몰랐다. 내가 지금 그들에게 죄가 있다고 생각하는 것과 달리 두 사람이 아주 악한 사람이 아니었는지도 모른다. 그들이 내 불운의 방조자였는지, 돈을 벌려고 고의로 나를 꾀어 집과 가족과 자유를 빼앗은, 인간의 탈을 쓴 교활하고 잔인한 괴물인지는 판단하기 어렵다. 이 문제에서는 나나 독자들이나 다를 바 없다. 하지만 부수적인 모든 상황을 떠올려보면 여전히 두 사람에게 너그러워질 수는 없다.

둘은 돈이 많아 보였다. 내게 돈을 준 뒤에 그들은 도시 풍습에 익숙하지 않을 테니 그날 밤은 거리에 나가지 말라고 조언했다. 나는 명심하겠다고 약속한 뒤 방을 나왔다. 곧 흑인 하인이 나를 호텔 뒤쪽 1층에 있는 침실로 안내했다. 나는 쉬려고 누워 집과 아내, 아이들 그리고 우리 사이의 먼 거리를 생각하다가 잠이 들었다. 그러나 침대 곁을 찾아와 달아나라고 말해주는 동정심 많은 천사는 없었다. 꿈속에서는 눈앞에 닥친 시련을 경고하는 어떤 자비로운 목소리도 들리지 않았다.

다음 날 워싱턴에서는 긴 행렬이 이어졌다. 우렁찬 대포 소리와 종소리가 하늘을 가득 채웠고 많은 집이 검정 크레이프 천으로 덮였다. 거리는 사람들로 새까맸다. 아침 시간이 지나자 행렬이 등장해 천천히 거리를 지났다. 마차들이 길게 꼬리를 물며 이어졌고 수많은 사람이 그 뒤를 따라 걸었다. 모두 구슬픈 음악 소리에 맞춰 움직였다. 해리슨 대통령을 묘지로 옮기는 장례 행렬이었다.

나는 아침 일찍부터 해밀턴, 브라운과 계속 함께 있었다. 워싱턴에서 아는 사람은 둘뿐이었다. 우리는 장대한 장례 행렬이 지나가는 동안 함께 서 있었다. 묘지에서 조포를 쏠 때마다 유리창이 깨져 쨍그랑 떨어질 것처럼 흔들리던 걸 똑똑히 기억한다. 우리는 국회의사당으로 가서 한참 동안 걸어다녔다. 오후가 되자 해밀턴과 브라운은 대통령 관저로 갔다. 두 사람은 계속 나를 데리고 다니면서 흥미로운 장소들을 알려주었다. 그때까지 서커스단은 코빼기도 보지 못했다. 하지만 그날의 흥분된 분위기에 흠뻑 젖어 서커스단 생각은 떠오르지도 않았다.

친구들은 그날 오후 여러 차례 술집에 들어가 술을 청했다. 그러나 내가 아는 한 브라운과 해밀턴은 술에 빠져 사는 사람들이 아니었다. 그날 두 사람은 술집에 들어갈 때마다 술을 마신 뒤 한 잔을 부어 내게 건넸다. 그다음에 일어난 일로 미루어보건대 내가 취하지는 않았던 것 같다. 저녁이 다가올 무렵, 또 한 번 이렇게 술잔을 돌린 뒤 나는 아주 불쾌한 느낌을 받았다. 몸이 몹시 안 좋았고 머리가 쑤시기 시작했다. 말로 표현할 수 없을 정도로 불쾌하고 둔탁하며 심한 통증이 찾아들었다. 저녁 식탁에서도 입맛이 없었다. 음식을 보고 냄새만 맡아도 욕지기가 올라왔다.

날이 어두워지자 어제 그 하인이 나를 전날 밤에 묵었던 방으로 데려갔다. 브라운과 해밀턴은 잠을 자는 게 좋겠다면서 다정하게 위로하고 내일 아침에는 좀 낫기를 바란다고 말했다. 나는 외투와 신발만 겨우 벗은 채 침대에 몸을 던졌다. 그러나 잠은 오지 않았다. 두통이 점점 더 심해지다가 거의 견디지 못할 지경에 이르렀다. 얼마 되지 않아 몹시 갈증이 났고 입술이 바싹 말랐다. 물 생각이 간절했다. 호수, 흐르는 강물, 몸을 숙여 떠 마셨던 시냇물, 우물에서 길어올린 시원하고 달콤한 물이 뚝뚝 흐르는 양동이……. 한밤중이 가까워졌을 무렵 더는 지독한 갈증을 참지 못하고 일어섰다. 그 호텔을 처음 가보았고 방들이 어디 있는지도 몰랐다. 깨어 있는 사람은 아무도 없는 듯했다. 어딘지도 모르는 곳을 마구잡이로 더듬다가 마침내 지하 부엌으로 가는 길을 발견했다. 부엌에는 두세 명의 흑인 하인이 돌아다니고 있었고 그중 한 여성이 내게 물 두 잔을 떠줬다. 물을 마시자 잠깐 목마름이 가셨지만 방으로 돌아갈 때쯤 되자 타는 듯한 목마름이 다시 찾아왔다. 고통스러운 갈증은 아까보다 더 심했고 맹렬한 두통까지 되살아났다. 세상에 미치광이 같은 두통이 있다고 한다면 바로 그 두통일 것이다. 나는 지독한 괴로움에 시달렸다. 견딜 수 없을 정도로 힘든 고통! 미치광이가 되기 일보 직전이었다. 그날 밤에 겪은 끔찍한 고통의 기억은 무덤까지 나를 따라올 것이다.

부엌에서 돌아온 뒤 한 시간 넘게 지났을 때 나는 누군가가 방에 들어온 걸 알아차렸다. 다양한 목소리가 섞인 걸로 봐서 여러 사람인 듯싶었지만 몇 명인지 그리고 누구인지는 모른다. 브라운과 해밀턴이 그 속에 끼여 있었는지도 단지 추측에 의존할 뿐이다. 분명하게 기억나는 건 내가 의사에게 가서 약을 받아야 한다는 이야기를 들은 것, 그리고 외투나 모자도 걸치지 않고 신발만 신은 채 그들을 따라 긴 복도 혹은 통로를 지나

길거리로 나간 것뿐이다. 펜실베이니아 가에서 직각으로 꺾인 거리였다. 건너편의 창에 불이 켜져 있었다. 세 명이 나와 함께 있었던 것 같다. 하지만 고통스러운 꿈을 기억할 때처럼 모든 게 모호하고 어렴풋하다. 진료실에서 나오는 것이라 여겨지는 빛 쪽으로 걸어간 게 어른어른 떠오르는 마지막 기억이다. 그런데 그 빛은 내가 앞으로 걸어갈수록 뒤로 물러나는 것 같았다. 그때부터 나는 의식을 잃었다. 그런 상태로 얼마나 오랫동안 있었는지, 그날 밤만 그랬는지, 아니면 며칠 밤낮 동안 그랬는지 알지 못한다. 하지만 의식이 돌아왔을 때 나는 완전한 어둠 속에서 쇠사슬에 묶인 채 혼자 내팽개쳐져 있었다.

두통은 어느 정도 가라앉았지만 몹시 어지럽고 힘이 없었다. 외투나 모자도 걸치지 않고 거친 판지로 만든 낮은 의자에 앉아 있었다. 손에는 수갑이 채워져 있었고 발목에도 한 쌍의 무거운 족쇄가 채워져 있었다. 쇠사슬의 한쪽 끝은 바닥의 커다란 고리에, 다른 쪽 끝은 발목의 족쇄에 고정되어 있었다. 일어서려 했지만 소용없었다. 극심하게 고통스러운 실신 상태에서 깨어나니 생각을 정리하는 데 시간이 좀 걸렸다. 내가 대체 어디에 있는 걸까? 쇠사슬의 의미는 뭘까? 브라운과 해밀턴은 어디에 있을까? 이런 지하 감옥에 갇힐 만한 짓을 했던가? 이해가 되지 않았다. 그 황량한 곳에서 정신이 들기 전에 얼마인지는 모르지만 시간의 공백이 있었는데, 그동안 무슨 일이 일어났는지 아무리 기억을 더듬어봐도 떠오르지 않았다. 나는 생명체의 기색이나 소리가 들리는지 열심히 귀를 기울여 보았다. 하지만 움직일 때마다 쇠사슬에서 나는 쩔걱거리는 소리 말고는 그 위압적인 침묵을 깨뜨리는 건 아무것도 없었다. 큰 소리로 말을 해봤지만 내 목소리에 내가 놀랐다. 족쇄가 채워진 채 가능한 대로 주머니를 더듬어보았다. 그것만으로도 내가 자유를 빼앗겼을 뿐 아니라 돈과 자유인 증명서까지 사라졌다는 걸 알아차리기에는 충분했다! 그러자 처음에는 희미하고 혼란스러웠다가 곧 납치당했다는 생각이 들기 시작했다. 하지만 믿기지 않았다. 아마 어떤 착오나 유감스러운 실수가 있었던 게 분명했다. 누구에게도 해를 끼치지 않고 법을 어긴 적도 없는 뉴욕의 자유 시민이 이렇게 비인간적인 취급을 받을 리가 없었다. 그러나 내 상황을 좀더 분명히 파악하면서 의심이 점점 더 확신으로 바뀌었다. 실로 비참한 생각이었다. 몰인정한 인간에게는 어떤 신뢰나 연민의 정도 없다는 걸 통감했다. 나는 억압받는 자들의 신에게 나를 맡긴 채 족쇄가 채워진 손에 머리를 묻고 원통한 눈물을 흘렸다.

# **03** 윌리엄 노예수용소

고통스러운 생각-제임스 버치-워싱턴의 윌리엄 노예수용소-하인 래드번-자유를
주장하다-노예상인의 분노-몽둥이와 채찍-채찍질-새로운 친구들-레이, 윌리엄
스, 랜들-수용소에 들어온 에밀리 모녀-어머니의 슬픔-일라이자의 사연

의자에 앉아 온갖 고통스러운 생각에 빠진 채 세 시간쯤 흘렀다. 이따금
들려오는 수탉의 울음소리, 수레가 바삐 지나가며 내는 덜컹거리는 소리
로 봐서 낮이라는 걸 알 수 있었다. 그러나 내가 갇힌 감옥에는 한 줄기
빛도 들어오지 않았다. 마침내 바로 머리 위에서 누군가가 왔다 갔다 하
는 발걸음 소리가 들렸다. 바로 그때 어쩌면 내가 갇힌 곳이 지하 감옥일
지도 모른다는 생각이 들었다. 나를 에워싼 습기와 곰팡이 냄새가 이런
추측을 뒷받침해주는 듯했다. 위층의 발걸음 소리는 적어도 한 시간가량
계속되다가 마침내 내가 갇힌 방 쪽으로 다가왔다. 열쇠 꾸러미가 짤랑이
더니 문이 활짝 열리고 빛이 쏟아져 들어왔다. 두 명의 남자가 들어오더
니 내 앞에 섰다. 그중 한 명은 몸집이 크고 힘이 좋아 보이는 사람으로
나이는 마흔 전후로 보였고 어두운 밤색 머리카락에 드문드문 흰머리가
나 있었다. 풍채가 좋고 얼굴엔 붉은빛이 돌았으며 몸집은 잔인하고 교활
한 성격을 드러내듯 투박하고 거칠었다. 키는 178센티미터가량 되었고,

의복을 갖춰 입고 있었으며 개인적인 감정을 배제하고 보더라도 사악하고 불길한 인상이었다. 나중에 알게 된 사실이지만, 그는 제임스 버치James H. Burch로 워싱턴에서 유명한 노예상인이었다. 그즈음 들어 뉴올리언스 출신의 시어필러스 프리먼Theophilus Freeman이라는 자와 동업 중이었다. 버치와 함께 들어온 또 다른 한 명은 래드번Ebenezer Radburn이라는 이름의 하인이었는데 칠면조 정도 되는 지능을 가진 어리석은 자였다. 이 두 사람은 지난 1월 내가 노예생활에서 해방되어 돌아올 때까지도 워싱턴에서 멀쩡히 살고 있었다.

문이 열리고 빛이 들어오자 방의 모습이 드러났다. 1제곱미터가량 되는 방으로 사방이 벽돌로 둘러싸여 있었다. 바닥에는 널빤지가 깔려 있었고 벽에는 작은 창문이 하나 있었지만 철창과 덧문으로 철저히 가려졌다.

쇠로 만든 판을 덧씌운 문은 또 다른 지하 감옥인지 금고인지와 통해 있었고 창문이나 그 밖에 빛이 들어올 구석은 전혀 없었다. 방 안에 가구라곤 내가 앉아 있는 의자와 낡고 지저분한 박스형 난로가 전부였으며 이 방이나 옆 방 모두 침대나 담요 같은 것은 눈을 씻고 봐도 찾을 수 없다. 버치와 래드번이 들어온 문은 좁은 통로를 따라 나 있었고 그 위로 계단을 따라 올라가면 약 3.5미터 높이의 벽돌로 둘러싸인 뜰이 나왔다. 그리고 바로 앞에는 이와 똑같은 너비의 건물이 또 하나 있었다. 뜰은 집에서 뒤쪽으로 9미터 정도 계속되었다. 벽 한쪽의 쇠를 단단히 씌운 문을 열면 좁고 답답한 통로가 나왔다. 이 통로를 따라가다보면 자유의 거리로 이어졌다. 세상으로 나갈 수 있는 이 길은 그러나 나 같은 유색 인종에겐 철저히 닫혀 있었다. 벽 꼭대기가 지붕 한쪽을 받치고 있었고 지붕은 안쪽으로 기울어져 있어 마치 열린 헛간 같은 모양새였다. 지붕 아래에는 고미다락이 있어 노예들이 밤에 잠을 자거나 날씨가 좋지 않은 날 폭풍우를 피할 수 있도록 되어 있었다. 아무리 좋게 봐줘도 농장의 안마당 같은 곳이었다. 물론 그 안에서 사육되는 인간 가축들은 바깥에서 볼 수 없도록 설계되어 있다는 점은 달랐지만 말이다.

마당 옆에는 2층짜리 건물이 붙어 있었는데 건물 앞쪽은 워싱턴의 대로를 마주하고 있었다. 겉으로만 보면 조용한 개인 주택 같은 외양이다. 처음 보는 사람은 아마 그 안에서 벌어지는 끔찍한 일을 상상조차 못 하리라. 기가 찰 노릇이지만, 이 집은 심지어 국회의사당이 훤히 내려다보이는 곳에 위치해 있었다. 자유와 평등을 부르짖는 의원들의 목소리와 가엾은 노예들을 속박하는 쇠사슬 소리가 한데 뒤섞여 들려오는 것이다. 국회의사당 바로 코앞에 노예수용소라니!

이것이 바로 워싱턴에 위치한 윌리엄 노예수용소William's Slave Pen의 1841년 당시 모습이며 나는 그곳에 아무런 이유도 없이 갇히는 신세가 되고 말았다.

"그래, 이놈아, 기분은 좀 어떠냐?"

버치가 문을 열고 들어오며 물었다. 나는 몸이 좋지 않으며, 왜 내가 이곳에 갇히게 되었는지 물었다. 그는 이제부터 내가 그의 노예라고 대답했다. 자신이 돈을 주고 나를 샀으며 나를 뉴올리언스로 보내려 한다는 것이었다. 나는 노섭이라는 이름을 가진 자유인이며, 새러토가에 아내와 아이들이 살고 있고 그들 역시 자유인 신분이라고 당당하게 소리 높여 설명했다. 또 이런 부당한 대우를 받은 것에 대해 강력히 항의하면서 이 일에 대해서는 결코 좌시하지 않겠노라고 위협했다. 그러자 그는 내가 자유인이 아니라고 말하며 꽤나 확신에 찬 말투로 내가 조지아 출신의 도망노예라고 우겼다. 나는 계속해서 내가 노예가 아니며 당장 쇠사슬을 풀어달라고 요구했다. 그는 누가 내 목소리를 들을까 겁이라도 난 듯 나를 조용히

시키려 했다. 그렇지만 나는 굴하지 않고 나를 이 지경으로 만든 사람이 누구든 그는 엄청난 악당임이 틀림없다고 계속해서 비난했다. 내 입을 막을 수 없음을 깨달은 버치는 화를 내기 시작했다. 그러고는 나를 향해 거짓말쟁이 검둥이, 조지아 출신 도망노예를 비롯해 자신이 생각해낼 수 있는 가장 신성모독적이고 천박한 욕설들을 내뱉었다.

버치와 내가 실랑이를 하는 동안 래드번은 조용히 옆에 서 있을 뿐이었다. 이 자의 일은 비인간적인 대우를 받는 노예들을 감시하는 것으로 그저 새로 들어온 노예를 받고, 먹이고, 채찍질을 해가며 하루에 노예 한 명당 2실링을 받아 챙기는 것이 전부였다. 버치는 래드번에게 회초리와 '구미호'라는 이름의 아홉 개의 끈이 달린 채찍을 가져오라고 지시했다. 사라진 래드번은 잠시 후 끔찍한 고문 도구들을 들고 돌아왔다. 노예상인들에게 회초리라 불리는 이 막대는(적어도 나를 때리던 놈은 그렇게 불렀는데) 50센티미터 길이의 단단한 목재로 된 막대기로 푸딩을 떠먹을 때 쓰는 옛날식 스푼이나 노櫓 모양으로 만들어졌다. 회초리의 납작한 면은 지름이 손바닥 두 개를 합친 것만 했고 곳곳에 나사송곳이 박혀 있었다. '구미호'는 여러 갈래로 난 커다란 채찍으로 아홉 개의 끈 끝에는 각각 매듭이 지어져 채찍이 엉키는 것을 방지했다.

버치와 래드번은 나를 움켜잡은 뒤 거칠게 옷을 벗겼다. 발은 여전히 바닥에 묶여 있었다. 래드번은 내게 고개를 숙이게 한 채 의자 쪽으로 끌어당기면서 한쪽 발을 내 팔목 사이의 족쇄 위에 올려놓았다. 팔을 바닥에 고정시켜놓으려는 것이었다. 버치는 회초리를 들고 나를 때리기 시작했다. 벌거벗은 몸 위로 매서운 회초리를 내리쳤다. 그러다 팔이 아파오자 매질을 멈추고 아직도 내가 자유인이라 생각하느냐고 물었다. 내가 여전히 그렇다고 대답하자 그는 믿을 수 없게 전보다 더 빠르고 강하게 매질하기 시작했다. 때리다가 팔이 아프면 그는 같은 질문을 했고, 내가 같은 대답을 할 때마다 다시금 잔인한 매질을 계속했다. 이 악마의 화신이라 할 수 있는 자는 매질을 하는 내내 상상조차 할 수 없을 만큼 사악한 욕설을 내뱉었다. 얼마 지나지 않아 회초리가 부러졌고 버치의 손에는 쓸모없게 된 손잡이만 남았다. 그럼에도 나는 끝까지 내가 자유인임을 주장했다. 그가 아무리 잔혹하게 매질한다 해도 내가 노예라는 말도 안 되는 거짓을 인정하지는 않을 터였다. 버치는 부러진 회초리의 손잡이를 거칠게 던져버리곤 채찍을 집어들었다. 채찍은 회초리보다 훨씬 더 고통스러웠다. 있는 힘을 다해 저항하려 했지만 소용없었다. 나는 자비를 베풀어 달라고 신께 기도드렸으나 돌아오는 것은 욕설과 채찍질뿐이었다. 이 저주받은 매질로 죽고야 말 것이라는 생각이 들었다. 지금 그때를 회상하는 것만으로도 살점이 오그라드는 기분이다. 온몸에 불이 붙은 것 같았다. 지옥의 유황불에서 타는 고통이 이만했을까!

마침내 나는 그가 묻는 질문에 침묵으로 답했다. 차라리 아무 말도 하지 않으리라. 사실 나는 거의 말을 할 수 없는 상태였다. 그럼에도 그자는 가엾은 내 몸뚱어리 곳곳에서 살점이 찢겨 나올 때까지 쉴새없이 채찍질을 해댔다. 조금의 자비심이라도 있는 자라면 사람이 아닌 개라고 해도 그토록 잔인하게 때릴 수는 없었을 것이다. 조금 뒤 래드번이 더 이상 나를 때리는 건 의미가 없다고 말했다. 이미 차고 넘칠 만큼 맞았다는 것이다. 그제야 버치는 매질을 멈췄다. 그러고는 나를 향해 위협적으로 주먹을 흔들며 다시 한번 내가 자유인이라느니, 납치를 당했다느니 하는 이야기를 꺼내면 방금 맞은 것과는 비교도 안 될 만큼 잔혹하게 매질을 하겠노라며 이를 악물고 경고했다. 또다시 그런 일이 있으면 나를 죽여버리겠다고 했다. 그는 이 말을 하면서 내 손목의 쇠사슬을 풀어줬지만 두 발은

워싱턴의 노예수용소.

여전히 바닥에 묶어뒀다. 잠시 열었던 쇠창살 창문은 다시 닫혔고, 그들은 나를 어둠 속에 내버려둔 채 문을 잠그고 나가버렸다.

한 시간, 어쩌면 두 시간쯤 지났을까 다시금 문을 따는 소리가 들렸을 때는 심장이 목구멍 밖으로 튀어나올 만큼 놀랐다. 그토록 외로웠던 내가, 그토록 누군가를 그리워했던 내가 이제는 사람 그림자만 봐도 몸서리 치는 지경이 된 것이었다. 이제 사람의 얼굴은 내게 두려움의 대상이 되었다. 특히 백인은 더욱 그랬다. 래드번이 깡통으로 된 접시 위에 말라비틀 어진 돼지고기 한 점과 빵 한 쪽 그리고 물 한 잔을 들고 들어왔다. 내게 몸 상태를 묻고는 꽤 심하게 매질을 당했다고 말했다. 내가 자유를 주장 하는 것에 대해 얼토당토않은 소리라며 불만을 토해냈다. 마치 중요한 비 밀이라도 알려주듯 거만한 태도로 그 이야기는 더 이상 입 밖에 내지 않 는 게 좋을 거라며 충고했다. 친절하게 대해주려고 애쓰는 듯했다. 내 몰 골이 무척이나 참혹해 마음이 약해졌는지, 아니면 더 이상 내가 자유인임 을 주장하지 않았기 때문인지 이유는 알 수 없었고 이제 와 추측한들 소 용도 없지만 말이다. 그는 내 발목을 묶은 사슬을 풀어주고 창문을 막고 있던 덧문을 열어둔 채 나갔다.

몸 전체가 뻣뻣하게 굳고 아파왔다. 여기저기 물집이 잡혔고 조금이라 도 몸을 움직일라 치면 엄청난 고통이 따랐다. 창문을 통해 보이는 거라 곤 바로 옆 벽에 걸쳐진 지붕뿐이었다. 밤이 되자 나는 베개도 이불도 없 는 축축하고 딱딱한 바닥에 힘겹게 몸을 뉘였다.

래드번은 하루에 두 번, 정시에 맞춰 돼지고기 한 점과 빵 그리고 물을 가져왔다. 식욕은 거의 없었지만 계속해서 목이 타는 듯 말랐다. 몸 곳곳 에 난 상처 때문에 한 자세로 몇 분 이상 앉거나 누워 있을 수가 없었다. 그래서 앉거나, 서 있거나 혹은 천천히 움직이면서 낮과 밤을 보냈다. 나는 절망에 빠져 있었고 거의 포기한 상태였다. 계속해서 집에 두고 온 아내와 아이들 생각이 났다. 깜빡 잠이 들었을 때는 가족들 꿈을 꿨다. 새러토가에서 가족들 얼굴을 보고, 나를 부르는 목소리를 듣는 꿈 말이다. 그 달콤한 꿈에서 깨어나 차가운 현실을 마주할 때마다 오열하지 않을 수 없었다. 그렇지만 아직 완전히 의지가 꺾인 것은 아니었다. 곧 도망치게 될 상상을 몇 번이고 했다. 내가 자유인임이 아주 명백한 상황에서 노예로 잡아둘 만큼 뻔뻔하고 못된 이가 있다는 사실을 받아들이기 어려웠다. 버치도 내가 조지아 출신의 도망노예가 아님을 확인하면 풀어주리라 생각했다. 브라운과 해밀턴에 대한 의심도 계속해서 들었지만 차마 그들이 나를 노예로 팔아넘겼을 거라는 생각만큼은 받아들일 수 없었다. 조금 있으면 분명 브라운과 해밀턴이 나를 구하러 올 것이다. 나를 이 노예 상태에서 풀어줄 것이다. 아아! 그때 나는 인간을 향한 인간의 잔인함에 대해서도, 또 자신의 이익을 위해 인간이 얼마나 사악한 짓을 할 수 있는가에 대해서도 몰랐던 것이다.

며칠이 지나자 그들은 바깥문을 열어주고 안뜰까지 나갈 수 있는 자유를 허락했다. 그곳에서 나는 세 명의 다른 노예를 만났다. 그중 한 명은 이제 열 살 남짓한 어린애였고, 다른 둘은 각각 스무 살, 스물다섯 살의 청년이었다. 그들과 친해져 이름과 사연을 알게 되기까지는 오랜 시간이 걸리지 않았다.

그들 중 나이가 많은 청년은 클레먼스 레이Clemens Ray이며 유색 인종이었다. 그는 워싱턴에서 말을 맡기고 빌려주는 곳에서 오랫동안 말을 모는 일을 했다. 아주 똑똑했고 자신의 상황을 정확히 이해했다. 그는 자신이 남부로 가야 한다는 사실에 몹시 슬퍼했다. 그의 말에 따르면 버치가 며칠 전에 그를 노예로 구입했고 뉴올리언스 시장에 내다 팔 준비가 될 때까지 임시로 이곳에 둔 것이라고 했다. 그의 이야기를 듣고 비로소 내가 갇혀 있는 곳이 한 번도 듣도 보도 못한 윌리엄 노예수용소라는 곳임을 알게 되었다. 레이는 내게 이 수용소의 용도에 대해 설명해줬다. 나는 그에게 이곳까지 끌려오게 된 기가 찬 사연을 몇 번이고 설명했지만, 그는 그저 묵묵히 위로를 건넬 뿐이었다. 또한 자기가 버치의 성격을 잘 안다며, 앞으로 자유에 관한 이야기는 꺼내지 않는 게 좋을 거라고 조언했다. 그렇지 않으면 또다시 매질을 당할 거라면서 말이다. 레이 다음으로 나이가 많은 청년은 존 윌리엄스John Williams였다. 그는 워싱턴에서 그리 멀지 않은 버지니아 출신이었다. 자기 주인이 버치에게 빚을 갚지 못해 대신 팔려왔다고 했다. 언젠가 주인이 자신을 되찾으러 올 것이라는 희망을 버리지 않았고, 실제로 훗날 그의 꿈은 이뤄졌다. 랜들Randall이라는 열 살짜리 꼬마는 아주 활기가 넘쳤다. 하루 대부분을 뜰에서 놀며 보냈지만 이따금 엄마를 부르며 울기도 하고 언제 엄마가 오느냐며 떼를 쓰곤 했다. 랜들의 유일한 그리고 가장 큰 슬픔은 엄마가 곁에 없다는 것이었다. 아이는 자신의 처지를 깨닫기엔 무척 어렸고, 엄마 생각을 하지 않을 때는 아이다운 귀여운 장난으로 우리를 즐겁게 해주곤 했다.

밤이면 이들 셋은 고미다락에 모여 잠을 잤고 나는 독방에 갇혀 혼자 잤다. 마침내 우리에게도 담요가 한 장씩 배급되었는데, 사람이 아닌 말을 덮는 담요였다. 이 담요는 이후 12년 동안 내게 허락된 유일한 침구였다.

레이와 윌리엄스는 내게 뉴욕생활에 대해 많은 것을 물었다. 그곳에서는 유색 인종을 어떻게 대하는지, 어떻게 유색 인종이 다른 사람의 방해나 핍박을 받지 않은 채 가족을 이루고 자신만의 집에서 살 수 있는지 등을 말이다. 특히 레이는 자유를 원한다며 한숨을 내쉬곤 했다. 그렇지만 버치나 래드번이 듣는 데서는 결코 이런 대화를 하지 않았다. 이런 우리

열망을 버치가 알게 된다면 또다시 잔혹한 매질을 가할 것이 뻔했기 때문이다.

내 인생에서 일어난 주요 사건들을 완전하고 진실하게 이야기하기 위해서는, 그리고 내가 직접 겪고 느낀 바대로 노예제에 대해 정확하게 말하려면 우선 잘 알려진 장소들과 아직도 살아 있는 몇몇 사람에 대해 먼저 소개를 해야 할 것 같다. 나는 지금도 그렇고 예전에도 그랬지만 워싱턴이나 그 근방에는 전혀 아는 사람이 없다. 버치와 래드번을 제외하면 워싱턴 근처에 아는 이가 한 명도 없었다. 나와 함께 노예로 잡혀 있던 이들에게 이야기를 전해 들은 것이 전부였다. 따라서 지금부터 내가 하려는 이야기는 사실이 아닐 경우 쉽게 반박될 수 있다.

나는 윌리엄 노예수용소에서 약 2주 동안 머물렀다. 떠나기 전날 밤 한 여자가 어린아이의 손을 잡고 울면서 수용소에 들어왔다. 다름 아닌 랜들의 어머니와, 아버지가 다른 여동생이었다. 엄마와 동생을 만난 랜들은 기뻐 어쩔 줄 모르며 엄마의 치마에 매달렸다가 동생에게 뽀뽀하는 등 온몸으로 즐거움을 표현했다. 엄마 역시 아들을 부드럽게 껴안고 눈물 글썽거리는 눈동자로 바라보며 애정 가득한 호칭으로 불렀다.

랜들의 동생인 에밀리Emily는 이제 막 일고여덟 살쯤 된 아이로 피부색은 밝은 편이고 얼굴이 놀라우리만큼 예뻤다. 부드럽게 말린 머리카락이 목 주위를 덮고, 고급스러우며 예쁜 드레스와 깔끔하게 정돈된 외양으로 볼 때 부유한 가정에서 자란 아이임을 한눈에 알 수 있었다. 게다가 애교도 넘쳤다. 랜들의 어머니 역시 실크 옷을 입고, 손가락에는 반지를 끼고 있었으며, 귀에는 금빛 장식이 대롱대롱 달려 있었다. 그녀에게서 풍겨 나오는 분위기와 예의범절 그리고 정확하고 바른 언어를 구사하는 것으로 볼 때 그녀 역시 처음부터 노예는 아니었을 것이라고 짐작되었다. 그녀는 자신이 노예수용소 같은 곳에 오게 되었다는 사실을 믿지 못하는 듯했다. 예상치 못한 어떤 사건으로 인해 그곳에 오게 된 것 같았다. 그녀는 이 사실에 대해 큰 소리로 불평을 늘어놓다가 아이들과 함께 독방에 갇히고 말았다. 그녀는 독방에서 끊임없이 비탄의 말을 쏟아냈다.

바닥에 쓰러지듯 누운 그녀는 아이들을 양팔에 껴안은 채 오직 어머니만이 보여줄 수 있는 사랑과 친절함이 담긴 말들을 아이들에게 해주었다. 아이들은 마치 어머니만이 자신들의 유일한 보호막이라는 듯 그녀 곁에 붙어 있었다. 그러다가 마침내 아이들은 어머니의 무릎을 베고 잠들었다. 아이들이 자는 동안 그녀는 아이들의 이마에 흘러내린 머리카락을 쓸어 넘겨주고 밤새 다정하게 말을 걸었다. 내 아가들, 사랑스런 천사들, 앞으로 다가올 고통의 무게도 모른 채 순진무구하게 잠든 가엾은 것들⋯⋯. 머지않아 이 아이들은 어미의 품을 떠나야 한다. 더 이상 품에 안아 어르고 달래줄 어머니가 없는 것이다. 이 아이들은 어떻게 될까? 아! 어떻게 이 가여운 아이들과 떨어져 살 수 있단 말인가? 언제나 착하고 사랑스럽기만 하던 이 아이들을 말이다. 그녀는 만일 그렇게 된다면 가슴이 찢어질 거라고 신께 기도드렸다. 그렇지만 곧 이 아이들이 팔려갈 것이며, 서로 떨어져 평생 얼굴조차 보지 못한 채 살아가게 될 것임을 그녀도 잘 알고 있었다. 이 가여운 어머니의 절망에 찬 기도를 들었다면 설사 돌로 만들어진 심장이라도 녹아내렸을 것이다. 이 어머니의 이름은 일라이자Eliza였다. 이후 그녀는 자신의 삶에 대해 다음과 같이 이야기해주었다.

일라이자는 워싱턴의 한 주택가에 살던 베리Berry라는 부유한 남자의 노예였다. 내 기억이 정확하다면, 그녀는 그 남자가 운영하는 대규모 농장에서 태어났다. 남자는 수년 전부터 방탕한 생활을 해왔고 자연히 아내와 곧잘 말다툼을 했다. 사실 랜들이 태어난 직후 그들 부부는 갈라섰다. 아내와 딸을 원래 살던 집에 두고서 그는 근처에 새로운 집을 한 채 더 지었다. 그는 그 집으로 이사할 때 일라이자를 데리고 갔다. 그리고 자신과 함께 사는 조건으로 일라이자와 그녀의 아이들을 자유의 몸으로 풀어주겠다고 했다. 일라이자는 그곳에서 9년 동안 그 남자와 함께 살았고, 여러 하인을 부리며 안락함과 풍요로움을 누렸다. 에밀리는 그 남자의 딸이었다! 그러던 어느 날, 남자의 본처와 함께 살던 딸이 제이컵 브룩스Jacob Brooks에게 시집을 가게 되었다. 그러다가 어떤 이유에서인지 (그녀의 이야기를 통해 들은 바에 따르면) 베리가 어떻게 손써볼 틈도 없이 재산 분할이 이뤄졌다. 일라이자와 그녀의 아이들이 브룩스 씨의 소유가 되어버린 것이다. 베리와 함께 산 9년 동안 그녀와 에밀리는 자연히 본처와 딸로부터 미움과 질투를 받았다. 일라이자는 베리에 대해 천성이 착한 사람이며 항상 자신에게 자유를 약속했고 또 그럴 힘만 있었다면 분명 실제로 자유를 주었을 것이라고 했다. 일라이자와 그녀의 아이들이 브룩스의 소유가 되면서 이들이 함께 살 수 없음은 분명해졌다. 브룩스 부인은 일라이자를 보는 것만으로도 체증이 생기는 모양이었다. 게다가 그토록 예쁘기까지 한 이복 여동생을 보는 것 역시 그녀로서는 여간 짜증나는 일이 아닐 수 없었다.

일라이자를 수용소로 보내던 날, 브룩스는 그녀를 도시로 데려오면서 자유의 몸으로 풀어주겠노라는 주인의 약속을 지킬 때가 왔다고 거짓말을 했다. 곧 자유의 몸이 될 거라는 생각에 들뜬 그녀와 에밀리는 가장 좋은 옷으로 차려입고 기쁜 마음으로 브룩스를 따라 나섰다. 그러나 도시에 당도했을 때 그녀가 마주한 운명은 자유인으로 새롭게 태어나는 대신 노예상 버치에게 끌려가는 것이었다. 실제로 브룩스가 가져온 문서는 노예 매도 증서였다. 수년간의 희망이 한순간에 물거품이 된 것이다. 그날 그녀는 희망의 절정에서 절망의 나락으로 곤두박질쳤다. 그토록 구슬프게 수용소가 떠나가도록 울부짖은 것도 당연했다.

일라이자는 이제 저세상 사람이 되었다. 루이지애나의 저지대로 느릿느릿한 물살이 흘러드는 레드 강 북쪽에 평온히 잠들어 있다. 가여운 노예들은 땅속에 묻혀서야 비로소 쉴 수 있는 것이다! 그녀가 두려워하던 모든 것이 현실이 되었다. 밤낮으로 얼마나 울부짖었는지, 스스로 예견했듯, 자식을 잃은 슬픔으로 갈가리 찢긴 그녀의 마음에 대해서는 다음 장에서 계속 이야기할까 한다.

# 04 남쪽으로 끌려가다

일라이자의 슬픔-출발 준비-워싱턴 거리를 끌려가다-미국 만세-워싱턴 대통령 묘역-클레먼스 레이-증기선의 아침 식사-행복한 새들-아쿠아 크리크-프레더릭스버그-리치먼드 도착-구딘의 노예수용소-신시내티에서 온 로버트 데이비드 부부-메리와 레테-돌아가는 클레먼스 레이-레이, 캐나다로 도망치다-범선 올리언스 호-제임스 버치

수용소에 감금된 첫날 밤, 일라이자는 젊은 여주인의 남편 제이컵 브룩스에 대한 쓰디쓴 원망의 말을 간간이 쏟아냈다. 제이컵이 자기를 속이려던 속셈이었다는 걸 미리 알아차렸더라면 결코 순순히 이곳에 따라오지 않았을 것이라고 말했다. 그 작자들은 베리가 농장에 없는 틈을 타 일라이자를 쫓아내기로 했다. 베리는 항상 일라이자에게 잘 대해줬다. 일라이자는 베리를 만날 수 있길 바랐지만 이제는 그도 그녀를 구할 수 없다는 걸 알고 있었다. 그런 생각이 들자 그녀는 잠든 아이들에게 입을 맞추고 한 명씩 차례로 말을 걸면서 다시 흐느끼기 시작했다. 아이들은 어머니의 무릎을 베고 누워 세상모른 채 잠들어 있었다. 그렇게 기나긴 밤이 지나고 아침이 밝았다가 다시 밤이 찾아왔지만 그녀의 애통함은 가시지 않았고 마음도 달래지지 않았다.

다음 날 자정 무렵이었다. 감방 문이 열리더니 버치와 래드번이 손전등을 들고 들어왔다. 버치는 욕설을 내뱉으며 당장 담요를 개고 배에 탈 준

비를 하라고 명령하면서 서두르지 않으면 여기에 가둬두고 갈 거라고 윽박질렀다. 그리고 곤히 잠들어 있던 아이들에게 빌어먹을 잠꾸러기들이라고 말하며 거세게 흔들어 깨웠다. 그러고는 밖으로 나가 클레먼스 레이를 부르더니 고미다락에서 담요를 들고 감방으로 내려오라고 했다. 클레먼스가 나타나자 버치는 우리를 나란히 세우더니 수갑을 채웠다. 수갑 한쪽은 내 왼손에, 다른 한쪽은 클레먼스의 오른손에. 존 윌리엄스는 하루인가 이틀 전에 그곳에서 나갔다. 기대했던 대로 주인이 그를 되찾아갔던 것이다. 버치는 클레먼스와 내게 앞으로 걸어가라고 했고 일라이자와 아이들이 뒤를 따랐다. 우리는 안뜰로 나가 지붕이 덮인 통로를 지난 뒤 계단을 올라가 옆문을 통해 위층 방으로 들어갔다. 누군가가 왔다 갔다 하는 발걸음 소리가 들린 방이었다. 방에는 난로 하나, 낡은 의자 몇 개, 종이로 덮인 긴 테이블이 놓여 있었다. 흰색으로 칠해진 그 방은 바닥에 카펫도 깔려 있지 않았으며 꼭 사무실 같았다. 창문 중 하나에 녹슨 칼이 매달려 있었던 게 기억난다. 방에는 버치의 트렁크가 놓여 있었다. 나는 버치의 명에 따라 수갑이 채워지지 않은 한쪽 손으로 트렁크 손잡이 하나를 잡았다. 나머지 손잡이는 버치가 잡고 우리는 앞문을 나와 아까와 같은 순서로 거리로 나갔다.

캄캄한 밤이었다. 사방이 쥐죽은 듯 고요했다. 펜실베이니아 가를 비추는 불빛이 있었지만 사람은 코빼기도 보이지 않았다. 늦은 귀갓길을 재촉하는 사람도 하나 없었다. 나는 달아나려고 마음을 거의 굳힌 터였다. 한쪽 손에 수갑이 채워져 있지 않았다면 어떤 결과가 닥친다 해도 분명 탈출을 시도했을 것이다. 뒤쪽에서 래드번이 커다란 막대기를 들고 따라오며 아이들에게 최대한 빨리 걸으라고 재촉했다. 우리는 그렇게 수갑을 차고 묵묵히 수도 워싱턴의 거리를 걸었다. 이 나라의 통치 원리는 생명,

자유 그리고 행복을 추구하는 인간의 빼앗을 수 없는 권리를 토대로 한다고 들었거늘! 미국 만세! 참으로 행복한 나라로구나!

목적지에 다다른 우리는 증기선 화물칸에 놓인 통과 화물상자들 사이로 떠밀려 들어갔다. 유색인 하인이 등불을 가져온 뒤 종을 치자 곧 배가 출항했다. 배는 포토맥 강을 따라 어딘지 모르는 곳으로 우리를 데려갔다. 배가 조지 워싱턴의 묘역을 지나갈 때 종이 울렸다. 분명 버치는 이 땅의 자유를 위해 빛나는 삶을 바친 사람의 신성한 유골 앞에서 모자를 벗고 경건한 마음으로 고개를 숙였을 것이다.

그날 밤에 랜들과 에밀리 말고는 아무도 잠을 이루지 못했다. 클레먼스 레이는 처음으로 무너진 모습을 보였다. 레이에게는 남부로 가는 것이 가장 끔찍한 일이었다. 그는 지금 친구들과, 함께 어울리던 모든 사람과, 자신에게 귀하고 소중한 모든 것으로부터 떠나고 있었다. 아마도 십중팔구는 결코 돌아오지 못할 것이다. 레이와 일라이자는 가혹한 운명을 슬퍼하며 눈물을 흘렸다. 나는 힘들었지만 정신을 바짝 차리려고 애썼다. 마음속으로 수없이 탈출 계획을 세웠고 무모하더라도 첫 번째 기회가 찾아오면 꼭 시도할 거라 마음을 굳혔다. 하지만 그 무렵 나는 자유인으로 태어났다는 이야기를 더는 하지 않는 게 좋다는 사실을 받아들였다. 그래 봤자 더 괴롭힘을 당하고 자유를 얻을 기회가 줄어들 뿐이었다.

아침에 해가 뜨자 갑판으로 불려가 아침을 먹었다. 버치가 수갑을 풀어줘 우리는 테이블에 앉았다. 버치는 일라이자에게 술을 한 모금 마시겠냐고 물었다. 일라이자는 정중하게 감사를 표하며 거절했다. 밥을 먹는 동안에 아무도 말을 하지 않았다. 한마디도 오가지 않았다. 식사를 내온 물라토백인과 흑인의 혼혈 1세대 여인이 관심을 보였다. 그녀는 우리에게 그렇게 낙심하지 말고 기운을 내라고 말했다. 아침을 다 먹자 다시 수갑이 채워졌고 버치는 고물에서 내려가라고 지시했다. 우리는 다시 상자들 위에 앉았다. 버치가 있어서 아직 아무도 입을 열지 않았다. 한 승객이 우리가 있는 곳을 잠깐 들여다보더니 조용히 되돌아갔다.

아주 화창한 아침이었다. 강가의 들판은 푸른 풀과 나무들로 빽빽했다. 벌써 이런 계절이 왔나 싶었다. 햇빛은 따사로웠고 나무에서는 새들이 지저귀었다. 행복한 새들이로군! 새들이 부러웠다. 새처럼 날개가 있다면 하늘을 가르고 날아가 내 사랑하는 아기 새들이 돌아오지 않는 아버지를 기다리고 있는 더 시원한 북쪽의 내 집으로 갈 수 있을 텐데……

증기선은 오전에 아퀴아 크리크에 도착했다. 그곳에서 승객들은 합승마차에 옮겨 탔다. 버치와 우리 노예 다섯은 따로 한 대를 차지했다. 버치는 아이들과 이야기하며 웃었고 한 정류장에서는 아이들에게 생강과자를 사주기까지 했다. 버치는 내게 고개를 꼿꼿이 세우고 야무지게 보이라고 말했다. 얌전하게 굴면 좋은 주인을 만날 수 있을 거라고. 나는 그의 얼굴이 끔찍해서 쳐다보기도 싫었다. 언젠가 내 고향 땅에서 이 폭군을 대면하리라는, 아직 사라지지 않은 희망을 품고 한쪽 구석에 앉아 있었다.

우리는 프레더릭스버그에서 차로 옮겨 탔고 어두워지기 전에 버지니아 주의 주도인 리치먼드에 도착했다. 차에서 내려 철도역과 강 사이에 있는 노예수용소로 끌려갔다. 구딘Goodin이라는 사람이 관리하는 이 수용소는 좀더 넓고 뜰 양쪽에 작은 집이 두 채 있다는 것만 빼고는 워싱턴의 윌리엄 노예수용소와 비슷했다. 노예수용소에서 흔히 볼 수 있는 이 집들은 노예를 살 사람이 흥정을 마무리하기 전에 상품을 요모조모 살펴보는 곳이었다. 말과 마찬가지로 노예에 흠이 있으면 실질적으로 가치가 떨어진다. 품질보증서가 없으니 상품을 꼼꼼히 살펴보는 일이 검둥이를 부릴 사람에게는 특히 중요했다.

우리는 안뜰로 들어가는 문에서 구딘과 마주쳤다. 작은 키에 뚱뚱한 사내로 얼굴이 둥글고 통통했다. 검은색 머리에 구레나룻을 길렀고 얼굴색이 거의 자신의 흑인 노예들만큼이나 검었다. 강하고 엄격한 모습이었으며 나이는 마흔 살쯤 되어 보였다. 버치와 구딘은 서로 아주 반가워했다. 분명 오랜 친구인 듯했다. 버치는 구딘과 정답게 악수를 나누면서 일행을 데려왔다고 말했다. 그리고 언제 출항하는지 물었다. 다음 날 몇 시쯤 떠날 거란 대답이 돌아왔다. 구딘은 나를 보더니 팔을 잡고 몸을 약간 옆으로 돌려세운 뒤 훌륭한 재산 감정가라도 된 양 빈틈없이 살펴보았다. 얼마나 가치가 있을지 속으로 판단하는 듯했다.

"음, 이봐, 넌 어디서 왔지?"

잠시 내 처지를 잊어버리고 대답했다.

"뉴욕에서 왔습니다."

"뉴욕이라니! 맙소사! 거기서 대체 뭘 했는데?"

구딘이 깜짝 놀라 물었다.

순간 나는 속마음이 빤히 보이는 화난 표정으로 나를 쏘아보는 버치를 알아차리고 바로 대답했다.

"아, 잠깐 그쪽에 갔을 뿐입니다."

뉴욕까지 가긴 했지만 내가 그 자유 주의 주민도 아니고 그렇다고 다른 주의 주민도 아니라는 걸 분명히 알아주길 바란다는 말투였다.

그러자 구딘은 클레먼스와 일라이자, 아이들 쪽으로 차례로 돌아서서 한 명, 한 명 살펴보고 이것저것 물어보았다. 구딘은 에밀리를 마음에 들어 했다. 그 귀여운 얼굴을 보는 모든 사람이 그러하듯. 에밀리는 내가 처음 봤을 때만큼 깔끔하지 않았고 머리도 헝클어졌지만 부스스하고 부드러운 숱 많은 머리칼 사이로 놀랄 만큼 사랑스러운 얼굴이 빛났다.

"전체적으로 괜찮은 무더기가 들어왔군. 우라지게 괜찮아."

구딘은 기독교인은 쓰지 않는 형용사를 여러 번 써가며 강조했다. 우리는 곧 뜰로 들어갔다. 서른 명쯤 되어 보이는 노예가 돌아다니거나 오두막 아래 벤치에 앉아 있었다. 모두 깨끗한 옷차림이었다. 남자들은 모자를 쓰고 여자들은 머리에 스카프를 두르고 있었다.

버치와 구딘은 우리를 놔두고 본채 뒤쪽의 계단을 올라가 문턱에 앉았다. 뭔가 이야기를 나눴지만 나한테까지 들리지는 않았다. 곧 버치가 뜰로 내려와 수갑을 풀어준 뒤 작은 집 가운데 하나로 데리고 들어갔다.

버치가 말했다.

"저 사람한테 뉴욕에서 왔다고 말하다니……."

나는 말했다.

"뉴욕까지 갔다고 말한 건 맞지만 그곳에서 산다고는 하지 않았습니다. 자유인이란 말도 안 했고요. 피해를 줄 생각은 없었습니다, 버치 주인님. 거기까지 생각이 미쳤다면 그 말을 안 했을 겁니다."

버치는 나를 집어삼킬 듯이 잠깐 쏘아보더니 몸을 돌려 밖으로 나갔다. 그러고는 몇 분 뒤 돌아와서는 사납게 소리쳤다.

"뉴욕이니 자유인이니 또 한 번만 입에 올려봐. 죽여버릴 테니까. 숨통을 끊어놓겠어. 믿어도 좋아."

당시 그는 자유인을 노예로 팔아넘길 때의 위험과 처벌에 대해 나보다 더 잘 알고 있었던 게 분명하다. 그래서 자신이 저지르려는 범죄에 대해 내 입을 막아야겠다고 느낀 것이다. 제물이 필요한 위기 상황에서 당연히 내 인생 따위는 깃털처럼 가벼울 따름이었다. 그러니 죽이겠다는 말이 진심이라는 데는 의심의 여지가 없었다.

뜰 한쪽에 있는 오두막 아래쪽에는 조악한 테이블이 놓여 있고 위쪽에는 잠을 자는 고미다락이 있었다. 워싱턴의 수용소와 똑같았다. 나는 식탁에 앉아 돼지고기와 빵으로 저녁을 먹은 뒤 덩치가 크고 노란 피부색의 사내와 함께 수갑이 채워졌다. 아주 건장하고 살이 쪘으며 세상에서 가장 우울한 표정을 짓고 있는 사내였다. 그는 똑똑하고 아는 게 많았다. 같은 수갑을 찬 우리는 곧 서로의 사연을 알게 되었다. 그의 이름은 로버트였다. 나처럼 자유인으로 태어났고 신시내티에 아내와 두 아이가 있었다. 로버트는 살고 있던 도시에서 두 남자에게 고용되어 남부에 왔다. 자유인 증명서가 없다는 이유로 프레더릭스버그에서 체포되어 감금되었다가 나처럼 입을 다물어야 한다는 걸 깨닫기까지 두들겨 맞았다. 구딘의 수용소에 온 건 3주 전이었다. 나는 이 사내에게 정을 느꼈다. 우리는 서로를 잘 이해하고 공감할 수 있었다. 그래서 얼마 지나지 않아 그가 죽었다는 것을 알고 마지막으로 주검을 봤을 때는 얼마나 눈물이 나고 애통해했는지 모른다.

나, 로버트, 클레먼스, 일라이자 그리고 아이들은 뜰의 작은 집 중 하나에서 담요를 덮고 잤다. 그 방에는 우리 말고도 네 명의 노예가 더 있었다. 네 사람은 모두 같은 농장 출신으로 팔려서 남쪽으로 가던 중이었다. 데이비드와 그의 아내 캐럴라인은 둘 다 물라토였는데 굉장히 불안해했다. 사탕수수 농장이나 목화 농장으로 갈까봐 몹시 두려워했고 무엇보다도 서로 헤어질 것을 염려했다. 칠흑같이 까만 피부에 키가 큰 어린 소녀 메리는 힘이 없고 무심해 보였다. 다른 이들과 마찬가지로 자유라는 단어가 있다는 것조차 잘 몰랐다. 짐승처럼 무지하게 자란 메리의 지능은 고작 짐승보다 약간 더 높은 정도였다. 메리는 주인의 채찍 말고는 두려워하는 게 없었고 주인의 말에 따르는 것 말고는 더 뭘 해야 할지도 몰랐다. 이 나라에는 메리 같은 사람이 아주 많다. 나머지 한 사람은 레테였다. 레테는 우리와 전적으로 다른 사람이었다. 머리카락이 길고 곧았으며 흑인보다 인디언에 더 가까웠다. 날카롭고 독기를 품은 눈빛을 띠었으며 끊임없이 미움과 복수의 말을 내뱉었다. 그녀의 남편은 이미 팔려간 뒤였다. 레테는 자신이 어디에 있는지 알지 못했다. 주인이 바뀐다고 더 나빠질 것도 없다고 믿었으며 사람들이 자신을 어디로 데려갈지는 신경도 쓰지 않았다. 이 절망에 빠진 생명체는 얼굴에 난 상처를 가리키며 언젠가 주인의 피로 자기 얼굴의 흉터를 씻어낼 날이 오길 간절히 바랄 따름이었다.

우리가 이렇게 서로의 불행한 사연을 알아가는 동안 일라이자는 혼자 구석에 앉아 찬송가를 부르며 아이들을 위해 기도했다. 잠을 통 자지 않아 지칠 대로 지친 나는 그 '달콤한 피로해소제'가 다가오는 걸 더 이상 이기지 못하고 로버트 옆 바닥에 드러누웠다. 그러고는 이내 모든 괴로움을 잊고 새벽까지 잠들었다.

아침에 구딘의 감독 아래 마당을 쓸고 몸을 씻자 담요를 개고 길을 떠날 채비를 하라고 했다. 클레먼스 레이만 빼고 말이다. 무슨 이유에서인지 번치는 클레먼스를 다시 워싱턴으로 데려가기로 결정했다. 클레먼스는 뛸 듯이 기뻐했다. 우리는 악수를 나눈 뒤 리치먼드의 노예수용소에서 헤어졌다. 그 뒤로는 두번 다시 그를 보지 못했다. 그런데 자유의 몸이 된 뒤 나는 클레먼스가 도망쳐서 자유의 땅인 캐나다로 가던 중 새러토가에 있는 내 처남 집에서 묵었다는 걸 알게 됐다. 그때 클레먼스는 나와 헤어진 장소며 상황을 가족들에게 말해줬다고 한다.

오후에 우리는 로버트와 나를 선두로 해서 둘씩 나란히 늘어섰다. 그리고 그 순서대로 버치와 구딘에게 이끌려 뜰로 나온 뒤 리치먼드의 거리들을 지나 올리언스 호로 갔다. 올리언스 호는 완전한 장비를 갖춘 상당한 크기의 범선으로 주로 담배를 실어 날랐다. 우리는 5시에 배에 올라탔다. 버치가 양철 컵과 숟가락을 하나씩 나눠줬다. 노예는 모두 40명이었다. 클레먼스만 제외하고 수용소에 있던 사람이 모두 배에 올랐다.

나는 번치에게 빼앗기지 않은 주머니칼로 컵에 내 이름 첫 글자를 새겼다. 곧 다른 사람들이 모여들더니 자기 이름도 새겨달라고 했다. 나는 그들 모두의 청을 들어주었다. 그들은 그 일을 잊지 못하는 듯했다.

밤에 우리는 화물칸으로 몰아넣어졌고 출입구에 빗장이 걸렸다. 바닥에 담요를 펼 만한 자리가 충분치 않아 상자건 어디건 닥치는 대로 누웠다.

버치는 리치먼드까지 우리를 따라왔다가 클레먼스와 함께 워싱턴으로 돌아갔다. 그 뒤 12년이 흐르는 동안, 정확히 말해 지난 1월에 워싱턴 경찰서에서 다시 만날 때까지 그의 얼굴을 보지 못했다.

제임스 버치는 남성과 여성, 아이들을 헐값에 사서 값을 올려 파는 노예상인이었다. 사람의 몸을 매매하는 투기꾼으로 남부에서도 명예롭지 않은 직업이었다. 그는 지금부터 내가 기록할 장면들에서는 사라지지만 내 이야기가 끝나기 전에 다시 등장할 것이다. 사람에게 채찍을 휘두르는 폭군이 아니라 체포되어 법정에서 굽실거리는 범죄자로. 그러나 법정은 그를 제대로 심판하지 않았다.

# **05** 도움을 요청하는 편지를 쓰다

노퍽 도착-프레더릭과 마리아-자유인 아서-승무원이 되다-짐, 커피, 제니-폭풍우-바하마 제방-고요한 바다-탈출 계획-구명보트-천연두-로버트의 죽음-선원 매닝-선실에서의 만남-편지-뉴올리언스 도착-아서, 자유를 되찾다-노예상인 시어필러스 프리먼-플랫-뉴올리언스 노예수용소에서의 첫날

항구를 떠난 배는 제임스 강을 따라 내려갔다. 체서피크 만을 지나 그다음 날 건너편 노퍽 시에 당도했다. 배가 정박해 있는 동안 거룻배 한 척이 다가왔다. 배에는 노예 네 명이 더 타고 있었다. 열여덟 살 소년인 프레더릭은 노예로 태어났고 그보다 몇 살 더 위인 헨리 역시 같은 처지였다. 두 사람 모두 지금까지 그 도시에서 하인으로 일했다. 다소 우아한 모습의 유색인 소녀 마리아는 외모가 흠잡을 데 없었지만 무지하고 허영심이 강했다. 마리아는 뉴올리언스에 간다는 생각에 들떠 있었다. 자신의 매력을 과하게 칭찬하는 말들을 즐겼고 뉴올리언스에 도착하자마자 부유하고 고상한 독신 신사가 당장 자신을 사갈 것이라며 오만한 태도로 말했다.

하지만 네 명 중에서 가장 눈에 띄는 사람은 아서Arthur라는 사내였다. 거룻배가 우리에게 다가오는 동안 그는 자신을 지키고 있던 사람들과 완강하게 몸싸움을 벌였다. 올리언스 호까지 그를 끌어올리는 것도 힘이 들었다. 그는 고래고래 고함을 지르며 자신을 그렇게 취급해서는 안 된다면

서 항의했고 당장 풀어달라고 요구했다. 얼굴은 부은 데다 상처와 멍투성이였고 한쪽 뺨은 피부가 까져 있었다. 사람들은 잽싸게 그를 승강구로 끌고 가 화물칸에 집어넣었다. 나는 아서가 발버둥치는 모습을 보고 대강 사정을 짐작했고 나중에 그에게서 좀더 자세한 이야기를 들었다. 아서는 노퍽 시에서 오랫동안 살았고 자유인이었다. 도시에 가족이 있으며 직업은 석공이었다. 그날 아서는 평소와 달리 일이 지체되어 밤늦게 도시 근교의 집으로 돌아가던 중이었다. 그러다 인적 드문 거리에서 한 무리의 사람들로부터 공격을 받았다. 힘이 다 소진될 때까지 싸웠지만 결국 제압당했고 입에 재갈이 물리며 몸은 밧줄로 꽁꽁 묶인 채 두들겨 맞다가 정신을 잃었다. 놈들은 며칠 동안 그를 노퍽에 있는 노예수용소에 숨겨두었다. 남부의 도시에서는 그런 수용소가 아주 흔한 듯했다. 전날 밤 그는 수용소에서 끌려나와 거룻배에 실렸다. 거룻배는 해안을 떠나 우리 배가 도착하길 기다렸다. 아서는 얼마 동안 항의를 계속했고 결코 타협하려 들지 않았다. 그러나 마침내 잠잠해져서는 침울한 기분으로 생각에 빠져들었다. 혼자서 골똘히 고뇌에 잠긴 듯했다. 결연한 얼굴에는 절박함이 어려 있었다.

노퍽을 떠난 뒤에는 수갑을 풀어주었고 낮 동안에는 갑판에 머물러도 된다고 했다. 선장은 로버트에게 시중을 들게 했고 나한테는 조리부를 감독하고 음식과 물을 나눠주는 일을 맡겼다. 내 조수는 짐, 커피Cuffee, 제니 세 명이었다. 제니는 주전자에 옥수수 가루를 살짝 눅게 볶아 당밀로 단맛을 더한 커피를 준비하는 일을 맡았고 짐과 커피는 옥수수빵과 베이컨을 구웠다.

나는 여러 개의 통 위에 널찍한 널빤지를 올려 만든 식탁 옆에 서서 고기와 딱딱하게 구운 옥수수빵을 한 조각씩 잘라 노예들에게 나눠주고 제니가 만들어온 커피도 주전자로 한 잔씩 따라주었다. 접시는 주어지지 않았고 새까만 손가락들이 칼과 포크를 대신했다. 짐과 커피는 아주 얌전했으며 정성을 다해 일했다. 두 사람은 보조 요리사라는 지위에 약간 우쭐해했고 자신들에게 커다란 책임이 맡겨졌다고 느끼는 게 분명했다. 나는 승무원으로 불렸다. 선장이 붙여준 호칭이었다.

노예들은 10시와 5시 하루에 두 번 식사를 했다. 항상 같은 종류와 같은 양의 음식을 같은 방식으로 나눠줬다. 밤이 되면 우리는 화물칸으로 몰아넣어졌고 빗장이 단단히 채워졌다.

육지가 거의 보이지 않게 된 뒤 갑자기 맹렬한 폭풍우가 배를 덮쳤다. 배가 빙글 돌고 심하게 요동쳐서 이렇게 가라앉아버리는 건 아닌가 하고 걱정되었다. 뱃멀미에 시달리는 사람도 있었고 무릎 꿇고 기도를 올리는 사람도 있었다. 어떤 이들은 겁에 질려 서로 꽉 부둥켜안았다. 우리가 갇혀 있던 화물칸은 뱃멀미에 시달리는 사람들 때문에 역겹고 구역질나는 아수라장이 되었다. 그날 인정 많은 바다가 잔혹한 인간들의 손아귀에서 우리를 낚아채줬더라면 대부분에게는 축복이었을 텐데. 그러면 수없이 채찍질을 당하다가 결국 비참한 죽음을 맞는 일은 없었을 것이다. 랜들과 어린 에밀리를 떠올리면 지금쯤 아무 보람 없는 힘겨운 노동에 시달리며 겨우겨우 살아가고 있다고 생각하는 것보다 크고 깊은 바다 속으로 가라앉았다고 생각하는 편이 더 나았다.

배는 바하마 제방이 보이는 올드포인트컴퍼스 혹은 홀인더월이라는 곳에서 사흘 동안 꼼짝도 하지 않았다. 바람 한 점 불지 않았기 때문이다. 만의 물은 석회수처럼 몹시 하얬다.

일이 일어난 순서대로 적다보니 이제 어떤 사건을 이야기할 때가 되었다. 그 일을 떠올릴 적마다 안타까운 마음이 밀려온다. 저를 노예 상태에서 벗어나게 해주신 하느님, 감사합니다. 하느님의 자비로운 중재로 제가 당신의 피조물의 피로 제 손을 더럽히는 일을 피할 수 있었습니다. 그런 상황에 놓여보지 않은 사람들은 나를 호되게 비난하지 말라. 쇠사슬로 몸이 묶이고 매질을 당하기 전까지는, 집과 가족을 떠나 속박의 땅으로 가던 나와 똑같은 처지에 놓이기 전까지는, 자유를 얻으려고 그런 짓을 하지는 않을 거라고 단언하지 말라. 하느님과 인간의 눈에 내가 어디까지 정당화될 수 있을까? 이제 와서 생각해봤자 아무 소용이 없을 것이다. 하마터면 심각한 결과를 불러왔을 사건이 아무에게도 해를 끼치지 않고 끝난 것이 다행스럽다고 말하는 걸로 족하다.

바다가 잠잠해진 첫날 저녁 무렵이었다. 아서와 나는 뱃머리의 양묘기 위에 앉아 우리를 기다리고 있을 운명과 불운을 함께 슬퍼했다. 아서는 앞으로 펼쳐질 삶보다 죽음이 훨씬 덜 끔찍할 것이라고 말했고 나도 여기에 동의했다. 우리는 아이들과 지난날의 삶, 탈출 가능성에 대해 한참 동안 이야기를 나누었다. 그러다가 둘 중 누군가가 배를 탈취하자는 이야기를 꺼냈다. 그리고 만약 이 계획이 성공할 경우 뉴욕 항까지 배를 몰고 갈 수 있을지에 대해 이야기를 나눴다. 나는 방위를 찾아 항해하는 법에 대해 잘 몰랐지만 위험을 무릅쓰고 모험을 해본다는 생각에 들떴다. 아서와 나는 선원들과 싸울 때 유리한 기회와 불리한 기회를 철저하게 검토했다. 믿을 만한 사람과 그렇지 못한 사람은 누구인지 따져보았고 정확한 공격 시간과 방법도 몇 번이고 상의했다. 나는 그 계획이 처음 나온 순간부터 희망을 품기 시작했다. 끊임없이 생각하고 또 생각했다. 난제가 꼬리를 물고 이어졌지만 어떻게 극복할지도 떠올랐다. 아서와 나는 다른 사람들이 자는 동안 계획을 다듬어나갔고 마침내 로버트에게 우리가 하려는 일을 알려주었다. 로버트는 당장 찬동하며 열성적으로 모의에 가담했다.

로버트 말고는 우리가 믿을 수 있는 노예가 없었다. 두려움과 무지 속에서 자란 노예들은 백인의 눈길 앞에서 자신들이 얼마나 비굴하게 움츠러드는지도 자각하지 못했기 때문이다. 노예들한테는 그 누구에게도 이 대담한 비밀을 말하지 않는 편이 안전했고, 마침내 우리 셋은 이 무시무시한 거사를 우리끼리만 치르기로 결정했다.

앞서 말한 것처럼, 밤이 되면 우리는 빗장을 채운 화물칸으로 들어갔다. 갑판까지 어떻게 갈지가 첫째 난관이었다. 나는 뱃머리에 작은 구명보트 하나가 뒤집혀 있는 걸 보았다. 밤에 선원들이 노예를 화물칸에 몰아넣을 때 그 아래에 숨어 있으면 사람들 눈에 띄지 않을 것 같았다. 그게 과연 가능할지 확인하기 위해 내가 직접 시도해보기로 했다. 다음 날 저녁에 식사를 마친 뒤 기회를 틈타 구명보트 아래로 얼른 몸을 숨겼다. 갑판에 몸을 바짝 대고 누우니 사람들 눈에 띄지 않은 채 주위에서 무슨 일이 일어나는지 볼 수 있었다. 아침에 사람들이 갑판 위로 나오자 나는 숨어 있던 곳에서 들키지 않고 슬그머니 빠져나올 수 있었다. 결과는 대성공이었다.

선장은 선장실에서 항해사와 함께 잠을 잤다. 우리는 선장의 시종 노릇을 하며 그 구역을 관찰할 기회가 많았던 로버트로부터 각 선실의 정확한 위치를 확인했다. 로버트는 탁자 위에 항상 권총 두 자루와 단검이 놓여 있다는 것도 알려주었다. 선원들의 요리사는 갑판에 있는 조리실에서 잤는데, 바퀴가 달려 있어 필요에 따라 옮길 수 있는 일종의 운반차량 같은 것이었다. 여섯 명밖에 안 되는 선원들은 선실이나 삭구 사이에 매달아놓은 해먹에서 잠을 잤다.

마침내 준비가 모두 완료되었다. 아서와 나는 몰래 선장실로 들어가 권총과 단검을 훔쳐 될 수 있는 한 빨리 선장과 항해사를 해치우기로 했다.

그리고 로버트는 몽둥이를 들고 갑판에서 선실로 가는 문가에 서 있다가 선원들이 나타나면 우리가 도우러 갈 때까지 싸우는 임무를 맡았다. 그 뒤에는 상황에 따라 행동하기로 했다. 기습공격이 성공을 거둬 저항이 없으면 화물칸에는 그대로 빗장이 채워져 있을 것이다. 그렇지 않으면 노예들이 불려나올 것이고 우리는 사람들이 우왕좌왕하며 정신없는 틈을 타 목숨을 걸고 자유를 되찾자고 결의를 다졌다. 계획이 성공하면 익숙하진 않지만 내가 조타수를 맡기로 했다. 우리는 행운의 바람이 우리를 자유의 땅으로 데려다줄 것이라고 믿었다.

항해사의 이름은 비디였다. 나는 이름을 한번 들으면 좀처럼 잊어버리지 않는 편인데 선장의 이름은 기억나지 않는다. 선장은 조그만 몸집에 기품이 흐르는 남자로 몸이 곧고 동작이 재빨랐다. 태도가 당당했고 용기의 화신처럼 보이는 인물이었다. 그가 아직 살아 있어서 이 책을 읽는다면, 1841년에 리치먼드에서 뉴올리언스까지 가던 항해 중에 일어난 한 가지 사실을 항해일지에 기록하지 않았다는 걸 알게 될 것이다.

우리는 모든 채비를 갖춘 뒤 계획을 실행에 옮길 기회를 초조하게 기다렸다. 그러나 우리 계획은 예상치 못한 안타까운 사건으로 좌절되고 말았다. 로버트가 덜컥 병에 걸린 것이다. 천연두였다. 로버트는 상태가 점점 더 악화되다가 뉴올리언스에 도착하기 나흘 전 세상을 떠났다. 선원 한 명이 로버트의 시체를 담요로 싸서 꿰맨 다음 바닥돌로 쓰는 커다란 돌을 발에 매달았다. 그리고 승강구에 눕힌 뒤 도르래를 이용해 갑판 위로 들어올렸다. 가여운 로버트의 뻣뻣해진 몸은 그렇게 하얀 바닷물 속으로 사라졌다.

천연두가 발생하자 모두가 공포에 휩싸였다. 선장은 화물칸에 석회 가루를 뿌리라고 지시했고 그 밖에 주의 깊은 예방조치들을 취했다. 나는 로버트가 죽고 병까지 돌자 침통해 어쩔 줄 몰랐고 암담한 심정으로 드넓고 황량한 바다를 하염없이 바라보았다.

로버트를 바다로 보낸 지 하루인가 이틀 뒤였다. 낙담에 빠져 선원실 가까이의 승강구에 기대고 있던 내게 한 선원이 다정한 목소리로 왜 그렇게 기운이 없는지 물어보았다. 선원의 말투와 태도가 믿음직해 보여 나는 내가 자유인이며 납치되었다고 말했다. 그러자 그는 낙담할 만하다며 이것저것 물어보았고 나는 내 사연을 자세히 들려주었다. 그는 내 처지에 많은 관심을 보였고 선원 특유의 무뚝뚝한 말투로 "뼈가 쪼개지더라도" 할 수 있는 한 나를 도와주겠다고 약속했다. 나는 친구들에게 편지를 쓰려고 그에게 펜과 잉크, 종이를 가져다달라고 부탁했다. 그는 그러마고 약속했지만 그것들을 들키지 않고 사용할 수 있을지가 문제였다. 그가 불침번을 서지 않는 날에 다른 선원들이 잠들었을 때 선실에 들어갈 수 있으면 편지를 쓸 수 있을 텐데. 그때 작은 보트가 떠올랐다. 그는 우리가 미시시피 강 어귀 발리즈에서 멀지 않은 데까지 온 것 같다고 했다. 서둘러 편지를 쓰지 않으면 기회를 놓치고 말 것이었다. 그래서 나는 그와 의논해 다음 날 밤에 다시 작은 보트 아래에 숨었다. 그의 불침번은 12시에 끝났다. 그가 선원실로 들어가는 걸 본 나는 한 시간쯤 뒤에 따라 들어갔다. 반쯤 잠들어 있던 그가 탁자를 가리켰다. 탁자 위에는 약한 불빛이 깜빡거렸고 펜과 종이도 놓여 있었다. 내가 들어가자 그는 일어나서 자기 옆에 앉으라고 손짓하며 종이를 가리켰다. 나는 샌디힐의 헨리 B. 노섭 씨에게 내가 납치된 뒤 올리언스 호에 실려 뉴올리언스로 끌려가고 있다고 편지를 썼다. 어떤 운명을 맞을지 짐작도 되지 않으며 날 구해줄 방도를 취해달라고 부탁했다. 그런 다음 편지를 봉하고 주소를 썼다. 편지를 읽은 그는 뉴올리언스의 우체국에 편지를 맡기겠노라고 약속했다. 나는 서

둘러 작은 보트 아래로 돌아왔고 다음 날 아침 노예들이 나와서 돌아다니자 살금살금 기어나와 사람들 틈에 섞였다.

내 고마운 친구의 이름은 존 매닝John Manning이다. 그는 영국 태생으로 그 어떤 선원보다 더 고귀하고 넓은 마음씨를 지녔다. 보스턴에서 살았으며, 키가 크고 체격이 좋았다. 나이는 스물네 살쯤이었고, 얼굴에 약간 마마 자국이 있었지만 표정에 인정이 넘쳤다.

뉴올리언스에 도착할 때까지 단조로운 일상을 흔드는 일은 일어나지 않았다. 배가 부두로 다가가 정박하기도 전에 매닝이 해안에 뛰어내려 서둘러 시내로 들어가는 모습이 보였다. 매닝은 시내로 향하다가 몸을 돌려 자기가 하는 일의 목적을 알려주듯 어깨 너머로 의미심장한 표정을 지었다. 얼마 안 있어 매닝은 돌아왔고, 내 옆을 바짝 지나가며 '다 잘될 거요'라고 말하려는 듯 팔꿈치로 나를 쿡 찌르며 눈을 깜박였다.

내가 아는 바에 따르면, 그 편지는 샌디힐에 도착했다. 노섭 씨는 올버니로 가서 수어드 주지사에게 내 편지를 내밀었다. 하지만 그 편지는 내가 어디에 있을지 정확하게 알려주지 않았던 까닭에 당장은 조치를 취할 때가 아니라고 판단했다. 그래서 내가 어디로 보내졌는지 알아낼 수 있을 거라 믿으며 나를 구하는 일은 그때까지 미루기로 했다.

배가 부두에 닿자 곧 행복하고 감동적인 장면이 펼쳐졌다. 매닝이 배에서 내려 우체국으로 향한 바로 그때, 두 남자가 배로 다가오더니 큰 소리로 아서의 이름을 불렀다. 두 사람을 알아본 아서는 기쁨에 넘쳐 거의 제정신이 아닐 정도였다. 곧장 배 옆으로 뛰어내릴 태세였다. 잠시 뒤 아서는 두 사람을 만나 손을 부여잡고 아주 한참 동안 껴안았다. 그들은 뉴올리언스로 아서를 구하러 온 사람들이었다. 아서를 납치한 사람들이 체포되어 노퍽 교도소에 갇혔다고 했다. 두 사람은 선장과 잠시 이야기를 나누더니 기쁨에 넘친 아서를 데리고 떠났다.

그러나 부두에 모여든 인파 중에 나를 알거나 반기는 이는 한 명도 없었다. 단 한 사람도. 어떤 친숙한 목소리도 들리지 않았고 아는 얼굴도 없었다. 아서는 곧 가족들과 재회하고 자신에게 못된 짓을 한 사람들이 복수당하는 꼴을 흡족하게 바라볼 것이었다. 하지만 나는 가족을 다시 만날 수 있을까? 나도 로버트와 함께 바다 밑바닥으로 가라앉았어야 했다. 절망과 후회가 차오르며 더할 수 없는 참담한 심정이 되었다.

곧 상인들과 화물을 인수할 사람들이 배에 올라왔다. 키가 크고 야윈 얼굴에 피부가 희고 몸이 약간 굽은 사내가 종이 한 장을 쥐고 나타났다. 나, 일라이자, 아이들, 리치먼드에서 우리와 합류한 해리, 레테 그리고 몇 명의 다른 노예로 구성된 버치의 화물들이 그 사람에게 보내졌다. 사내는 바로 시어필러스 프리먼이었다. 그는 손에 쥔 종이를 읽으며 "플랫Platt"이라고 불렀다. 아무도 대답하지 않았다. 몇 번이나 불렀지만 아무 대답이 없었다. 그다음 레테, 일라이자, 해리가 호명되었고 이름이 불린 사람은 한 발짝씩 앞으로 나갔다. 그렇게 목록 끝까지 이름이 다 불렸다.

"선장, 플랫은 어디 있소?"

프리먼이 물었다.

선장은 알려주지 못했다. 배에 타고 있던 사람들 중에 그런 이름으로 불린 자는 없었기 때문이다.

"저 검둥이는 누가 태운 거요?"

프리먼이 나를 가리키며 물었다.

"버치가 태웠소."

선장이 대답했다.

"네 녀석 이름이 플랫이다. 여기 설명하고 맞아. 썩 앞으로 나오지 못해?"

나는 그에게 내 이름은 플랫이 아니라고 말했다. 그리고 그런 이름으로 불린 적이 없지만 그렇게 불려도 괜찮다고 했다.

그러자 프리먼이 말했다.

"그럼 내가 네놈 이름을 알려주지."

그러더니 덧붙여 말했다.

"절대 못 잊을 거다."

말이 나왔으니 말인데, 시어필러스 프리먼은 신성모독에서 그의 동업자인 버치에 조금도 뒤지지 않는 사람이었다. 나는 배에서는 '승무원'으로 통했고 플랫이라고 호명된 건 이번이 처음이었다. 플랫은 버치가 자신의 화물 인수자에게 알려준 이름이었다. 배에서 나는 쇠사슬로 묶인 죄수들이 부두에서 일하는 모습을 보았다. 우리는 그들을 지나 프리먼의 노예 수용소로 끌려갔다. 이 수용소도 리치먼드에 있는 구딘의 수용소와 아주 비슷했는데, 벽돌 담 대신 끝을 뾰족하게 깎은 널빤지를 똑바로 세워 뜰을 에워싼 것만 달랐다.

이 수용소에는 우리 일행을 포함해 적어도 50명의 노예가 있었다. 우리는 뜰에 있는 작은 건물들 중 하나에 담요를 놓고 불려나가 밥을 먹었다. 그런 뒤 밤이 될 때까지는 구내를 돌아다녀도 된다고 했다. 밤이 되자 각자 원하는 대로 오두막 아래나 고미다락 혹은 바깥뜰에 담요를 돌돌 말고 누웠다.

하지만 그날 밤에는 잠깐밖에 눈을 붙이지 못했다. 머릿속이 온갖 생각으로 복잡했다. 어떻게 이럴 수 있나? 내가 집에서 수 킬로미터 떨어진 곳에 와 있다니, 내가 말 못 하는 짐승처럼 끌려다니다니, 쇠사슬로 묶여 인정사정없이 매질을 당하다니, 노예들과 함께 모여 있다니. 내가 노예인가? 지난 몇 주 동안 일어난 일들이 진짜 현실일까? 아니면 아주 긴 꿈에서 참담한 단계를 지나고 있는 걸까? 하지만 꿈이 아니었다. 내 슬픔의 잔은 차서 넘쳐흘렀다. 나는 잠든 동료들에게 둘러싸인 채 잠을 이루지 못하며 가련하고 버림받은 이들에게 자비를 베풀어달라고 신께 기도를 올렸다. 자유인과 노예, 우리 모두의 전능하신 아버지에게 이 무거운 시련을 견딜 수 있는 힘을 달라고 간청하며 낙심한 데서 우러나는 간청을 쏟아냈다. 잠든 사람들 위로 아침 해가 떠올라 또 다른 속박의 날이 시작될 때까지.

# 06 노예 판매소에 전시되다

분주한 프리먼-위생과 새 옷-노예 판매소에서의 연습-춤-바이올린을 연주하는 밥-고객 도착-노예 검사-뉴올리언스의 노인-팔려가는 데이비드, 캐럴라인, 레테-랜들과 일라이자의 이별-천연두-병원-회복한 뒤 프리먼의 노예수용소로 돌아오다-일라이자, 헨리, 플랫을 산 남자-에밀리와 이별하는 일라이자의 슬픔

제임스 버치의 동업자이자 대리인이며 뉴올리언스의 노예수용소 감시인이기도 한 시어필러스 프리먼은 상냥한 데다 신앙심 깊은 인물이라 자부한다. 아침 일찍 자신이 관리하는 가축들 사이로 나왔다. 우리는 나이 든 남녀에게 하는 발길질 소리와 젊은 노예의 귓가에서 날카롭게 갈라지는 채찍 소리를 들으며 잠자리에서 일어났다. 프리먼은 판매소로 가 그날 장사를 확실하게 성사시킬 자신의 재산을 챙기면서 부산하게 돌아다녔다.

우리는 명령받은 대로 몸을 깨끗이 씻고 수염이 있는 이들은 수염을 깎았다. 그러고 나서 값싸긴 하나 깨끗한 새 옷을 한 벌씩 받았다. 남자들은 모자, 코트, 셔츠, 팬티와 신발을 받았고, 여자들은 옥양목 드레스와 머리에 두를 스카프를 받았다. 우리는 건물 정면에 위치한 마당에 접해 있는 커다란 방으로 보내졌다. 이 마당은 고객이 노예를 선택하기 전에 노예들을 훈련시키는 곳이었다. 남자들이 방의 벽 한쪽에 정렬해 섰고

여자들은 그 반대편에 섰다. 가장 키가 큰 사람이 맨 앞에, 두 번째로 큰 사람이 그다음에, 이런 식으로 모두 정렬해 섰다. 에밀리는 여자 줄 끝에 섰다. 프리먼은 가끔은 위협적으로, 어떤 때는 달래면서 우리에게 각자의 자리를 기억하라고 했고 똑똑하며 생기 있는 표정을 지으라고 했다. 한나절 내내 우리에게 똑똑하게 보이는 방법과 각자의 위치를 정확히 찾아가는 방법을 교육시켰다.

우리는 밥을 먹고 나서 오후에 열병식과 춤을 선보였다. 한때 프리먼의 소유였던 혼혈아 밥Bob이 바이올린을 켰다. 그의 옆에 서 있던 나는 '버지니아 릴Virginia Reel 미국 포크댄스의 일종'을 연주할 수 있느냐고 물었다. 그는 연주하지 못한다고 대답하며 오히려 나에게 연주할 줄 아느냐고 물었다. 그렇다고 답하자 내게 바이올린을 넘겨줬다. 나는 곧바로 연주를 시작해 곡을 끝냈다. 프리먼은 매우 만족스런 표정을 지으며 연주를 계속하라면서 밥에게 그의 연주보다 내 것이 훨씬 낫다고 했는데 이 말을 듣자 밥은 꽤나 상심한 듯했다.

다음 날 고객들은 프리먼의 '새 품목'들을 보고 싶어했다. 프리먼은 우리의 장점과 쓸 만한 부분을 강조하면서 장황하게 수다를 떨었다. 그는 우리한테 머리를 똑바로 쳐들고 빠르게 앞뒤로 걸어보라고 명령했다. 그동안 고객들은 손, 팔과 몸을 확인하고 우리 쪽으로 와서 무엇을 할 수 있는지 묻고 입을 벌리라고 해, 기수가 교환하거나 구입할 말의 이빨을 확인하듯 치아 상태를 꼼꼼히 살펴보았다. 가끔 몇몇 남녀 노예는 마당에 있는 작은 헛간으로 끌려가 발가벗겨진 채로 좀더 철저한 검사를 받았다. 등에 난 상처는 반항이나 방종의 증거로 간주돼 판매 가격을 낮추는 요인이었다.

마부를 찾는 한 노신사가 나를 원하는 듯했다. 그가 프리먼과 대화를 나눌 때 도시에 산다는 것을 알았다. 나는 그가 나를 사가길 원했다. 왜냐하면 뉴올리언스에서 탈출해 북쪽으로 가는 배를 타는 것이 어렵지 않다고 생각했기 때문이다. 프리먼은 나를 구입하는 가격으로 1500달러를 요구했다. 노신사는 지나치게 비싸다고 주장했고 흥정은 어렵게 진행되었다. 하지만 프리먼은 내가 성실하고 건강하며 체격도 좋을뿐더러 똑똑하다고 했다. 그는 음악적인 재주까지 언급하며 내 장점을 강조했다. 노신사는 흑인에게는 특별한 점이 없다고 말하고는 안타깝게도 다시 오겠다는 말을 남긴 채 가버렸다. 그래도 낮 동안 많은 매매가 이뤄졌다. 데이비드와 캐럴라인은 함께 내치즈미국 미시피 주 서남부에 있는 미시시피 강에 면한 항구도시 농장주에게 팔렸다. 그들은 헤어지지 않아도 된다는 사실에 크게 만족해서 얼굴 가득 웃음을 머금고 우리를 떠났다. 레테는 배턴루지루이지애나 주의 주요 도시의 농장주에게 팔렸는데 끌려갈 때 그녀는 분노에 찬 눈빛이었다.

그 농장주는 랜들도 샀다. 이 작은 친구는 팔짝팔짝 마당을 뛰어다니고 곡예를 부리기도 하면서 자신이 얼마나 활동적인지를 보여주었다. 매매가 진행되는 내내 일라이자는 손을 움켜쥐고 큰 소리로 울었다. 그녀는 자신과 에밀리와 함께 랜들을 사가라고 그 농장주에게 간곡히 부탁했다. 그렇게만 해준다면 어떤 노예보다 더 성실하게 일하겠다고 약속했다. 농장주가 그렇게 할 수 없다고 하자 일라이자는 서글프게 울면서 갑자기 발작 증세를 보였다. 프리먼은 채찍을 치켜들고 사나운 표정으로 그녀를 돌아보고는 소란을 멈추라고, 그렇지 않으면 채찍으로 내려치겠다고 말했다. 일라이자의 울부짖음을 결코 용납하지 않을 것이었고 만일 그녀가 이런 소란을 멈추지 않는다면 마당으로 끌고 가 채찍을 내려칠 태세였다. 울음을 빨리 멈추게 하려고 그렇게 한 것이다. 그녀는 프리먼 앞에서 몸을 움츠리고 눈물을 닦았다. 하지만 모두 헛된 일이었다. 일라이자는 함께 살아온 시간이 얼마 되지 않는 그녀의 아이들과 함께 있기를 원한다고 말했다. 아무리 인상을 쓰고 협박을 해도 이 상처받은 어머니를 진정시키기란 어려웠다. 그녀는 아이들과 자신을 떼어놓지 말라고 애처롭게 부탁하고 또 간청했다. 계속해서 자기가 아이들을 얼마나 사랑하는지를 이야기했다. 만약 그들을 함께 사간다면 성실하고도 순종적으로 죽을 때까지 밤낮 없이 일할 거라는, 그녀가 이전에 한 약속을 여러 차례 되풀이해 말했다. 하지만 소용없는 일이었다. 그 농장주는 그녀의 제안을 받아들이지 않았다. 매매가 성사됐고 랜들은 혼자 가야만 했다. 그러자 일라이자는 아들에게 달려가 격렬하게 부둥켜안고 입맞춤을 하며 자신을 잊지 말라고 말했다. 그러는 동안 그녀의 눈물이 랜들의 얼굴에 비처럼 하염없이 쏟아져 내렸다.

프리먼은 일라이자에게 질질 짠다며 욕을 퍼부었고 자기 자리로 돌아가 눈에 띄지 않게 조용히 있으라고 명령했다. 더 이상은 못 참는다고 협박했다. 만약 일라이자가 조심하지 않는다면 프리먼은 그녀가 울게끔 만들고 분명 처벌을 내릴 터였다.

배턴루지에서 온 농장주는 새로 산 노예들을 데리고 떠날 채비를 했다.

문밖으로 나갈 때 랜들은 뒤를 돌아보며 이렇게 말했다.

"울지 마, 엄마. 착한 아이가 될게, 울지 마."

이 아이가 어떻게 되었는지는 신만이 아신다. 실로 슬픈 장면이었다. 할 수만 있다면 나는 엉엉 울고 말았을 것이다.

그날 밤 올리언스 수용소에 있던 거의 모든 사람이 병에 걸렸다. 모두 머리와 등에 심한 고통을 느낀다고 호소했다. 에밀리도 평상시와 다르게 계속 울어댔다. 아침에 의사가 왔지만 어떤 종류의 통증인지조차 알아내지 못했다. 의사가 나를 진찰하면서 증상을 물었을 때, 나는 로버트의 죽음을 언급하면서 천연두일 거라고 말했다. 실제로 그럴 수 있다고 여긴 의사는 내과 과장을 보내겠다고 했다. 잠시 뒤 작은 체구에 금발머리 과장이 들어왔는데 사람들은 그를 '닥터 카'라고 불렀다. 그는 이 병이 천연두라고 단정짓고 주변에 경보를 내렸다. 닥터 카가 자리를 뜬 뒤 일라이자, 에밀리, 해리와 나는 차에 실려 병원으로 이송되었다. 흰 대리석으로 지어진 커다란 병원은 교외에 있었다. 해리와 나는 2층 방에 입원했다. 나는 크게 앓았다. 사흘 동안 앞을 보지 못할 정도였다. 그런 상태로 누워 있던 어느 날, 밤이 와서 닥터 카에게 프리먼이 우리가 어떻게 지내는지를 물어보라고 했다고 말했다. 의사는 내가 9시까지 살아남으면 회복될 가능성이 있다고 전하라고 했다.

나는 죽을 거라고 생각했다. 살아야 할 이유가 거의 없다 해도 죽음이 가까이 다가온다는 것은 소름끼치는 일이었다. 나는 가족을 위해 내 목숨을 포기할 수는 있지만 이런 상황에서, 낯선 사람들 사이에서 죽는다는 것은 가슴 아픈 일이었다.

병원에는 남녀노소를 불문하고 사람들로 북적였다. 병원 건물 뒤편에서는 관을 짜고 있었다. 한 사람이 죽으면 종이 울리고 담당자가 와서 시체를 날랐다. 종은 오랜 시간 밤낮으로 사람들의 죽음을 알리면서 슬픈 소리를 뱉어냈다. 하지만 내 차례는 오지 않았다. 나는 위험한 고비를 넘기자 회복되기 시작했고, 16일이 지나서 해리와 함께 수용소로 돌아왔다. 얼굴에는 병을 앓은 흔적이 남았는데 지금까지도 보기 흉하다. 일라이자와 에밀리도 다음 날 호송돼와서, 다시 판매소에서 구매자들의 시험과 관찰 속에서 열병식을 했다. 나는 마부를 찾던 노신사가 다시 와서 나를 사가기를 여전히 바라고 있었다. 그럴 경우 곧 자유를 다시 얻을 수 있을 거라는 확신을 품고 있었다. 고객들이 차례로 들어왔지만 노신사는 끝내 나타나지 않았다.

우리가 앞마당에 모여 있던 어느 날, 프리먼이 모두 큰 방에 들어가 각자 위치에 있으라고 명령했다. 방으로 들어가자 한 신사가 우리를 기다리고 있었다. 앞으로 이 이야기에서 자주 언급되겠지만 그의 용모와 성격에 대해 잠시 설명하겠다.

그는 보통 사람보다 키가 더 컸으며 자세가 약간 구부정했다. 중세시대에 살다 온 것 같은 분위기를 풍겼는데 인상이 좋았다. 역겨운 모습은 전혀 찾아볼 수 없었고 얼굴과 목소리에서는 오히려 쾌활하고 매력적인 느낌이 배어나왔다. 그의 가슴속에는 얼굴이나 목소리에서 느낄 수 있는 것보다 더 섬세한 것들이 녹아 있다는 것을 금세 알 수 있었다. 그는 우리에게 다가와 무슨 일을 할 수 있는지, 어떤 일을 해왔는지, 그와 함께 살기를 원하는지, 그가 우리를 사간다면 좋은 일꾼이 될 수 있을지 등등 많은 질문을 던졌다. 그리고 우리 성격에 대해서도 질문했다.

그는 우리를 좀더 관찰하고 나서 가격을 흥정한 뒤 프리먼에게 나는 1000달러, 해리는 900달러 그리고 일라이자는 700달러를 쳐서 지불하겠다고 제안했다. 천연두 때문에 우리 가격이 낮아졌는지 아니면 프리먼이 전에 나에 대해 제시한 가격에서 500달러를 깎아 불렀는지는 알 수 없었다. 어찌 됐든 잠시 생각한 뒤 프리먼은 그 제안을 받아들였다.

이 소식을 듣고 일라이자는 몹시 괴로워했다. 그녀는 이미 병과 슬픔으로 몸이 비쩍 마르고 눈은 움푹 팬 상태였다. 만약 그때 펼쳐진 장면을 말없이 무시할 수 있었다면 나는 어느 정도 편안했을 것이다. 이것은 그 어떤 언어로도 그려낼 수 없는 애절하고 가슴 아픈 기억을 떠올리게 한다. 나는 죽은 자식의 얼굴에 마지막 입맞춤을 하는 어머니들과, 눈앞에서 죽은 자식을 감추려는 듯 관 위로 흙이 둔탁한 소리를 내며 떨어질 때 무덤을 하염없이 내려다보고 있는 어머니들을 본 적이 있다. 하지만 나는 일라이자가 자식과 헤어졌을 때 보여준 그 극심하고 헤아릴 수 없는 슬픔과 같은 것을 본 적이 없다. 그녀는 여자들이 서 있는 자리에서 빠져나와 에밀리가 있는 곳으로 달려가 아이를 끌어안았다. 곧 닥칠 위험을 감지한 아이는 본능적으로 엄마의 목을 감싸 안았고 작은 얼굴을 엄마 가슴에 비벼댔다. 프리먼이 조용히 하라고 단호하게 명령했지만 그녀는 그냥 흘려들었다. 프리먼이 팔을 거칠게 잡아끌었지만 그녀는 아이를 더 꽉 붙잡았다. 프리먼이 마구 욕설을 퍼부으면서 그녀를 무자비하게 후려쳤다. 일라이자는 뒤로 물러나면서 넘어질 듯 휘청였다. 아! 그녀는 얼마나 애처롭게 간청하고 구걸하며 애원했던가. 그들은 왜 함께 팔릴 수 없었을까? 왜 그녀의 아이들 가운데 단 한 명도 그녀에게 남아 있을 수 없단 말인가?

"자비를 베푸소서. 자비를 베푸소서, 주인님."

그녀는 구매자 앞에 주저앉아 울부짖었다.

"주인님, 제발, 에밀리를 사세요. 에밀리와 헤어지면 저는 일을 할 수 없습니다. 그리고 저는 죽고 말 겁니다."

프리먼이 중간에 말을 끊었지만, 그녀는 그를 무시한 채 랜들이 어떻게 그녀와 헤어졌는지, 이후 그녀는 그를 다시는 볼 수 없었는데 이것은 또 얼마나 가혹한 일인지를 이야기하면서 진심으로 애원했다. 오, 신이시여! 에밀리마저 그녀에게서 떼어놓는다는 것은 몹시도 가혹하고 잔인한 일입니다. 그녀의 유일한 자부심이자 사랑하는 자인 에밀리는 엄마와 떨어져 살기에는 무척 어렵습니다!

일라이자가 계속 애원하자 결국 일라이자의 구매자가 마음이 움직인 듯 앞으로 나와 프리먼에게 에밀리도 사겠다며 가격을 물었다.

"에밀리의 가격이 얼마냐고요? 그 아이를 사시겠다고요?"

프리먼은 즉각적으로 되물었다. 구매자의 요구에 반문한 뒤에 덧붙여 말했다.

"저는 이 아이를 팔 생각이 없습니다. 저 아이는 팔려고 내놓은 아이가 아닙니다."

구매자는 아주 어린 아이는 아무런 이득이 되지 않기에 필요치 않지만, 엄마가 아이에게 맹목적이어서 헤어지는 것을 보느니 차라리 적당한 가격으로 함께 사는 것이 낫겠다는 점을 분명히 했다. 하지만 프리먼은 이런 인간적인 제안에 철저히 귀를 닫았다. 어떤 값을 쳐줘도 당시에는 에밀리를 팔지 않으려 했다. 에밀리가 몇 년 더 자라면 사람들이 돈다발을 들고 그 아이를 사러 올 거라고 말했다. 특별하고 아름다우며 환상적인 미래의 에밀리를 5000달러에 사려는 사람이 뉴올리언스에는 많았다. 에밀리는 아주 예쁘고 그림이나 인형 같은 순수 혈통의 아이라 두꺼운 입술에 작고 둥근 머리의 목화나 따는 검둥이랑은 비교가 안 된다며 고집을 부렸다. 만약 에밀리가 보통의 검둥이 모습을 하고 있었다면 그는 에밀리를 똑같이 저주했을 것이다.

일라이자는 프리먼이 자신을 에밀리와 함께 팔지 않기로 결정했다는 말을 듣고 완전히 미쳐 날뛰기 시작했다.

"나는 에밀리 없이는 떠나지 않을 거야. 아무도 에밀리를 내게서 떼어 놓을 수 없어."

그녀는 날카롭게 소리 질렀다. 하지만 그녀의 외침은 조용히 하라며 화가 나서 크게 소리치는 프리먼의 목소리에 섞이고 말았다.

그러는 동안 해리와 나는 마당으로 나가 담요를 가지고 돌아와 떠날 준비를 하고 문 앞에 섰다. 우리 구매자는 우리 옆에 서서 일라이자를 가

일라이자와 에밀리의 이별.

만히 쳐다보고 있었는데, 커다란 슬픔에 차 있는 일라이자를 그 가격에 산 것을 후회하는 빛이 역력했다. 프리먼이 참지 못하고 사력을 다해 에밀리에게 붙어 있는 일라이자를 떼어놓을 때까지 우리는 잠자코 기다리고 있었다.

"나를 두고 가지 마, 엄마. 나를 두고 가지 마."

에밀리는 엄마가 거칠게 떼밀려 앞으로 걸어가자 울부짖었다.

"가지 마. 돌아와, 엄마."

에밀리는 애원하듯 작은 손을 뻗으며 계속해서 울부짖었다. 하지만 에밀리의 울음은 아무 소용이 없었다. 우리는 문밖을 나와 거리로 빠르게 내몰렸다. 에밀리가 엄마를 부르는 소리가 여전히 들려왔다.

"돌아와. 나를 두고 가지 마, 엄마."

어린 에밀리의 목소리가 점점 희미해지더니 거리가 멀어지자 끝내는 완전히 사라지고 말았다.

이후 일라이자는 에밀리나 랜들을 보지 못했고 소식조차 듣지 못했다. 하지만 밤이건 낮이건 그녀의 기억은 사라지지 않았다. 목화밭에서건 오두막에서건 어느 때 어느 곳에서나 그녀는 헤어진 아이들 이야기를 했다. 가끔은 아이들이 실제로 옆에 있는 것처럼 이야기하기도 했다. 이후 일라이자는 이런 환상에 빠지거나 잠을 잘 때만 짧은 평화로움을 느꼈다.

일라이자는 사람들이 흔히 말하는 일반적인 노예가 아니었다. 타고난 지성뿐만 아니라 많은 분야에 대한 지식과 정보를 겸비하고 있었다. 억압받는 집단의 극히 소수에게만 주어지는 기회를 누린 적도 있고 좀더 나은 삶을 누릴 수 있는 신분으로 올라간 적도 있다. 자유. 그녀 자신과 자식들을 위한 자유. 오랜 시간 낮에는 그녀의 구름이었고 밤에는 그녀의 불기둥이었던 자유. 거친 노예생활을 지나온 인생행로 속에서 희망의 횃불을 바라보며 일라이자는 마침내 '비스가 산요단 강 동쪽의 산. 이 산꼭대기에서 모세가 약속의 땅을 바라보았다' 꼭대기에 올라 '약속의 땅'을 바라보았다. 예상치 못한 순간에 그녀는 실망과 회한에 휩싸이고 말았다. 사람들이 그녀를 노예로 잡아갔을 때 자유의 화려한 모습은 그녀의 시선에서 사라졌다. 이제 그녀는 "밤새도록 애곡하니 눈물이 뺨에 흐름이여. 사랑하던 자 중에 위로하는 자가 없고 친구도 다 배반하여 원수가 되었도다."「예레미야애가」 1장 2절

# **07** 첫 주인 포드를 만나다

증기선 로돌프 호—뉴올리언스를 떠나다—윌리엄 포드—레드 강 알렉산드리아 도
착—결심—그레이트파인우즈—야생 소—마틴의 여름 별장—텍사스 로드—포드의 집
에 도착하다—로즈—포드 부인—샐리와 아이들—요리사 존—월턴, 샘, 앤터니—인디
언 크리크의 벌목자—주일—샘의 회심—선한 것의 이득—뗏목을 몰다—키 작은 백인
애덤 타이덤—카스칼라와 인디언 부족—인디언 무도회—존 티비츠—폭풍의 전조


해리와 나는 뉴올리언스의 노예수용소를 나와 새로운 주인을 따라 거리
를 걸었다. 일라이자는 프리먼과 그의 하인에게 끌려오면서 연신 뒤를 돌
아보며 울부짖었다. 우리는 부두에 정박해 있던 로돌프 호라는 증기선을
탔다. 배는 30분 동안 미시시피 강을 힘차게 거슬러 올라 레드 강의 어느
지점을 향해 달렸다. 배에는 우리 말고도 뉴올리언스에서 막 팔려온 노
예가 꽤 많이 타고 있었다. 큰 농장의 주인인 켈소 씨가 한 무리의 여성을
데리고 가던 게 기억난다.

　우리 주인의 이름은 윌리엄 포드William Ford다. 그는 레드 강 우측 강둑
에 자리잡은 어보이엘르 패리시의 그레이트파인우즈에 살고 있었다. 지금
은 침례교 전도사다. 어보이엘르 패리시 전체, 특히 그가 더 잘 알려진 바
유뵈프의 양쪽 둑 지역에서는 훌륭한 성직자로 손꼽힌다. 아마도 북부 사
람들 눈에는 주님의 형제자매를 노예로 부리고 인간의 몸을 사고파는 사
람은 그들이 생각하는 도덕적, 종교적 삶의 개념과 전혀 맞지 않아 보일

것이다. 버치, 프리먼 같은 작자들이나 앞으로 언급할 사람들에 대한 내 설명을 읽어나가다보면 독자들은 노예 소유자 전체에 대해 무조건적으로 경멸하고 혐오하게 될 수도 있다. 그러나 나는 한때 포드의 노예로 지내며 그의 성격과 기질을 잘 파악할 수 있었던 까닭에 그보다 더 친절하고 고상하며 솔직한 기독교인은 없었다고 말하는 것이 공정할 것이다. 하지만 포드가 평생 살아오며 영향을 받고 관계 맺어온 주변 사람들과 환경이 노예제 밑바탕에 내재한 악을 보지 못하도록 그의 눈을 가리고 있었다. 그는 다른 사람을 노예로 부리는 이의 도덕적 권리에 대해 의문을 품지 않았고, 자기 조상과 같은 시각과 방식으로 세상을 보았다. 다른 환경에서 다른 영향을 받고 자랐다면 분명 그의 생각은 달라졌을 것이다. 포드는 자신이 알고 있는 대로 똑바로 살아가는 모범적인 주인이었고 그의 소유가 된 노예들은 운이 좋았다. 모든 주인이 포드 같았다면 노예들의 괴로움이 절반 이상은 덜했을 것이다.

우리는 로돌프 호에서 이틀 낮과 사흘 밤을 보냈다. 배를 타고 가는 동안 특별한 일은 없었다. 나는 이제 버치가 붙여준 이름인 플랫으로 불렸고 노예로 지내는 내내 플랫이 내 이름이 되었다. 일라이자에게는 노예로 팔릴 때 "드레이디Dradey"라는 이름이 붙여졌다. 일라이자는 포드에게 양도될 때 무척이나 유별나게 굴어서 뉴올리언스의 등기소에 기록이 남아 있을 정도였다.

배를 타고 가는 동안 끊임없이 상황을 되돌아보며 탈출하려면 어떤 방법이 가장 좋을지 골몰했다. 그때뿐 아니라 이후에도 이따금 포드에게 내 이력을 전부 털어놓을까 하고 생각했다. 그렇게 하면 내게 도움이 되지 않을까라는 쪽으로 생각이 기울었던 것이다. 그 방법을 자주 검토해봤지만 잘못될 경우가 두려워 실천에 옮기지는 못했다. 그러다 그가 금전적인 곤란을 겪어 내가 다른 사람에게 넘겨지면서 그것은 분명 안전하지 못한 방법이 되었다. 나중에 윌리엄 포드와는 다른 주인 밑에 있으면서 나는 내 신분이 조금이라도 알려지면 당장 노예제의 더 깊은 나락으로 떨어지리란 걸 분명히 깨닫게 되었다. 나는 잃기에는 무척이나 큰돈을 들여 구입한 재산이기 때문에 아마도 텍사스 주의 경계를 넘어 더욱더 멀고 구석진 곳으로 팔아넘겨질 것이었다. 자유에 대한 내 권리를 살짝 내비치기만 해도 도둑이 훔친 말을 버리듯 버려질 터였다. 그래서 나는 비밀을 마음속에 단단히 간직하기로 마음먹었다. 내가 누구이고 어떤 사람인지 단 한마디도 하지 말자. 하느님의 섭리와 자신의 명민함을 믿고 구출될 날을 기다리자.

뉴올리언스에서 수백 킬로미터 떨어진 알렉산드리아에 이르자 드디어 로돌프 호에서 내릴 수 있었다. 레드 강 남쪽 기슭에 자리잡은 자그마한 마을이었다. 그곳에서 하룻밤을 묵은 뒤 다음 날 아침 기차를 타고 알렉산드리아에서 30여 킬로미터 떨어진 바유라무리에 도착했다. 알렉산드리아보다 더 작은 마을이었다. 철도는 그곳에서 끊겼다. 포드의 농장은 라무리에서 20킬로미터쯤 떨어진 바유라무리에 있는 텍사스 로드에 있었는데 교통수단이 없어서 이제부터는 걸어가야 한다고 했다. 우리는 포드와 함께 출발했다. 몹시 더운 날이었다. 해리, 일라이자, 나는 천연두를 앓아 발바닥이 몹시 약해졌고 힘이 없었다. 우리는 느릿느릿 걸어갔다. 포드는 천천히 가자면서 우리가 원할 때마다 앉아서 쉬게 했다. 우리는 그 특권을 곧잘 누렸다. 라무리와 두 개의 농장을 지났다. 하나는 카넬, 다른 하나는 플린트가 소유한 농장이었다. 그리고 마침내 서빈 강까지 펼쳐져 있는 황야인 파인우즈에 이르렀다.

레드 강 일대는 대부분 저지대와 늪이었다. 파인우즈라 불리는 지역은 비교적 고지대였지만 사이사이에 작은 저지대들이 펼쳐져 있었다. 이 고지대에는 흰떡갈나무, 밤나무 등이 빼곡했지만 주로 노란 소나무가 많았다. 나무들은 키가 18미터에 이를 만큼 크고 곧게 뻗었다. 숲에는 소가 많았는데 사람들에게 잘 다가오지 않았고 성질이 사나웠다. 우리가 다가가자 큰 소리로 코를 킁킁거리며 무리지어 쏜살같이 달아났다. 그중 일부에는 표시가 되어 있거나 낙인이 찍혀 있었지만 나머지는 길들여지지 않은 야생 상태인 듯했다. 소들은 북부의 품종에 비해 몸집이 훨씬 작았는데, 쇠못처럼 일직선으로 머리 양쪽에 나 있는 뿔이 아주 인상적이었다.

정오에 1만2000에서 1만5000제곱미터 정도 넓이의 공터에 다다랐다. 그곳에는 페인트칠이 안 된 작은 집 한 채가 있었고 집에서 5미터 정도 떨어진 곳에 옥수수 창고와 통나무로 지은 부엌이 있었다. 그곳은 마틴의 여름 별장이었다. 바유뵈프의 넓은 땅을 소유한 부유한 농장주인 마틴은 더운 계절을 이 숲에서 보내곤 했다. 이곳에는 맑은 물과 시원한 그늘이 있었다. 시골 지역의 농장주들에게 이 조용한 숲속은 부유한 북부 사람들의 뉴포트나 새러토가 같은 곳이었다.

우리는 부엌으로 보내져 고구마, 옥수수빵, 베이컨을 받았고 포드는 마틴과 함께 집 안에서 저녁을 먹었다. 그 집에는 몇 명의 노예가 있었다. 마틴이 밖으로 나와 우리를 보더니 포드에게 각자의 가격과 우리가 경험자인지 등을 물었고 노예시장 전반에 관해서도 물어보았다.

한참 동안 쉰 뒤 텍사스 로드를 따라 다시 출발했다. 사람들이 잘 다니지 않는 길인 듯싶었다. 계속 이어지는 숲을 따라 8킬로미터를 걷는 동안 주민을 한 사람도 보지 못했다. 서쪽 하늘로 해가 뉘엿뉘엿 질 무렵 마침내 5만~6만 제곱미터 넓이의 또 다른 공터로 들어섰다.

이 공터에는 마틴의 집보다 훨씬 더 큰 집 한 채가 서 있었다. 앞쪽에 마당이 딸린 이층집이었다. 집 뒤쪽에는 역시 부엌과 닭장, 옥수수 창고, 몇 채의 노예 오두막이 있고, 근처에는 복숭아 과수원, 오렌지밭, 석류나무들이 보였다. 주변은 숲으로 완전히 둘러싸였으며, 다채롭고 울창한 초목들로 뒤덮여 있었다. 조용하고 한적하면서 즐거운 이곳은 말 그대로 황야의 푸른 점 같았다. 이곳이 바로 내 주인 윌리엄 포드의 집이었다.

집으로 가까이 다가가자 앞마당에 로즈라는 노란 피부색의 여자가 서 있었다. 그녀는 문으로 가며 안주인을 불렀고 안주인은 곧 남편을 맞으러 달려 나왔다. 그리고 남편에게 입을 맞춘 뒤 '이 검둥이'들을 사온 것인지 웃음을 띠면서 물어보았다. 포드가 그렇다고 대답하며 우리에게 샐리의 오두막으로 가서 쉬라고 말했다. 집 모퉁이를 돌자 빨래하는 샐리가 보였다. 그녀의 어린 두 아이는 풀 위에서 뒹굴다가 펄쩍 뛰어 일어나 우리 쪽으로 아장아장 걸어오더니 한 쌍의 토끼처럼 잠깐 우리를 쳐다보았다. 그러더니 겁을 먹은 듯 제 엄마에게 도로 달려갔다.

샐리가 우리를 오두막으로 안내하고는 피곤할 테니 짐을 내려놓고 앉으라고 말했다. 그때 요리사인 존이 뛰어 들어왔다. 까마귀보다 피부가 더 새까만 열여섯 살쯤 된 소년이었다. 우리 얼굴을 찬찬히 훑어보더니 "안녕" 따위의 말도 하지 않고 몸을 돌려 큰 소리로 웃으면서 다시 부엌으로 뛰어갔다. 마치 우리가 온 것이 실로 재미있는 농담이라도 된다는 듯이.

걷느라 몹시 지친 해리와 나는 어두워지자마자 담요를 두르고 오두막 바닥에 누웠다. 늘 그렇듯 머릿속은 아내와 아이들 생각으로 흘러갔다. 내가 처한 현실이 절실하게 와닿았고 어보이엘르의 드넓은 숲에서 도망치려 해봤자 가망 없을 거란 생각이 나를 무겁게 짓눌렀다. 하지만 내 마음은 이미 새러토가의 집에 가 있었다.

다음 날 아침 일찍 로즈를 부르는 포드 주인님의 목소리에 잠이 깼다.

로즈는 서둘러 집 안으로 들어가 아이들에게 옷을 입혔고 샐리는 들로 나가 소젖을 짰다. 한편 존은 부엌에서 아침을 준비하느라 분주했다. 그동안 해리와 나는 마당을 어슬렁거리며 우리의 새 거처를 둘러보았다. 아침을 먹자마자 유색인 사내 한 명이 세 쌍의 황소가 끄는 마차에 목재를 싣고 공터로 들어섰다. 포드의 노예로 이름은 월턴이고 로즈의 남편이었다. 로즈는 워싱턴 출신으로 5년 전에 여기로 왔다. 그녀는 워싱턴에서 일라이자를 본 적은 없지만 베리의 이름은 알고 있었다. 일라이자와 로즈는 직간접적으로 아는 사람이 많이 겹쳤다. 둘은 금세 친해져 옛 시절과 워싱턴에 두고 온 친구들에 대해 많은 이야기를 나누었다.

포드는 부자였다. 파인우즈의 저택 외에도 인디언 크리크에 대규모의 벌목 시설을 소유하고 있었고 바유뵈프에도 아내 명의로 넓은 농장과 많은 노예를 보유하고 있었다.

월턴은 인디언 크리크에 있는 제재소에서 목재를 싣고 오는 길이었다. 포드는 해리와 내게 월턴과 함께 인디언 크리크로 가라면서 가능한 한 빨리 뒤따라가겠다고 말했다. 우리가 떠나기 전 포드 부인이 나를 광으로 부르더니 우리가 먹을 당밀이 든 양철 양동이 하나를 건넸다.

일라이자는 여전히 손을 꼭 쥔 채 아이들과 헤어진 걸 한탄하고 있었다. 포드는 최선을 다해 그녀를 위로하려고 했다. 포드는 일라이자에게 힘들게 일하지 않아도 되니 로즈와 함께 남아서 자기 부인의 집안일을 거들기만 하라고 했다.

해리와 나는 월턴과 함께 마차에 올라탔다. 우리는 인디언 크리크에 도착하기 훨씬 전에 벌써 꽤 친해졌다. 월턴은 날 때부터 포드의 노예였고 아이가 자기 아버지에 대해 이야기할 때처럼 주인에 대해 애정을 담아 호의적으로 표현했다. 내게 어디에서 왔냐고 묻기에 워싱턴에서 왔다고 대답했다. 월턴은 아내 로즈에게서 그 도시에 대해 많이 들었다며 인디언 크리크로 가는 내내 터무니없고 우스꽝스러운 질문들을 퍼부었다.

인디언 크리크의 제재소에 당도하자 포드의 노예 두 명이 기다리고 있었다. 샘 역시 워싱턴 출신으로 로즈와 함께 이곳으로 왔다. 조지타운 근방의 한 농장에서 일했다고 한다. 대장장이인 앤터니는 10년쯤 전에 켄터키에서 현재 주인에게로 왔다. 그는 버치를 알고 있었다. 나를 워싱턴에서 이곳에 보낸 노예상인이 버치라고 이야기하자 우리는 그가 세상에서 최고로 나쁜 놈이라고 입을 맞추며 놀라울 정도로 뜻이 잘 맞았다. 샘 역시 버치가 보낸 노예였다.

포드가 제재소에 도착하자 우리는 목재를 쌓고 장작 쪼개는 일에 투입되었다. 여름 내내 계속해서 그 일을 했다.

안식일은 대개 공터에서 보냈다. 안식일이 되면 우리 주인은 노예들을 모두 불러 모은 뒤 성경을 읽고 이를 해설해주었다. 우리에게 서로에 대한 선의와 신께 의지하는 마음을 심어주려 애썼고 올바르고 독실한 삶을 사는 사람에게 약속된 보답에 대해 이야기했다. 착한 주인의 얼굴을 열심히 쳐다보는 하인과 하녀들에게 둘러싸인 채 자기 집 문가에 앉아 창조주의 자애로움과 앞으로 다가올 삶에 대해 이야기했다. 종종 그의 입에서 나온 기도 소리가 하늘로 울려퍼졌다. 이곳의 정적을 깨는 유일한 소리였다.

여름 내내 샘은 자신의 죄를 절실히 깨닫고 종교에 대해 진지하게 생각했다. 일할 때도 안주인이 준 성경을 들고 갔다. 그리고 여가 시간이 날 때마다 성경을 정독했다. 하지만 어떤 부분이든 이해할 수 있는 것은 드물었다. 나는 종종 샘에게 성경을 읽어주었고 그는 그런 호의에 여러 번 감사를 표하며 보답했다. 제재소에 오는 백인들이 샘의 독실한 모습을 자주 목격했는데, 그들은 대개 노예에게 성경을 읽도록 허락하는 포드 같은 사람은 "검둥이를 소유하기에 적합하지 않다"는 반응을 보였다.

그러나 포드가 노예들에게 관대해서 손해 본 건 없었다. 내가 여러 번 목격한 사실인데, 노예들에게 너그럽게 대해준 사람들은 많은 노동으로 보답을 받았다. 이것은 경험으로 알게 된 것이다. 시킨 것보다 더 많은 일을 해서 포드 주인님을 놀라게 하는 일이 즐거웠다. 반면 이후의 주인들 아래에서는 추가적으로 일을 더 하게 만드는 건 오직 감독의 채찍뿐이었다.

포드에게 도움이 될 아이디어가 떠오른 건 그의 만족스러워하는 목소리를 듣고 싶은 마음 때문이었다. 당시 우리가 생산하던 목재는 라무리까지 배달하기로 계약되어 있었다. 그때까지는 육로로 운반했는데, 비용이 많이 들었다. 제재소가 있는 인디언 크리크에는 좁지만 깊은 강이 바유 뵈프로 흘러 들어갔다. 어떤 지점은 너비가 3.5미터를 넘지 않았고 나무 둥치들이 가로막고 있었다. 바유뵈프는 바유라무리와 이어져 있었다. 나는 제재소에서 목재가 배달되는 바유라무리 지점까지 육로로 갈 때의 거리가 수로를 이용했을 때보다 몇 킬로미터밖에 더 짧지 않다는 걸 확인했다. 강에 뗏목이 다닐 수 있다면 운송비가 상당히 절감될 것이란 생각이 들었다.

제재소의 십장이자 감독인 애덤 타이덤은 플로리다 주 군인 출신으로 이 먼 지역까지 흘러 들어온 자그마한 백인 사내였다. 애덤은 내 아이디어를 딱 잘라 무시했다. 하지만 포드에게 말하자 긍정적으로 받아들이며 한번 해보라고 허락했다.

나는 강을 가로막고 있던 장애물들을 없애고 크리브(작은 뗏목) 열두 개를 연결한 좁은 뗏목을 만들었다. 몇 년 전에 샘플레인 운하에서의 경험이 있었던지라 자신 있었다. 그 일을 성공시키고 싶은 열망으로 열심히 일했다. 주인을 기쁘게 해주고 싶기도 했고 애덤 타이덤에게 내 계획이 그의 말처럼 뜬구름 잡는 일이 아니란 걸 보여주고 싶기도 했다. 내가 만든 뗏목은 한 사람이 크리브 세 개를 다룰 수 있었다. 내가 앞쪽의 크리브 세 개를 맡아 장대로 뗏목을 밀며 강을 내려가기 시작했다. 우리는 이내 첫 번째 지류로 돌아섰고 마침내 예상보다 더 짧은 시간 안에 목적지에 당도했다.

뗏목이 라무리에 들어오자 모두 깜짝 놀랐고 포드가 나를 칭찬했다. 포드의 노예인 플랫이 "파인우즈에서 제일 똑똑한 검둥이"란 말이 사방에서 들려왔다. 나는 졸지에 인디언 크리크의 풀턴Fulton 증기선을 발명한 미국의 기계 기사이 되었다. 칭찬에 무심한 편이 아닌 데다 반쯤 악의가 담긴 조롱으로 내 자존심을 상하게 했던 타이덤의 코를 납작하게 만든 게 기분 좋았다. 그때부터 라무리로 목재를 나르는 일은 계약이 끝날 때까지 내가 총책임을 맡게 되었다.

인디언 크리크는 거대한 숲을 흘러 지나가는데, 강가에는 인디언 부족이 살았다. 내 기억이 맞다면 치카소 족이나 치코피 족 중에서 떠나지 않은 후예들일 것이다. 인디언들은 소나무 기둥에 나무껍질로 지붕을 덮은 약 1제곱미터의 소박한 오두막에서 살았다. 사슴, 미국너구리, 주머니쥐 고기를 주식으로 했는데, 모두 이 숲에서 흔한 동물들이었다. 때로 인디언들은 지류의 농장주들에게 사슴고기를 주고 약간의 옥수수와 위스키로 바꿔갔다. 인디언들은 평소에는 사슴가죽으로 만든 반바지와 허리띠에서 턱까지 단추를 채운 화려한 색깔의 옥양목 사냥 셔츠를 입었다. 손목에는 놋쇠 팔찌를 끼고 귀와 코에도 놋쇠로 된 고리를 달았다. 여자들의 옷차림도 이와 아주 비슷했다. 인디언들은 개와 말을 좋아했다. 작고 거친 품종의 말을 많이 소유하고 있었고 말타기에 능숙했다. 말에 채우는 굴레, 뱃대끈, 안장은 동물 가죽으로 만들었고 안장 양쪽에 달린 등

자는 특정 종류의 나무로 만든 것이었다. 남자건 여자건 조랑말 위에 올라타 최대 속도로 숲으로 돌진하는 인디언들의 모습을 보았다. 인디언들은 문명사회의 승마 기술에서 구사하는 가장 경이로운 묘기도 빛을 잃게 할 만큼 멋진 솜씨로 좁고 구불구불한 길을 따라 나무들을 피하며 달렸다. 그러고는 다양한 방향으로 돌면서 출발할 때와 똑같이 씩씩하고도 저돌적으로 금세 되돌아왔다. 숲에는 그들이 내지르는 함성이 메아리쳤다. 그들은 인디언 크리크의 인디언 캐슬이라는 마을에 살았지만 방목장은 서빈 강까지 펼쳐져 있었다. 때로 텍사스에서 한 부족이 마을을 방문했다. 그러면 바유라무리에서는 축제가 벌어졌다. 부족의 추장은 카스칼라Cascalla였고 2인자는 그의 사위인 존 발티스John Baltese였다. 나는 뗏목을 타고 강을 자주 오가는 동안 부족민들뿐 아니라 그 두 사람하고도 친해졌다. 샘과 나는 하루 일과가 끝나면 인디언 마을을 찾아가곤 했다. 부족민들은 추장에게 복종적이었다. 카스칼라의 말이 곧 법이었다. 인디언들은 거칠지만 남에게 해를 끼치지 않는 자들이었고 거친 삶의 방식을 즐겼다. 그들은 툭 트인 시골 지역이나 강기슭의 개간지에는 별로 관심이 없었고 그늘진 숲속에 숨는 편을 더 좋아했다. 위대한 영혼을 섬겼고 위스키를 사랑했으며 행복하게 살았다.

한번은 텍사스를 떠나 유랑하는 무리가 그 마을에서 야영할 때 열린 댄스파티에 간 적이 있다. 커다란 모닥불 위에 사슴 한 마리가 통째로 구워졌다. 인디언들이 모여 있는 나무들 사이로 멀리까지 모닥불 빛이 비쳤다. 사람들이 남자, 여자 번갈아가며 둥글게 원을 그리고 서자 일종의 인디언식 바이올린이 이루 말할 수 없는 선율을 연주하기 시작했다. 변주가 거의 없이 연속적이고 구슬픈 느낌을 주는 떨리는 소리가 울려 나왔다. 첫 음이 들리자 사람들은 서로의 뒤를 따라 빠른 걸음으로 빙빙 돌면서 목 뒷부분에서 나오는 단조로운 소리를 냈다. 바이올린 소리와 마찬가지로 말로 표현하기 어려운 소리였다. 그러다가 세 바퀴를 돌았을 무렵 갑자기 멈춰 서더니 폐가 갈라질 듯이 '와' 하는 함성을 질렀다. 그러고 나서는 원을 깨뜨리고 남자, 여자 한 사람씩 짝을 지은 뒤 가능한 한 서로에게서 멀리 뒤로 폴짝 뛰었다가 다시 앞으로 뛰었다. 이런 동작을 두세 번 한 뒤 다시 원을 이뤄 빠른 걸음으로 돌았다. 가장 크게 함성을 지르고 가장 멀리 뛰며 가장 맹렬한 소리를 내는 사람이 가장 훌륭한 무용수로 여겨졌다. 춤을 추는 사이사이에 한두 명씩 원에서 빠져나와 모닥불로 가서 구워지고 있는 사슴고기를 잘라 먹었다.

인디언들은 쓰러진 나무의 몸통에 난 절구 모양의 구멍에 옥수수를 넣은 뒤 나무 절굿공이로 빻아서 빵도 만들었다. 그러고는 춤을 추다가 먹다가 했다. 텍사스에서 온 손님들은 피부색이 거무스름한 치코피 족의 아들딸에게서 이렇게 환영을 받았다. 내가 본 어보이엘르의 파인우즈에서 벌어진 인디언 무도회의 모습이다.

가을이 되자 제재소를 떠나 공터에서 일했다. 하루는 안주인이 포드에게 샐리가 노예들의 겨울옷을 만들 옷감을 짤 수 있도록 베틀을 구해오라고 졸랐다. 포드는 어디서 베틀을 구해야 할지 알지 못했다. 나는 포드에게 베틀을 구하는 가장 손쉬운 방법은 직접 만드는 것이라고 말하며 내가 일종의 '만물박사'이니 허락해주면 한번 만들어보겠다고 했다. 기꺼이 승낙이 떨어졌고 작업을 시작하기 전 이웃 농장주에게 가서 그 집의 베틀을 살펴볼 것을 허락받았다. 마침내 베틀이 완성되었고 샐리가 써보더니 완벽하다고 말했다. 샐리는 하루에 13미터나 되는 옷감을 손쉽게 짜고 소젖을 짠 뒤 여가 시간까지 누릴 수 있었다. 베틀은 작동이 아주 잘되어 내게 계속 베틀 만드는 일이 맡겨졌다. 내가 만든 베틀은 주변 농장들로 보내졌다.

그 무렵에 목수인 티비츠John M. Tibeats가 주인집에서 일을 하려고 왔다. 나는 베틀 만드는 일을 중단하고 그를 도우라는 지시를 받았다. 2주 동안 티비츠와 함께 천장에 댈 판자들을 대패로 다듬고 맞추었다. 어보이엘르 패리시에는 회반죽을 바른 방이 드물었다.

티비츠는 모든 면에서 포드와 정반대였다. 몸집이 작고 심술궂으며 화를 잘 내고 악의적이었다. 듣기로는 일정한 거처 없이 일자리를 구할 수 있는 곳이면 어디든 이 농장 저 농장 옮겨다니며 지낸다고 했다. 그는 평판이 나빴고 백인들뿐 아니라 심지어 노예들에게도 존중받지 못했다. 내가 패리시를 떠나기 오래전에 그곳을 떠나서 나는 그가 지금 어디서 살고 있는지, 혹은 이미 이 세상을 떠났는지도 알지 못한다. 분명한 사실은, 우리가 만난 날이 내게 아주 재수 없는 날이었다는 것이다. 나는 포드와 사는 동안 노예제의 밝은 면만 보았다. 포드는 노예를 짓누르며 가혹하게 대하는 주인이 아니었다. 하느님에 대해 이야기했고 자신과 같은 처지의 사람들에게 하듯 우리에게 인자하고 기운을 북돋우는 말을 했다. 그리고 우리 모두를 만드신 창조주에게 책임 있게 행동했다. 나는 따뜻한 애정으로 그를 떠올린다. 만약 가족과 함께 있었다면 평생 투덜대지 않고 그의 아래에서 온화한 노예생활을 견딜 수 있었을 것이다. 하지만 지평선에 먹구름이 몰려들고 있었다. 무자비한 폭풍의 전조가 머지않아 나를 덮쳤다. 나는 바유라무리에서의 비교적 행복한 생활을 더 이상 누리지 못하고 가여운 노예만이 아는 쓰라린 시련을 견뎌야 할 운명이었다.

# **08** 티비츠에게 팔려가다

유감스럽게도 윌리엄 포드는 여러 문제로 재정 상태가 곤란해졌다. 포드는 알렉산드리아 위쪽 레드 강 근처에 사는 동생 프랭클린 포드를 위해 보증을 섰다가 거액의 빚을 떠안게 되었다. 윌리엄 포드는 티비츠에게도 상당한 빚을 지고 있었다. 티비츠가 인디언 크리크에 지은 방앗간과 바유뵈프 지역에 자리한 포드의 농장에 짓고 있는 직조 공장과 옥수수 제분소를 포함한 건물 여러 채에 대한 보수를 아직 치르지 못한 터였다. 그래서 나를 포함한 노예 열여덟 명을 팔아 돈을 마련해야 했다. 샘과 해리를 포함한 노예 열일곱 명은 레드 강 근처에 사는 농장주 피터 콤스턴에게 팔렸다.

나는 티비츠에게 팔려갔다. 틀림없이 나한테 어느 정도 목공 기술이 있다는 이유에서였을 것이다. 1842년 겨울의 일이었다. 나중에 돌아온 뒤에 확인한 바로는 내가 프리먼에게서 포드에게로 팔려간 날짜는 뉴올리언스 공식 기록으로 1841년 6월 23일이었다. 티비츠에게 팔릴 당시 내 몸값은 포드가 티비츠에게 줄 빚보다 좀더 높아서 포드는 400달러를 담보로 받았다. 그 담보 덕분에 이후에 생긴 일에서 내 인생을 되찾을 수 있었다.

함께 지내던 정다운 친구들에게 잘 지내라는 인사를 하고 새 주인인 티비츠를 따라 집을 나섰다. 우리는 아직 덜 끝난 건설을 마무리짓기 위해 바유뵈프에 있는 포드의 농장으로 향했다. 파인우즈에서 43킬로미터 정도 떨어진 곳이었다. 바유뵈프 강줄기에서 뻗어나온 지류가 완만하게 굽어 물이 고인 늪지대였다. 구불구불한 레드 강에서 강줄기 하나가 알렉산드리아에서 멀지 않은 동남쪽으로 뻗어 있었다. 길이는 80킬로미터가 넘었다. 기다란 늪지대를 따라 강가에 넓은 목화 농장과 설탕 농장이 죽 늘어서 있었다. 악어가 살고 있어 안전한 곳이 아니었는데 뭘 모르는 노예 아이들은 곧잘 강둑을 따라 걷곤 했다. 체니빌에서 그리 멀지 않은 곳인 강이 꺾인 지점에 포드 부인의 농장이 있고 부인의 남동생인 대지주 피터 태너가 맞은편에 살고 있었다.

바유뵈프에 도착하자마자 나는 몇 달간 볼 수 없었던 일라이자를 다시 만나 아주 기뻤다. 포드 부인은 일라이자가 슬픔에 빠져 일을 열심히 하지 않는다는 이유로 화가 나 농장에 있는 밭으로 일을 시키러 보내버렸다. 일라이자는 몹시 수척해서 기력이라곤 전혀 없었다. 여전히 자식들을 생각하며 슬픔에 빠져 있었다. 내게 그들을 벌써 잊어버렸느냐고 물었다. 에밀리가 어릴 적에 얼마나 예뻤는지, 랜들이 에밀리를 얼마나 사랑했는지 기억하느냐고 묻곤 했다. 그러고는 그 아이들은 아직 살아 있는지, 어디에서 살고 있는지 무척 궁금해했다. 일라이자는 견딜 수 없는 슬픔의 무게에 짓눌려 있었다. 축 처진 몸과 푹 꺼진 볼만 봐도 그녀의 삶이 얼마나 고단한지 알 수 있었다.

포드의 농장을 책임지고 관리하는 감독관은 채핀이라는 사람이었다.

펜실베이니아 출신으로 아주 친절했다. 다른 이들과 마찬가지로, 채핀도 어느 정도 티비츠를 부리는 입장이었는데 이것은 티비츠가 포드에게 400달러 담보를 잡힌 사실처럼 나에게는 행운이었다.

농장 일은 아주 힘들었다. 새벽 일찍부터 밤늦게까지 단 한순간도 게으름을 피울 수 없었다. 그런데도 티비츠는 썩 맘에 들어하지 않았다. 끊임없이 악담을 퍼붓고 온갖 욕을 해댔다. 단 한 번도 다정하게 말을 건넨 적이 없었다. 나는 매일 그를 위해 돈을 버는 티비츠의 충실한 노예였고 밤이면 구박과 모진 말을 들으며 오두막으로 돌아갔다.

우리는 옥수수 제분소와 주방 등을 완성했다. 내가 잘못된 행동을 해서 티비츠에게 목숨을 잃을 뻔한 사건은 직조 공장을 지을 때 일어났다. 내가 티비츠와 최초로 벌인 싸움이기도 했다. '대저택'이라 불리는 채핀의 집 근처 과수원에 직조 공장을 짓고 있었다. 어두워서 앞이 보이지도 않을 때까지 일한 어느 날, 티비츠는 다음 날 새벽 일찍 일어나 채핀에게 가서 못통을 얻어와 물막이 판을 붙이라고 명령했다. 나는 완전히 녹초가 되어 오두막으로 돌아왔다. 그러고는 베이컨과 옥수수빵을 구워 저녁을 먹은 뒤 함께 오두막을 쓰는 일라이자, 로슨·메리 부부, 브리스톨과 함께 이야기를 나눈 뒤 바닥에 누웠다. 다음 날 나를 기다리는 시련은 꿈에도 생각지 못했다. 해가 뜨기도 전에 나는 '대저택' 현관 앞에서 채핀이 나오기를 기다렸다. 얼른 채핀을 깨워 못통을 받고 싶었지만 그럴 배짱은 없었다. 한참이 지나서야 채핀이 바깥으로 나왔다. 나는 모자를 벗고 인사한 뒤 주인 티비츠가 못 한 통을 가져오라고 했다고 알렸다. 채핀은 창고로 가서 못이 든 통을 내주면서 다른 크기의 못이 필요하다면 다시 주겠노라고 말했다. 내가 보기에 포드가 내준 못이면 적당할 듯싶었다. 채핀은 문 앞에 있던 안장을 얹고 굴레를 씌워놓은 말에 올라탄 뒤 노예들이 이미 나가 있는 밭으로 향했다. 나는 못이 든 나무통을 어깨에 메고 직조 공장 건설 현장으로 향했다. 얼른 물막이 판자를 못질해 붙일 생각만 머릿속에 가득했다.

날이 밝기도 전에 티비츠가 건설 현장으로 왔다. 그날 아침 티비츠는 평소보다 더 퉁명스럽고 심술궂어 보였다. 그는 법적으로 내 육신과 피까지 모두 소유한 내 주인이었다. 주인이 노예를 마구 짓누르고 마음대로 부려먹는 행동은 아주 당연한 일이었다. 하지만 내가 티비츠에게 멸시 가득한 눈초리를 보내지 말라는 법은 없었다. 나는 티비츠의 타고난 성품과 지능 모두를 경멸했다. 내가 직조 공장 건설 현장에 가져온 못을 내려놓기가 무섭게 티비츠도 현장에 도착했다.

"내가 오늘 새벽부터 물막이 판자 붙이기를 시작하라고 말한 것 같은데……."

티비츠가 윽박질렀다.

"네, 주인님, 지금 막 시작하려던 참입니다."

내가 대답했다.

"어디?"

그가 되물었다.

"저쪽 편이요."

내가 대답했다.

티비츠는 내가 가리키는 쪽으로 가 한참 동안 살펴보더니 또 나무랄 거리를 찾았는지 뭐라고 중얼거렸다.

"내가 어제 저녁에 채핀에게 못통을 받아오라고 말하지 않았어?"

티비츠가 또 버럭 화를 냈다.

"네, 주인님, 그렇게 했습니다. 감독관님은 주인님이 다른 크기의 못이 필요하다고 하시면 밭에서 돌아와서 더 주겠다고까지 말씀하신걸요."

티비츠가 못이 든 나무통 쪽으로 걸어가 안에 든 걸 물끄러미 쳐다보더니 난데없이 발로 사납게 걷어찼다. 그런 뒤 나한테로 한걸음에 다가와 고함을 질렀다.

"너 이놈, 나는 네가 목공 일을 좀 안다고 생각했다."

"저는 주인님이 시키시는 대로 했습니다. 실수할 생각은 없었어요. 감독관님이 말하시길……"

내가 대답했다. 하지만 티비츠가 입에 담지도 못할 욕을 한껏 쏟아내는 바람에 하던 말을 제대로 끝내지도 못했다. 티비츠는 단숨에 대저택 현관으로 달려가 감독관의 채찍을 하나 꺼내 들었다. 짧은 나무로 된 손잡이 끝부분에 가죽을 엮어놓고 대략 1미터 길이로 손잡이 끝에 생가죽으로 된 얇은 줄이 여러 갈래 달린 채찍이었다.

처음에는 겁이 나서 가슴이 쿵쾅거렸다. 눈에 띄는 사람이라곤 요리사인 레이철과 채핀의 아내뿐이었다. 다른 사람은 모두 밭에 나가 있었다. 나는 티비츠가 매질할 작정이라는 것을 깨달았다. 어보이엘르에 오고 난 뒤 처음 있는 일이었다. 게다가 내 양심에 전혀 거리낌이 없을 만큼 무척이나 성실하게 일했다. 칭찬이면 몰라도 매를 맞을 짓은 결코 하지 않았다는 생각이 들자 두려움은 분노로 바뀌었다. 티비츠가 오기 전에 결코 매질을 당하지 않겠다고 마음먹었다. 그로 인해 내 목숨을 잃더라도 상관없었다.

짧은 나무 손잡이를 손에 꽉 쥐고 채찍 줄을 손에 감은 채 티비츠가 가까이 다가왔다. 악의에 가득 찬 표정으로 옷을 모두 벗으라고 명령했다.

"티비츠 주인님."

나는 티비츠의 얼굴을 똑바로 바라보며 말했다.

"저는 그렇게 못 합니다."

그 뒤로 해명을 더 하려던 참이었는데 티비츠는 몹시 화가 나서 한 손으로 내 목을 움켜쥐고 다른 한 손으로 채찍을 휘둘러 내리치려는 자세를 취했다. 하지만 채찍을 내리치기 직전에 나는 티비츠의 코트 깃을 잡고 내 쪽으로 휙 잡아당겼다. 그를 바닥에 넘어뜨린 뒤 그의 발목을 꽉 움켜쥐고 다른 한 손으로는 등을 꽉 눌러 일어날 수 없게 했다. 그의 머리와 어깨가 바닥에 닿았다. 한 손은 그의 다리를 잡아 가슴으로 꽉 끌어안고 발을 그의 목에 갖다 댔다. 티비츠는 완전히 내 손아귀에 있었다. 피가 거꾸로 솟았다. 온갖 욕설이 불같은 기세로 내 혈관을 타고 흘렀다. 나는 잠깐 완전히 정신이 나가 티비츠의 손에 들린 채찍을 낚아챘다. 그는 온 힘을 다해 빼앗기지 않으려고 버티면서 두고 보자며 심장을 갈기갈기 찢어 죽여버릴 거라고 욕을 퍼부었다. 그러나 그가 그렇게 위협하고 버텨봤자 그 순간에는 소용없는 일이었다. 내가 티비츠를 몇 대나 때렸는지 알지도 못했다. 바닥에 웅크린 그의 몸을 잠시도 쉬지 않고 마구 때리고 또 때렸다. 마침내 그가 소리를 질렀다. 살인자라고 소리쳤다. 그러다가 그 불경스러운 폭군이 신을 찾으며 자신의 목숨을 구해달라고 애원했다. 내 오른팔이 아플 때까지 때리고 나자 딱딱한 채찍 손잡이마저 그의 웅크린 몸처럼 꺾였다.

그때까지도 나는 주변을 살필 정신이 없었다. 매질을 잠깐 멈춘 사이에 채핀 부인이 창가에 서서 그리고 레이철이 주방 문 앞에서 그 광경을 지켜보고 있다는 걸 알게 되었다. 겁을 잔뜩 집어먹은 모습이었다. 티비츠가 지른 비명이 밭까지 퍼져나갔다. 채핀이 그 소리를 듣고 최대한 빨리 달려오고 있었다. 나는 티비츠를 한두 대 더 때리고 발로 뻥 차 바닥에 패대기를 쳤다.

정신을 차린 티비츠는 벌떡 일어서서 머리카락에 묻은 흙을 털어내고는 머리끝까지 화가 나서 하얗게 질린 얼굴로 나를 노려보았다. 우리는 아무 말 없이 서로를 노려보았다. 채핀이 말을 타고 나타날 때까지 한마디도 하지 않았다.

"무슨 일이냐?"

채핀이 소리쳤다.

"티비츠 주인님은 감독관님이 주신 못을 썼다고 저를 채찍질하려고 했습니다."

내가 대답했다.

"못에 무슨 문제라도?"

채핀이 티비츠를 돌아보며 물었다.

티비츠는 눈치를 살피며 채핀이 준 못이 너무 크다고 대답했다. 하지만 채핀의 질문에 대답하면서도 악의가 가득한 뱀 같은 두 눈은 내게 고정되어 있었다.

"내가 이곳의 감독관이다."

채핀이 말했다.

"내가 플랫에게 그것을 가져가서 쓰라고 말했다. 그리고 못 크기가 적당하지 않았다면 밭에서 돌아온 뒤에 알맞은 크기로 바꿔줬을 것이다. 플랫의 잘못이 아니다. 게다가 내가 바로 그 못을 준 당사자다. 티비츠, 내 말이 무슨 뜻인지 알아들었겠지."

티비츠는 아무 말이 없었다. 하지만 이를 박박 갈고 주먹을 부르르 떠는 모습이 그가 원하던 바는 전혀 아닌 듯했다. 그러다가 티비츠는 곧 감독관의 뒤를 따라 집 안으로 들어가버렸다. 그다음은 목소리를 낮추고 불쌍한 척 몸짓을 해가며 무슨 일이 있었는지 감독관에게 일러바쳤을 것이 틀림없었다.

바로 자리를 뜰지, 잠시 뒤 어떤 일이 벌어지든 제자리에 남아 있을지 고민하면서 나는 그 자리에 그대로 서 있었다. 곧 티비츠가 집 밖으로 나왔다. 그리고 나를 빼고 나면 유일한 재산인 자신의 말에 올라타고는 체니빌 쪽으로 난 길을 따라 달려갔다.

티비츠가 사라지고 나자 채핀이 흥분한 모습으로 밖으로 나왔다. 그러더니 내게 꼼짝하지 말라고, 농장에서 도망갈 생각일랑은 아예 하지도 말라고 명령했다. 그런 다음 주방으로 가서 레이철을 불러 한참 동안 이야기를 나누었다. 되돌아온 채핀은 아주 근엄한 목소리로 한 번 더 도망가지 말라고 명령했다. 내 주인 티비츠는 파렴치한이라고도 했다. 티비츠가 꿍꿍이를 꾸미려고 나갔으니 밤이 되기 전에 무슨 일이 생길지도 모른다고 했다. 어쨌든 채핀의 명령이니 나는 그 자리에서 꼼짝할 수가 없었다.

서 있는 동안 말로 다 할 수 없는 고통이 나를 짓눌렀다. 내 스스로 상상도 할 수 없는 가혹한 벌을 내렸다는 사실을 그제야 깨달았다. 분노를 여과 없이 그렇게 터트리다니……. 뒤늦게 후회가 썰물처럼 밀려들었다. 의지할 곳, 도움 청할 곳 하나 없는 노예인 내가 백인 남자의 오만방자한 학대를 견디다 못해 저지른 행동을 해명하기 위해 무엇을 할 수 있을지, 무슨 말을 할 수 있을지 전혀 방법을 찾을 수가 없었다. 나는 기도를 올리려고 애썼다. 하늘에 계신 하느님 아버지께 고통으로부터 나를 구해달라고 간절히 기도를 올려보려고 애썼다. 하지만 감정이 북받쳐 올라 목이 막혀 한마디도 입 밖으로 나오지 않아 그저 고개를 숙인 채 두 손을 모으고 눈물만 흘렸다. 적어도 한 시간은 그러고 있었다. 그러다가 고개를 들자 티비츠가 말을 탄 사내 둘과 함께 강을 따라 달려오는 모습이 눈에 들어왔다. 그들은 마당으로 들어서더니 말에서 내려 큰 채찍 여러 개를 들고 내 곁으로 다가왔다. 그중 한 남자는 둘둘 말린 밧줄을 손에 쥐고 있었다.

"두 손을 모아라."

티비츠가 명령했다.

"묶지 않으셔도 됩니다, 티비츠 주인님. 저는 주인님이 가시는 곳이면 어디든 따를 준비가 되어 있습니다."

내가 말했다.

함께 온 남자 둘 중 한 명이 앞으로 나서더니 내가 거역할 기미라도 보인다면 내 머리를 부수고 사지를 갈기갈기 찢어놓겠다며 으름장을 놓았다. 또 내 검은 목을 잘라버리겠다는 둥 욕을 마구 내뱉었다. 버텨봤자 소용없겠다는 생각이 들었다.

나는 그들이 시키는 대로 순순히 두 손을 포갰다. 티비츠가 내 손목을 밧줄로 있는 힘껏 꽁꽁 묶었다. 그다음에 똑같은 방법으로 두 발목도 포개 단단히 묶었다. 그러는 동안 다른 사내 둘은 팔꿈치 안으로 끈을 집어넣고 등 뒤로 둘러 몸을 꽉 묶었다. 팔은커녕 발도 전혀 움직일 수 없었다. 티비츠는 남은 밧줄로 우스꽝스러운 올가미를 만들더니 내 목에 걸었다.

"자, 그럼."

티비츠와 함께 온 한 사내가 말했다.

"이제 이 검둥이를 어디에 매달아놓을까?"

한 사내가 가까이에 있는 복숭아나무에서 뻗어나온 나뭇가지에 매달자고 했다. 다른 사내가 가지가 부러질지도 모른다며 반대하고는 다른 제안을 했다. 마침내 그들은 후자를 택했다.

내 온몸을 꽁꽁 묶어둔 채 사내 셋이 의논을 하는 동안 나는 한마디도 할 수 없었다. 감독관 채핀은 현관 앞을 바삐 왔다 갔다 하면서 이 소동을 지켜보고 있었다. 레이철은 주방 문 옆에서 울고 채핀 부인은 여전히 창문에 서서 내다보았다. 내 마음속 어디에도 희망이라고는 찾아볼 수 없었다. 이제 내 차례가 온 게 확실했다. 내게 내일은 결코 오지 않을 거라는 생각이 들었다. 무척이나 사랑하는 아이들 얼굴을 다시는 볼 수 없을 것이다. 나를 에워싼 죽음의 공포를 이겨내기가 몹시 힘들었다. 내가 죽었다고 슬퍼하거나 원수를 갚아줄 사람 역시 단 한 명도 없을 것이다. 저 먼 곳 어느 땅속에 묻혀 썩거나 아니면 잔잔히 흐르는 강물 속에 우글우글한 악어의 먹잇감으로 던져질지도 모른다! 눈물이 두 뺨을 타고 흘러내렸다. 나를 죽일 사내들이 내뱉는 모욕적인 언사 때문에 흐르는 눈물이었다.

한참 뒤 사내들이 나를 나무 쪽으로 끌고 가는데, 현관 앞에서 잠깐 모습을 감춘 채핀이 우리 쪽으로 다가왔다. 채핀은 양손에 권총을 들고 있었다. 가까이 다가온 채핀이 결의에 찬 목소리로 단호하게 말했다. 나는 채핀의 모습을 보고 정신을 차렸다.

"점잖으신 양반들, 내가 할 말이 좀 있네. 노예들 말을 듣는 편이 더 낫겠지. 저 노예 곁으로 누구든 한 발짝만 움직이면 바로 죽은 목숨이야. 우선 저 사람은 이런 취급을 당할 이유가 없어. 이런 식으로 저 사람을 죽이면 당신들도 수치스럽지 않겠는가. 나는 여태껏 플랫만큼 성실한 사람을 본 적이 없거든. 티비츠, 당신도 잘못이 있어. 내가 알기로는 마치 불량배처럼 행동했더군. 내 생각엔 플랫에게 맞을 만했어. 나는 7년 동안 이 농장에서 감독관으로 일했는데 윌리엄 포드가 부재중일 때는 내가 이곳의 책임자지. 내 임무는 포드의 재산을 보호하는 것이니까 내 임무를 수행하겠다. 당신 둘은 그저 따라온 것뿐이니 잘못이 없어. 티비츠, 당신은 포드한테 플랫을 사면서 400달러 담보를 잡히고 있지 않은가. 당신이 플랫의 목을 매달아 죽이면 포드는 돈을 잃게 되는 셈이지. 당신이 포드에게 빚을 다 갚기 전에는 플랫의 목숨을 빼앗을 권리가 없다는 말이기도 하지. 아무것도 빼앗을 권리가 없소. 백인 남자와 마찬가지로 노예를 위한 법도 분명히 있으니까. 당신은 살인자보다 나을 게 하나 없는 사람이군."

"당신들도!"

근처 농장 감독관으로 함께 일하는 쿡과 램지를 지목해 소리쳤다.

"당신 둘도 썩 꺼져! 목숨이 아깝다면 지금 당장 꺼지라고 내가 말했네."

쿡과 램지는 한마디 말도 없이 타고 온 말에 올라타 사라져버렸다. 티비츠도 얼마 지나지 않아 채핀의 단호한 말에 겁을 잔뜩 집어먹고는 겁쟁이처럼 슬금슬금 물러나 말에 올라타고 함께 온 사내 둘을 따라 줄행랑을 쳤다.

나는 여전히 온몸이 꽁꽁 묶이고 목에는 밧줄로 엮은 올가미가 씌워진 채 그 자리에 남았다. 그들이 자취를 감추기가 무섭게 채핀은 레이철을 불러 얼른 밭으로 달려가 로슨에게 지체 말고 집으로 오라는 말을 전하라고 명령했다. 그리고 채핀이 아주 아끼는, 여느 노새에 비해 굉장히 빨리 달리는 갈색 노새를 끌고 왔다. 곧 로슨이 나타났다.

"로슨."

채핀이 말했다.

"너는 얼른 파인우즈로 가거라. 네 주인 포드에게 농장으로 급히 오시라고 해. 한시도 지체해선 안 된다. 티비츠 무리가 플랫을 죽이려고 했다는 이야기를 꼭 전하거라. 서둘러야 한다. 노새가 죽는 한이 있더라도 파인우즈에 정오까지 도착해야 해."

채핀이 집 안으로 들어가 통행증을 썼다. 채핀이 다시 밖으로 나오자,

나무에 목이 매달리기 직전 솔로몬을 구해내는 채핀.

로슨은 벌써 채핀의 노새를 타고 문 앞에 서 있었다. 통행권을 받아 든 로슨은 곧바로 노새에게 채찍을 휘두르며 마당을 달려나가 단숨에 강을 돌아 눈 깜짝할 새에 시야에서 사라졌다.

# 09 피터 태너 밑에서 일하다

뜨거운 태양-묶인 채로-살을 파고드는 밧줄-안절부절못하는 채핀-추측-레이철이 준 물 한 잔-심해지는 고통-행복한 노예-포드가 도착하다-포드, 몸을 묶은 밧줄과 목에 씌워진 올가미를 잘라내다-고통-일라이자의 오두막에 모여든 노예들-따뜻한 노예들-그날의 사건을 설명하는 레이철-메시지를 전한 과정을 자랑하는 로슨-티비츠에 대한 채핀의 우려-피터 태너 밑에서 일하다-성경을 해설하는 태너-차꼬의 형태

정오가 가까워지자 날씨가 견딜 수 없이 더웠다. 뜨거운 태양 광선에 땅이 타들어갔다. 뜨거운 땅을 밟고 계속 서 있으려니 발에 물집이 잡힐 지경이었다. 빛을 가릴 겉옷은커녕 모자도 없이 맨머리로 불타는 듯한 햇빛을 고스란히 받았다. 굵은 땀방울이 얼굴을 타고 뚝뚝 흘러내려 초라한 옷가지를 적셨다. 담장 너머 그리 멀지 않은 곳에는 복숭아나무 그늘이 싱그럽고 시원하게 잔디 위로 드리우고 있었다. 내가 서 있는 잔뜩 달아오른 오븐 같은 곳에서 벗어나 시원한 그늘로 옮겨갈 수만 있다면 그 대가로 이곳에서 몇 년이고 기꺼이 일할 수 있을 듯했다. 하지만 나는 여전히 온몸이 꽁꽁 묶인 채 목에는 올가미가 씌워져 티비츠와 그 일당이 나를 두고 간 바로 그 자리에 서 있었다. 아주 단단히 묶여 있어 1인치도 움직일 수 없었다. 직조 공장 벽에 기대 설 수만 있어도 정말 편할 것 같았다. 6미터도 안 되는 가까운 거리였지만, 온몸이 꽁꽁 묶인 채로는 닿을 수 없는 곳이었다. 차라리 바닥에 드러눕고 싶기도 했지만, 한번 누우면

다시는 일어날 수 없을 것 같았다. 땅바닥이 바싹 마른 데다 지글지글 끓어오르고 있어 더더욱 힘이 들었다. 조금만 자세를 바꿀 수 있다면, 정말이지 아주 조금만이라도 바꿀 수 있다면 말할 수 없이 큰 위안이 될 터였다. 남쪽 하늘에 떠 있는 여름철 태양이 맨머리를 뜨겁게 달구었다. 하지만 내 팔과 다리가 아픈 데 비하면 이쯤은 아무것도 아니었다. 손목과 발목 그리고 다리와 팔이 꽁꽁 묶은 밧줄 탓에 퉁퉁 부어올랐다.

채핀은 온종일 구부정하게 서서 왔다 갔다 했지만, 내 곁으로는 단 한 번도 다가오지 않았다. 그는 수심이 가득한 얼굴로 내 모습과 집 밖으로 난 길을 번갈아 쳐다보며 누군가가 나타나기만을 기다리는 눈치였다. 채핀은 평소처럼 밭에 나가지도 않았다. 티비츠가 언제 또다시 무기를 챙겨 여러 사람을 더 끌고 나타나 싸움을 걸어오지나 않을까 걱정하는 게 확실했다. 그리고 그런 위험한 상황이 또다시 닥친다면 내 목숨을 구해줄 마음의 채비를 하고 있는 게 확실하다는 생각이 들었다. 하지만 채핀이 밧줄에 묶인 나를 풀어주지 않고 종일 고통에 시달리며 힘들어하도록 내버려둔 이유를 알 수 없었다. 다른 사람이 내 모습을 보고 불쌍히 여겨주길 바라는 건 아니었다. 그 점은 확실했다. 채핀은 아마도 티비츠가 내 목에 씌운 올가미와 혹독하게 온몸을 칭칭 감아놓은 밧줄을 포드가 봤으면 하는 심정이었을 것이다. 어쩌면 법적으로 전혀 권리를 행사할 수 없는 다른 이의 재산인 내 몸에 함부로 손을 댔다가 법에 따라 처벌을 받을지 몰라서였을 수도 있다. 티비츠가 온종일 다시 나타나지 않은 것도 내가 결코 알 수 없는 또 다른 미스터리였다. 티비츠는 자신이 내게 하던 짓을 멈추지 않았더라도 채핀은 자신에게 해를 입힐 만한 인물이 아니라는 사실을 잘 알고 있었다. 로슨에게 나중에 들은 바로는 로슨이 존 데이비드 체니 농장을 지나다가 티비츠 일당을 보았는데 셋이 그를 한참이나 지켜보았다고 했다. 나는 티비츠가 왜 그랬을까 하고 그 이유를 생각해보았다. 감독관 채핀이 자기에게 힘을 보태달라고 로슨을 이웃 농장으로 보내 다른 농장주들을 끌어 모은다고 생각한 게 아닌가 싶었다. 그러니까 의심할 것도 없이 티비츠는 '신중함도 용기다'라는 원칙대로 도망을 친 게 틀림없었다.

하지만 비겁하고 악해빠진 티비츠가 도망친 이유가 무엇이든 전혀 중요하지 않았다. 내가 한낮의 뜨거운 태양 아래 온몸의 통증으로 끙끙 앓으며 서 있었으니까. 해가 뜨기도 전인 새벽부터 지금까지 음식이라고는 입에 대지도 못했다. 통증과 갈증 그리고 허기로 정신은 점점 혼미해져갔다.

하루 중 가장 더운 때가 되자, 레이철이 내게 조심스레 다가와 컵에 담긴 물을 입에 대주었다. 채핀 감독관의 명령을 거역하고 있다는 사실이 두려운 건 어쩔 수 없었던지 겁을 집어먹은 모습이 역력했다. 단비 같은 물을 마시고 나자 레이철에 대한 축복의 말이 샘솟았다. 미천한 생명은 결코 알 수도 없고 당사자인 레이철이 들었다 해도 무슨 말인지 잘 알아들었을지 의문이다. 레이철이 내게 한 말은 딱 한마디뿐이었다.

"세상에, 플랫, 이렇게 딱할 수가."

그러고는 서둘러 주방으로 돌아가 다시 일을 했다.

태양이 그토록 불타오르듯 내리쬐고 또 그토록 느리게 움직이는 것은 그날 생전 처음 있는 일이었다. 적어도 내게는 그랬다. 머릿속은 셀 수 없는 생각으로 넘쳐나지만, 다 설명할 수는 없을 것 같다. 온종일 생각해봤지만, 단 한 번도 주인이 먹여주고 입혀주고 보살펴주고 매질도 하는 남부 노예의 삶이 북부에서 자유 시민으로 살아가는 유색 인종의 삶보다 더 행복하다는 결론을 얻지 못했다고만 말해두겠다. 그런 생각은 정말이지 들지 않았다. 하지만 북부의 여러 주에서조차도 자애롭고 마음씨 착한 남자들 중에 내 생각이 틀렸다고 말하는 사람이 분명 있을 것이다. 그리고 진지하게 말싸움을 계속하면서 내 주장이 사실임을 입증하라고 할 것이다. 아! 그들은 나처럼 노예가 되어본 적이 없는 자들이 아니던가! 해질 무렵이 되자, 포드가 땀을 뻘뻘 흘리는 말을 타고 나타났다. 포드의 모습을 보자 내 심장은 기쁨으로 쿵쿵 뛰었다. 채핀이 포드를 맞아 잠깐 이야기를 나눈 뒤 포드는 바로 내게 걸어왔다.

"가엾은 플랫, 네 꼴이 왜 이렇게 됐느냐."

포드가 유일하게 내뱉은 말이었다.

"오, 하느님! 감사합니다. 감사합니다. 포드 주인님, 드디어 오셨군요."

내가 말했다.

포드가 주머니에서 칼을 꺼내 내 팔목과 두 팔 그리고 발목에 묶인 밧줄을 거칠게 잘라내고 목에 씌워졌던 올가미도 벗겨냈다. 나는 걸어보려 했지만, 술 취한 사람처럼 비틀거리며 바닥에 풀썩 넘어졌다.

포드는 나를 다시 혼자 남겨두고 집 안으로 들어갔다. 포드가 현관에 닿자마자 티비츠가 친구 둘과 함께 다시 나타났다. 그들은 오랫동안 이야기를 나누었다. 포드의 차분한 말소리와 티비츠의 한껏 격앙된 목소리가 들려왔지만, 무슨 대화를 나누는지 들을 수는 없었다. 결국 티비츠와 친구 둘은 다시 떠났다. 기분이 완전히 풀리지는 않은 모습이었다.

나는 포드에게 내 의지를 보여줄 생각으로 직조 공장 현장으로 다시 돌아가 하던 일을 마저 하려고 망치를 집어들었다. 꽤나 애를 썼지만, 손에 힘이 전혀 없어 망치가 툭 떨어졌다. 컴컴한 오두막으로 기어들어가 바닥에 몸을 뉘였다. 온몸이 쓰라리고 퉁퉁 부어올라 몸을 조금만 움직여도 통증이 심해 아파 죽을 것 같았다. 곧 일하러 나갔던 동료들이 밭에서 돌아왔다. 로슨을 데리러 밭으로 갔던 레이철이 무슨 일이 있었는지 이미 말한 뒤였다. 일라이자와 메리가 베이컨을 구워줬지만 입맛이 전혀 없었다. 그러자 반죽한 옥수수 가루를 팬에 눌러 커피와 함께 줬다. 이번에는 겨우 넘길 수 있었다. 일라이자가 아주 다정하게 위로를 해왔다. 오두막 안은 나를 보러 온 노예들로 금세 가득 찼다. 그들은 나를 에워싸고 빙 둘러앉아 그날 아침 티비츠와 싸운 일에 대해 질문을 쏟아냈다. 그날 생긴 일 중 가장 특별한 일이라 그럴 만도 했다. 마침 레이철이 오두막 안으로 들어와 딱 부러지는 그녀만의 말투로 내가 티비츠를 발로 차 바닥에 때려눕혔다고 했다. 레이철이 여러 번 되풀이해 티비츠를 바닥에 때려눕혔다고 하자 모두 킥킥거렸다.

그러자 레이철은 채핀이 권총을 들고 나가 내 목숨을 구하고 포드 주인님이 마치 미친 사람처럼 화를 내며 주머니에 든 칼을 꺼내 내 몸에 묶인 밧줄을 잘라줬다는 이야기도 자세히 늘어놓았다.

그때 로슨이 돌아왔다. 로슨은 파인우즈까지 다녀온 이야기를 오두막 안에 모인 사람들에게 했다. 갈색 노새가 로슨을 태우고 어찌나 번개처럼 빨리 달렸던지, 로슨이 하도 일찍 도착하는 바람에 파인우즈 사람들이 모두 얼마나 놀랐는지, 이야기를 전해 들은 포드 주인님은 또 재빨리 나서면서 플랫이 얼마나 훌륭한 흑인인지 그리고 티비츠 일당이 플랫을 죽여서는 안 된다는 이야기를 했던 것, 길 위를 이렇게 대담하게 달리는 인간은 이 넓은 세상에 자기 말고는 없다는 것, 경이로운 존 길핀John Gilpin 말을 아주 잘 타는 동화책 속 주인공 이름이 살아 있는 모습과 똑같다며 자기가 갈색 노새를 타고 한 일을 모두 늘어놓았다.

다정하기 짝이 없는 노예 동료들은 티비츠가 악질에다 무자비한 인간이라며 마구 욕을 하면서 포드 주인님이 나를 다시 사셨으면 좋겠다고 진심으로 위로했다. 오두막에 모여 수다를 떨고 아침에 일어난 사건에 대한 이야기를 하고 또 하던 중 채핀이 오두막 안으로 쓱 들어오더니 나를 불렀다.

"플랫! 오늘 밤엔 대저택 마루에서 자거라. 담요를 챙겨 나오너라."

나는 최대한 빨리 벌떡 일어나 담요를 손에 쥐고 채핀의 뒤를 따랐다. 가는 동안 채핀은 다음 날 아침이 되기 전에 티비츠가 나를 죽이러 다시 온다고 해도 전혀 놀랄 일이 아니라서 나를 데리러 왔다고 알려주었다. 그리고 티비츠가 목격자도 없는 상황에서 나를 죽이도록 내버려둘 수는 없다고 했다. 만일 티비츠가 노예 수백 명이 지켜보는 가운데 내 심장을 찌른다고 해도 루이지애나 법에 따라 누구도 티비츠 짓이라는 것을 증언할 수는 없으니까. 나는 채핀의 '대저택' 마루에 몸을 뉘였다. 그렇게 호화로운 곳에서 휴식을 취한 일은 12년 동안의 내 노예생활 중 처음이자 마지막이었다. 나는 곧 잠을 청했다. 자정쯤 되었을까 개 짖는 소리가 요란스럽게 들려왔다. 채핀이 일어나 창밖을 살폈지만, 아무것도 보이지 않았다. 개는 이내 잠잠해졌다. 채핀이 방으로 돌아가면서 말했다.

"플랫, 내 생각에 비겁한 악당 놈이 어디엔가 숨어서 몰래 지켜보고 있는 것 같구나. 개가 또 짖거든 나를 깨워라."

나는 그러겠다고 했다. 한 시간쯤 뒤 개가 대문 앞에서 제집을 왔다 갔다 하며 한참을 사납게 짖어댔다.

내가 깨우지도 않는데 채핀이 바로 잠에서 깨어 밖으로 나왔다. 이번에는 현관문 앞까지 나가 주위를 꽤 오랫동안 샅샅이 살폈다. 하지만 이번에도 눈에 띄는 거라곤 아무것도 없었다. 개도 제집으로 돌아갔다. 밤새도록 그런 성가신 상황이 다시 벌어지진 않았다. 나는 통증이 몹시 심한 데다 곧 닥칠 위험에 대한 두려움으로 편히 잘 수 없었다. 티비츠가 내게 앙갚음할 기회를 엿보면서 그날 밤 농장으로 왔든 오지 않았든, 아마도 그것은 티비츠 혼자만 아는 비밀일 것이다. 하지만 나는 티비츠가 어딘가에 숨어 나를 엿보고 있다는 생각을 떨칠 수 없었다. 어쨌든 나중에 더 잘 알게 된 바로는, 티비츠가 강한 자 앞에서는 몸을 숙이고 나약하고 죄 없는 사람의 등은 언제라도 칠 수 있는 그런 인간이라는 사실이었다.

나는 통증이 극심하고 지쳐 아주 조금밖에 잠을 자지 못한 탓에 날이 밝은 뒤에야 겨우 일어났다. 그럼에도 메리와 일라이자가 오두막에서 나를 위해 만들어온 아침 식사를 조금 먹고 직조 공장 현장으로 나가 일할 채비를 했다. 채핀은 늘 아침 일찍 잠에서 깨기 무섭게 노예들이 미리 안장을 얹고 굴레를 씌워놓아 언제라도 달릴 채비를 해둔 말을 타고 밭으로 달려나가곤 했다. 농장 감독관이라면 누구나 몸에 밴 습관이기도 했다. 그런데 그날 아침 채핀은 직조 공장 현장에 먼저 들러 티비츠가 아직 나타나지 않았는지 물었다. 오지 않았다는 답변을 듣자 티비츠가 앙심을 잔뜩 품고 있어 내가 생각지도 못했을 때 나타나 해코지를 할지도 모르니 늘 그를 조심하라고 말했다.

채핀이 이야기를 채 끝내기도 전에 티비츠가 나타나 말고삐를 묶어두고 건물 안으로 들어왔다. 나는 포드와 채핀이 가까이 있는데도 불구하고 티비츠의 모습을 보자 조금 겁이 났다. 언제까지 포드와 채핀을 가까이에 붙잡아둘 수는 없는 노릇이었다.

아! 노예라는 신분의 굴레가 당시 나를 얼마나 무겁게 짓누르고 있었던지! 날마다 학대와 조롱과 비웃음을 견뎌내며 오랫동안 일을 해야 했다. 딱딱한 바닥에 겨우 몸을 누이고 형편없는 음식을 먹으면서도 참아야 했다. 그뿐만이 아니다. 피를 빨아먹는 악마 같은 주인의 노예로 살아가면서 극한의 공포를 견뎌내는 것은 몹시 힘들었다. 나는 신께서 내가 꼭 살아야 할 이유이기도 한 사랑하는 내 아이들을 주시기 전에 왜 죽지 않았을까 하는 생각마저 들었다. 그랬다면 불행과 슬픔을 겪지는 않았을 터이다. 자유가 몹시도 그리웠다. 하지만 떨쳐내려 해도 떨칠 수 없는 노예라는 굴레가 나를 옥죄었다. 나는 북쪽을 그리워하며 하염없이 바라보았다. 그리고 내가 있는 곳에서 수천 킬로미터 떨어진 자유의 땅, 흑인은 결코 지날 수 없는 그 머나먼 길을 떠올렸다.

30분쯤 지났을까. 티비츠가 직조 공장 안으로 들어와 나를 째려보더니 아무 말 없이 돌아갔다. 그는 오전 내내 현관 앞에 앉아 신문을 읽기도 하고 포드와 이야기를 나누기도 하며 자리를 지켰다. 그날 저녁을 먹은 뒤 포드는 파인우즈로 되돌아갔다. 포드가 떠나지 못하도록 농장에 붙잡아두지 못한 것이 정말로 한스러웠다.

낮에 티비츠가 한 번 더 나에게 와서 이것저것 몇 가지를 지시하고 돌아갔다.

그 주에 직조 공장을 짓는 작업이 다 끝날 때까지 티비츠는 내게 불편한 내색을 전혀 비치지 않았다. 그러다가 갑자기 나를 피터 태너에게 빌려줘 마이어스라는 이름의 목수 밑에서 일하게 되었다고 알려줬다. 기뻤다. 티비츠의 모습을 보지 않아도 되는 곳이면 어디든 좋았다.

앞서 말한 대로, 피터 태너는 반대편 강기슭에 사는 인물로 포드 부인의 남동생이다. 그는 바유뵈프에서 농장과 노예를 가장 많이 보유한 사람 중 한 명이기도 했다.

정말 기쁜 마음으로 태너의 집으로 갔다. 태너는 내가 최근에 겪은 힘든 문제에 대해 이미 알고 있었다. 내가 티비츠를 흠씬 두들겨 팬 이야기는 생각보다 훨씬 더 멀리 그리고 넓게 퍼져나갔다. 티비츠 사건에 펫목 이야기까지 보태져 나는 다소 악명을 떨쳤다. 플랫 포드, 아니 노예 이름은 주인의 성에 따라 바뀌니까 당시 플랫 티비츠는 '검둥이 악마'라는 소리를 들은 게 한두 번이 아니었다. 곧 알게 되겠지만, 나는 바유뵈프라는 작은 동네에서 더 많은 잡음을 만들어낼 운명이었다.

피터 태너는 자신이 꽤 잔혹한 사람이라는 사실을 내게 알리려고 노력했지만, 나는 그의 몸속에는 좋은 피가 흐르고 있다는 사실을 감지했다.

"너는 검둥이야."

태너는 나를 보자마자 툭 내뱉었다.

"네가 주인을 흠씬 패준 검둥이로구나, 맞지? 네가 목수 티비츠의 다리를 꽉 잡고 발로 차고 주먹질한 검둥이야, 그치? 나도 네가 내 다리를 꽉 잡는 꼴을 보고 싶구나. 꼭 그래야지. 네가 그 대단한 검둥이다, 그치? 나도 너한테 채찍질을 할 텐데 말이야. 네가 발끈하는 꼴을 좀 보자. 네가 내 다리를 붙잡고 싶다면 기꺼이 응해주지. 여기서는 그런 장난은 결코 안 통해. 꼭 기억해. 이제 가서 일해. 너는 악당을 발로 찼어."

태너가 특유의 재치 넘치고 풍자 섞인 말투로 터져나오는 웃음을 참지 못한 채 겨우 하던 말을 끝냈다.

그의 인사말을 듣고 난 뒤, 나는 마이어스 밑에서 한 달 동안 일하기로 했다. 마이어스 아래로 들어가다니 퍽 만족스러웠다.

포드의 처남인 태너도 포드처럼 일요일이면 자신의 노예를 모두 불러모아놓고 성경을 읽어주곤 했다. 그러나 포드와는 사뭇 다르게 태너는 신약성경을 자신만의 방식으로 독특하게 해석했다. 태너의 농장으로 온 첫 일요일에 태너는 노예를 모두 불러 모은 자리에서 「누가복음」 20장을 읽어 내려갔다. 47절을 읽다가 잠깐 멈추고 찬찬히 모인 사람들을 둘러보고는 다시 읽어 내려갔다.

"주인의 뜻을 알고도 예비치 아니하고"

태너가 또 잠시 멈추고 전보다 더 찬찬히 좌중을 둘러보고는 다시 읽어 내려갔다.

"그 뜻대로 행치 아니한 종은"

태너가 또 잠깐 멈췄다.

"많이 맞을 것이요."

태너가 성경 구절에 푹 빠져 물었다.

"너희 모두 들었지?"

태너가 천천히 또박또박 다시 말했다.

"많이 맞을 것이요."

그러고는 안경을 벗더니 무슨 중요한 말을 할 참이었다.

"예비치 않는 검둥이, 주인의 뜻에 복종하지 않는 검둥이, 무슨 말인지 알겠지? 그런 검둥이들은 많이 맞을 것이다. '많이'란 '아주 많이'란 말이다. 40대, 100대 그리고 150대 더. 성경에 나오잖아!"

그러더니 태너는 한참 동안 공들여 담비처럼 윤기 나는 자신의 검은 청중을 교화시키고자 설교를 늘어놓았다.

그날 설교를 끝낸 태너가 노예 세 명을 불러냈다. 워너, 윌, 메이저인가 그랬다. 태너가 내게 큰 소리로 말했다.

"자, 플랫. 네가 티비츠 다리를 꽉 잡았잖아. 여기 있는 놈들한테도 똑같이 한번 해봐. 나는 사람을 좀 만나고 돌아오도록 하마."

태너가 그들에게 차꼬두 개의 기다란 나무토막을 맞대 그 사이에 구멍을 파서 죄인의 두 발목을 채우던 형구를 채우라고 명령했다. 노예에게 차꼬를 채우는 일은 레드 강 지역에서는 흔한 일이었다. 차꼬는 두 개의 기다란 나무토막을 맞대어 놓은 형구였다. 아래쪽 나무토막 끝부분은 바닥에 단단히 박아놓은 짧은 기둥 두 개에 고정시켜두는데 위쪽 면에 일정한 간격으로 반원이 여러 개 나 있고, 다른 한 토막은 경첩을 달아 여닫을 수 있었다. 마치 주머니

칼을 폈다 접었다 하는 방식과 똑같다. 위쪽 나무토막 아랫면에는 아래쪽 나무토막 반원과 맞닿는 부분을 잘라놓았다. 그래서 닫으면 노예가 다리를 집어넣을 수 있을 정도로 구멍이 생겼다. 하지만 발을 뺄 수 있을 만큼 크지는 않았다. 위쪽 나무토막의 경첩이 달린 반대쪽에는 자물쇠가 달려 있어 열쇠로 잠글 수 있다.

노예는 차꼬를 발목에 찬 채 바닥에 앉아야 했다. 가장 힘든 것은 발목을 반원 안에 끼워 고정해놓았기 때문에 위로 올리고 있어야 한다는 점이었다. 발목 대신 목에 채우는 경우도 자주 있었다. 이런 식으로 차꼬를 찬 노예는 매를 맞는 동안 꼼짝할 수 없었다.

태너가 말한 워너와 월, 메이저가 저지른 죄명은 멜론을 훔친 일이었다. 주일의 평화를 깬 사악한 검둥이들을 결코 용서하지 않고 꼭 차꼬를 채우라는 명령을 내렸다. 내게 차꼬 열쇠를 쥐여주고 태너와 마이어스 그리고 태너 부인과 아이들은 마차를 타고 체니빌에 있는 교회로 가버렸다. 그들이 가고 나자 노예 소년들은 내게 차꼬를 풀어달라고 애원했다. 나는 해가 쨍쨍 내리쬐던 흙을 밟고 서 있던 기억이 떠올라 뜨거운 바닥 위에 서 있는 그들의 모습이 몹시 안쓰러웠다. 언제든 다시 차꼬를 차겠다는 약속을 받아낸 뒤 그들을 풀어주었다. 그들에게 자비를 베풀고 나자 마음이 조금 흡족해졌다. 그들은 내가 베푼 친절을 되갚을 생각인지 나를 멜론밭으로 데려가 구경시켜줬다. 태너가 돌아오기 직전에 그들은 다시 차꼬를 찼다. 마침내 태너가 돌아와 차꼬를 차고 앉은 소년들의 모습을 보고 껄껄 웃으며 말했다.

"아하! 너희 오늘은 많이 돌아다니질 못했겠구나. 어쨌든 너희에게 잘못을 하면 어떻게 되는지 확실하게 가르쳐주마. 주일이니까 수박을 질리게 먹도록 해주겠다. 신성한 주일을 깬 검둥이들아!"

피터 태너는 그 자신의 신앙심이 매우 깊어 교회에서 집사직을 맡게 된데 대한 자부심이 하늘을 찔렀다.

하지만 내 이야기는 여기까지다. 가벼운 이야기는 제쳐두고 좀더 비극적이고 무거운, 티비츠와 벌인 2차전에 대한 이야기와 그 큰 패코드리 늪을 비행한 이야기를 꺼낼 시점이 되었다.

# 10 도망자가 되다

티비츠에게 돌아가다-도저히 비위를 맞출 수 없는 사람-손도끼로 공격하는 티비츠-큰 도끼를 두고 몸싸움을 벌이다-살인 충동-농장을 탈출하다-울타리에서 지켜본 광경-사냥개를 데리고 다가오는 티비츠-내 뒤를 쫓는 사냥개들-크게 짖는 소리-거의 따라잡히다-물가에 닿다-혼란에 빠진 사냥개들-늪살무사-악어-패코드리 늪의 밤-생명의 소리-서북쪽으로-파인우즈 도착-노예와 어린 주인-포드의 집에 다다르다-음식과 휴식

그달 말에 태너의 집에서 더는 할 일이 없어진 나는 다시 지류 너머의 내 주인에게로 보내졌다. 가보니 주인은 조면압착기 만드는 일을 하고 있었다. 작업장은 대저택에서 조금 떨어진 후미진 곳에 있었다. 또다시 티비츠와 함께 일하기 시작했고, 대부분의 시간을 놈과 단둘이 보냈다. 방심하는 사이에 티비츠가 나를 해칠지도 모르니 조심하라는 채핀의 당부와 조언을 명심했다. 그 말이 마음에 새겨져 있어 늘 걱정과 두려움에 휩싸여 몹시 불안한 채로 지냈다. 한쪽 눈은 내가 하는 일을 향했지만 다른 한쪽 눈은 주인을 살폈다. 티비츠에게 나를 모욕할 빌미를 주지 말고 지금까지보다 훨씬 더 열심히 일하자고 마음먹었다. 나에 대한 티비츠의 태도가 약간이나마 누그러지길 바라며 신체적인 공격 말고는 어떤 욕설을 퍼붓더라도 참기로 결심했다. 놈의 손아귀에서 벗어나는 축복받는 날이 올 때까지.

내가 돌아온 지 사흘째 되던 날 아침 채핀이 체니빌에 가느라 밤까지 농장을 비웠다. 티비츠는 걸핏하면 발작적으로 화가 치밀어 오르고 심기

가 불편한 상태가 되곤 했는데 그날 아침에도 그랬다. 그래서 평소보다 훨씬 더 거칠고 악에 받쳐 있었다.

오전 9시쯤이었다. 나는 널 중 하나에 부지런히 막대패질을 하고 있었고, 티비츠는 작업대 옆에 서서 아까 나삿니를 깎았던 끌에 손잡이를 끼우고 있었다.

"대패질을 충분히 안 하고 있잖아."

티비츠가 말했다.

"선에 맞게 고른데요."

내가 대답했다.

"이 우라질 거짓말쟁이."

티비츠가 불같이 화를 내며 고함을 질렀다.

"아, 예, 주인님, 그럼 대패질을 더 하겠습니다."

나는 공손하게 대답하며 그가 원하는 대로 했다. 그러나 대팻밥을 치우기 전에 티비츠가 이번에는 내가 나무를 지나치게 깊이 깎아냈다며 고함을 쳤다. 너무 작잖아. 네놈이 널 하나를 몽땅 망쳐놨어. 곧이어 욕설과 저주가 쏟아졌다. 나는 티비츠가 지시한 그대로 하려고 애썼지만 그 제정신 아닌 인간을 만족시킬 수 있는 건 아무것도 없었다. 나는 손에 대패를 들고 겁에 질려 조용히 널 옆에 서 있었다. 뭘 해야 할지 알지 못했고 그렇다고 아무것도 하지 않고 있을 용기도 없었다. 티비츠는 점점 더 난폭하게 화를 내더니 마침내 그만이 할 수 있는 지독하고 끔찍한 욕설을 내뱉으며 작업대에서 손도끼를 잡아챘다. 그러고는 내 머리를 쪼개버리겠다며 나를 겨냥했다.

죽느냐 사느냐 하는 사활이 걸린 순간이었다. 날카롭게 번쩍이는 도끼날이 햇빛을 받아 빛났다. 잠시 뒤면 도끼날이 내 머릿속에 박힐 것이다.

하지만 그 순간, 그처럼 공포스럽고 절박한 순간에 사람의 머리가 어찌나 빨리 돌아가던지! 나는 생각을 정리해보았다. 내가 그대로 서 있을 경우 내 운명은 불 보듯 뻔했다. 그러나 내가 도망가면 무시무시하도록 정확하게 날아오는 도끼날이 십중팔구 내 등에 꽂힐 것이다. 그렇다면 한 가지 방법밖에 없었다. 나는 온 힘을 다해 티비츠 쪽으로 몸을 날려 중간쯤에서 그와 맞섰다. 그리고 놈이 나를 내려치기 전에 한 손으로는 그의 치켜든 팔을 잡고 다른 한 손으로는 목을 움켜쥐었다. 우리는 서로의 눈을 노려보며 서 있었다. 티비츠의 눈에 살기가 번득였다. 마치 내 목덜미에 뱀을 두르고 있는 듯했다. 그 뱀은 내 손아귀 힘이 조금이라도 느슨해지는지 살피면서 내 몸에 자기 몸을 똘똘 감고는 죽어라 으스러뜨리고 독을 쏘아댔다. 나는 누군가에게 들릴 것이라 여기며 크게 비명을 지르려 했다. 그러나 채핀은 멀리 있었고 일꾼들은 들에 있었다. 주위에는 아무도 보이지 않았고 아무런 기척도 없었다.

그때 평생 나를 폭력의 손아귀에서 구해준 수호천사가 좋은 생각을 알려줬다. 나는 기습적으로 티비츠를 세차게 걷어찼다. 그리고 티비츠가 신음 소리를 내지르며 한쪽 무릎을 꿇자 놈의 목을 잡고 있던 손을 풀고 손도끼를 낚아채 손이 닿지 않는 곳으로 멀리 던져버렸다.

걷잡을 수 없이 화가 나서 제정신을 잃은 티비츠는 땅바닥에서 길이가 1.5미터쯤 되고 손으로 쥘 수 있을 만한 굵기의 떡갈나무 가지를 잡아채더니 내 쪽으로 달려왔다. 나는 다시 티비츠와 맞서 그의 허리춤을 움켜쥐었다. 둘 중 힘이 더 센 내가 그를 바닥으로 밀어뜨렸다. 그 자세에서 나는 나뭇가지도 빼앗아 멀리 던져버렸다.

티비츠는 아까와 마찬가지로 일어서더니 작업대 위에 놓인 날이 넓은 도끼로 달려갔다. 다행히 넓은 날 위에 무거운 널빤지가 올려져 있어 그가 도끼를 빼내려는 동안 내가 그의 등을 덮쳤다. 그러고는 그의 몸을 널빤지 위에 바짝 대고 꽉 눌러서 도끼가 더 단단하게 박히도록 했다. 티비츠가 손잡이를 놓게 하려고 애썼지만 성공하지 못했다. 우리는 그런 자세로 몇 분간 있었다.

나는 불행한 삶을 살면서 지상의 슬픔을 끝내는 것이 죽음이고, 지치고 고단한 몸이 쉴 곳은 무덤이라고 생각하며 마음을 달랜 적이 많았다. 그러나 위기의 순간이 닥치면 그런 생각은 사라져버린다. '죽음의 신' 앞에서 두려움 없이 완전히 견딜 수 있는 사람은 아무도 없다. 목숨은 모든 생명에게 소중하다. 땅을 기어다니는 벌레도 살려고 발버둥칠 것이다. 노예가 되어 가혹한 대접을 받았던 그 순간에도 내 목숨은 소중했다.

티비츠의 손을 풀지 못한 나는 한 번 더 그의 목덜미를 틀어쥐었다. 이번에는 아주 단단히 움켜쥐어서 그의 손은 곧 힘이 풀렸다. 티비츠는 힘을 잃고 얌전해졌다. 화가 나 하얗게 질려 있던 얼굴이 이제 숨이 막혀 거무튀튀해졌다. 독설을 내뱉던 작은 뱀눈에는 두려움이 가득 찼고 두 개의 커다란 눈알도 튀어나올 듯했다!

내 마음속에 '숨어 있던 악마가 인간의 피가 흐르는 이 사냥개를 그자리에서 죽여버리라고 부추겼다. 숨통이 끊어질 때까지 놈의 저주스러운 목덜미를 조여버려! 나는 놈을 죽일 용기도, 살려둘 용기도 없었다. 놈을 죽이면 그 대가로 내 목숨을 내놓아야 할 것이고, 살려두면 내 목숨은 오직 놈의 복수심만 만족시킬 것이다. 내 안의 목소리가 내게 도망가라고 속삭였다. 도망자와 방랑자가 되어 늪지대를 돌아다니는 편이 지금의 생활보다 더 나을 거야!

나는 곧 결심을 굳히고 티비츠를 작업대에서 땅바닥으로 밀어뜨리고는 근처의 울타리를 뛰어넘었다. 그리고 들판에서 일하고 있는 노예들을 지나 서둘러 농장을 가로질러 달렸다. 400미터쯤 달리자 목초지에 다다랐는데 정말로 짧은 시간에 그곳까지 달려갔다. 높은 울타리에 기어오르니 조면압착기와 대저택, 그리고 그 사이의 공간이 보였다. 농장 전체가 눈에 들어오는 자리였다. 티비츠가 들판을 지나 집 쪽으로 가서 안으로 들어가는 모습이 보였다. 티비츠는 안장을 들고 나오더니 곧 말에 올라타 전속력으로 달려갔다.

나는 처량한 기분이었지만 감사한 마음도 들었다. 목숨을 건진 것이 다행스러웠지만 앞으로 벌어질 일을 생각하면 암담하고 낙심됐다. 나는 어떻게 될까? 누가 내 친구가 되어줄까? 어디로 달아나야 할까? 오, 하느님! 제게 생명을 주시고 삶에 대한 사랑을 심어주신 분이여. 다른 사람들, 당신의 다른 피조물들과 마찬가지의 감정을 내 가슴에 채워주신 분이여, 저를 버리지 마소서. 불쌍한 노예를 가엾게 여기소서. 저를 살려주소서. 하느님이 저를 보호하지 않으시면 저는 길을 잃고 맙니다. 어찌할 바를 모르게 됩니다. 입 밖으로 내지는 않았지만 내 마음 가장 깊숙한 곳에서 간절한 애원이 쏟아져나와 하늘로 올라갔다. 하지만 아무런 응답도 없었다. "나다. 두려워 말라"라고 내 영혼에 속삭이는 어떤 부드럽고 낮은 목소리도 내려오지 않았다. 나는 신에게서 버림받은 듯했다. 인간에게서는 경멸과 미움을 받고!

45분쯤 지났을 때였을까, 노예 몇 명이 고함을 지르며 내게 달아나라고 신호를 보냈다. 지류 위쪽을 보니 티비츠와 사내 두 명이 말을 타고 빠른 걸음으로 다가오고 개떼가 그 뒤를 따르고 있었다. 여덟 마리나 열 마리쯤 되어 보였다. 멀찍이 떨어져 있었지만 나는 그 녀석들을 알아보았다. 인근 농장에 사는 개들이었다. 바유뵈프에서 노예를 찾는 데 이용되는 개들은 블러드하운드의 일종으로 북부에서 보던 것보다 훨씬 더 사나운 품종이었다. 그 개들은 주인의 명령에 따라 검둥이를 공격했고 불독이 네 발 달린 짐승을 붙들고 늘어지듯 노예에게서 붙어 떨어지지 않았다. 종종 늪에서 개들이 시끄럽게 울부짖는 소리가 들려오면 도망친 노예가 어디쯤에서 이 녀석들에게 붙잡혔겠다고 짐작하곤 했다. 뉴욕의 사냥꾼들이 언덕배기에서 사냥감을 뒤쫓아 달리는 사냥개들의 소리에 귀를 기울이며 동료에게 여우가 어느 지점에서 붙잡혔을 거라고 알려주는 것과 마찬가지였다. 내가 알기로 바유뵈프에서 목숨을 부지한 채 달아난 노예는 없었다. 한 가지 이유는 노예들에게는 헤엄치는 법을 배우는 게 허락되지 않아서 대수롭지 않은 강도 건너지 못했기 때문이다. 이곳에서 달아날 때는 어느 쪽이든 조금만 가도 강줄기와 맞닥뜨렸고 그러면 물에 빠져 죽거나 개들에게 따라잡히는 수밖에 없었다. 어렸을 때 나는 고향 마을에 흐르는 맑은 강에서 헤엄치는 법을 연습했다. 그래서 수영에 능숙했고 물에 들어가면 편안했다.

나는 개들이 조면압착기로 올 때까지 울타리 위에 서 있었다. 잠시 뒤 개들은 길고 사나운 울음소리로 내 흔적을 알아냈노라고 알렸다. 나는 울타리에서 뛰어내려 늪 쪽으로 달렸다. 두려움이 내게 힘을 주었고 나는 전력을 다해 뛰었다. 몇 분마다 개들이 으르렁거리는 소리가 들려왔다. 개들은 나를 바짝 따라붙고 있었다. 짖는 소리가 점점 더 가까워졌다. 순간순간마다 개들이 등을 덮칠 것 같았다. 개들의 긴 이빨이 살을 파고들 것만 같았다. 개는 여러 마리였다. 개들이 나를 갈기갈기 찢고 물고 흔들어 대번에 목숨을 끊어놓으리란 걸 알고 있었다. 나는 숨을 헐떡거렸다. 숨이 턱 끝까지 차오르고 목이 메어 제대로 나오지도 않는 소리로 전능하신 신께 살려달라고 빌었다. 놈들을 따돌리거나 물에 빠뜨릴 수 있는 넓고 깊은 강줄기까지 다다를 수 있는 힘을 달라고 간청했다. 나는 곧 굵은 야자나무 아래에 이르렀다. 그 옆을 지나자 나뭇잎들이 커다란 소리로 바스락거렸다. 그러나 개들이 컹컹거리는 소리를 잠재울 만큼 큰 소리는 아니었다.

계속 남쪽으로 달리다보니 마침내 조금만 더 가면 강에 도착할 것이라고 가늠할 수 있었다. 이제 사냥개들은 내 뒤로 25미터 이상 떨어져 있을 것 같지 않았다. 개들이 야자나무에 부딪히며 우르르 달려오는 소리가 들렸다. 죽어라 짖어대는 시끄러운 소리로 늪 전체가 떠들썩했다. 강에 다다르면서 내게 희망의 불씨가 약간 되살아났다. 강이 깊기만 하면 개들은 내 냄새를 놓쳐 당황할 것이고 나는 놈들을 따돌릴 기회를 얻을 것이었다. 다행히 강은 건널수록 수심이 깊어졌다. 처음에는 발목까지 오던 물이 종아리 반쯤까지 차올랐고 이제 허리가 잠길 깊이가 되었다. 그런 뒤 곧 좀더 얕아졌다. 내가 물에 들어가자 개들은 나를 따라잡지 못했다. 놈들은 혼란에 빠진 게 틀림없었다. 이제 개들의 사나운 울음소리가 점점 더 멀어져서 놈들과의 거리가 벌어지고 있다는 걸 확인시켜주었다. 그러다 마침내 울음소리가 들리지 않았다. 하지만 긴 울부짖음이 다시 하늘에 우렁차게 울려서 내가 아직 안전하지 않다는 걸 일깨웠다. 물이 가로막고 있긴 했으나 개들은 내가 걸었던 습지와 습지를 따라 여전히 뒤쫓을 수 있었다. 마침내 기쁘게도 넓은 강줄기에 이른 나는 강물 속으로 뛰어들었다. 그리고 약한 물살을 헤치고 곧 맞은편 기슭에 닿았다. 개들은 분명 어리둥절했을 것이다. 코가 예민한 사냥개가 노예를 쫓아갈 수 있게 해주는 약하고 신비스러운 냄새의 흔적을 물살이 전부 싣고 흘러가버렸기 때문이다.

이 강줄기를 건너자 내가 건너지 못할 정도로 물이 깊어졌다. 나중에 알게 되었는데 그때 나는 '거대한 패코드리 늪Great Pacoudrie Swamp'이라는 곳에 있었다. 그 일대는 플라타너스, 고무나무, 미루나무, 사이프러스 등 거대한 나무들로 빽빽했고 내가 알기로는 이 늪지대가 칼카슈 강까지 펼쳐져 있었다. 50~60킬로미터는 인가 없이 곰, 살쾡이, 호랑이 등 야생 동물들만 살았고 끈적거리는 거대한 파충류들이 곳곳에 기어다녔다. 사실 이 지류에 이르기 훨씬 전, 내가 물에 들어갔을 때부터 돌아가는 길에 늪에서 나올 때까지 파충류들이 나를 에워쌌다. 늪살무사도 수백 마리 봤다. 내가 걸어가거나 올라가야 했던 모든 통나무와 습지, 모든 쓰러진 나무의 몸통에는 어김없이 이 뱀들이 살고 있었다. 늪살무사들은 인기척이 나면 기어서 달아났지만 나는 서두르다가 가끔 손이나 발이 뱀에 닿을 뻔했다. 이 뱀들은 독을 품고 있었고, 물리면 방울뱀보다 더 치명적이었다. 게다가 신발 한 짝은 밑창이 완전히 달아나 신발 윗부분만 발목에서 달랑거렸다.

물속이나 물에 떠내려가는 나무토막에 누워 있는 크고 작은 악어도 많이 보았다. 악어들은 대개 내가 내는 소리에 놀라 몸을 움직여 더 깊은 곳으로 들어갔다. 그러나 때로 미처 알아차리기도 전에 괴물 같은 녀석과 떡하니 마주치기도 했다. 그럴 때면 뒤로 물러서서 약간 돌아서 달려가면 녀석들을 피할 수 있었다. 이 녀석들은 직선으로는 짧은 거리를 빨리 달릴 수 있지만 방향을 바꾸지는 못했다. 구불구불 달리면 어렵잖게 녀석들을 피할 수 있었다.

오후 3시쯤 개들의 마지막 울음소리가 들렸다. 아마도 개들은 강을 건너지 못한 듯했다. 온통 젖고 지쳤지만 위험이 코앞에 닥쳤다는 느낌에서는 놓여났다. 계속해서 앞으로 나아갔다. 하지만 아까보다 뱀과 악어가 더 조심스럽고 걱정되었다. 그러다가 진흙투성이 늪에 이르렀다. 발을 딛기 전에 작대기로 물을 찔러보았다. 물이 움직이면 돌아서 가고 그렇지 않으면 건너갈 생각이었다.

드디어 해가 지고 밤의 망토가 나부끼며 커다란 늪을 어둠으로 덮었다. 나는 늪살무사의 무시무시한 이빨을 느끼거나 거친 악어의 턱에 내 몸이 으스러질까봐 염려를 놓지 못한 채 비틀거리며 나아갔다. 이제 이 녀석들에 대한 두려움이 사냥개들에게 쫓길 때의 공포와 비슷해졌다. 잠시 뒤달이 떴다. 길게 이끼를 매단 채 넓게 드리운 가지들 사이로 부드러운 달빛이 비쳤다. 나는 덜 황량하고 덜 위험한 지역으로 곧 들어갈 수 있길 바라며 한밤중까지 계속 앞으로 걸어갔다. 하지만 물은 점점 더 깊어지고 걷는 게 그 어느 때보다 더 힘들었다. 나는 더는 앞으로 나가는 게 불가능하다는 걸 깨달았다. 사람이 사는 곳까지 가는 데 성공하더라도 내가 누구의 수중에 들어갈지는 알 수 없었다. 통행증이 없으니 어느 백인이든 마음대로 나를 체포해 내 주인이 "자신의 재산임을 입증하고 돈을 지불해 나를 데려갈" 때까지 감옥에 집어넣을 것이었다. 나는 길 잃은 가축이었고, 운 나쁘게 준법정신이 투철한 루이지애나 시민이라도 만난다면 그는 나를 우리 안에 집어넣는 게 이웃에 대한 의무라고 여길 것이었다. 나는 무엇을 가장 두려워해야 할지 알 수 없었다. 개, 악어, 인간 중에서!

자정이 지난 뒤 걸음을 멈췄다. 그곳이 얼마나 음울한지 상상도 못 할 것이다. 늪에는 꽥꽥거리는 오리 울음소리가 울려퍼졌다. 보나 마나 땅이 생긴 이래 지금까지 이 후미진 늪에는 인간의 발길이 전혀 닿지 않았던 게 분명했다. 조용하면 좀 위압적인 느낌을 주는데, 당시 늪은 마치 대낮처럼 시끄러웠다. 내가 한밤중에 침입하는 바람에 깃털 달린 종족들의 잠을 깨워 수십만 마리가 늪에 몰려든 듯했다. 녀석들은 수다스러운 목으로 끊임없이 소리를 내지르고 시끄럽게 날개를 퍼덕이는가 하면 심기가 불편한 듯 내 주위의 물속으로 돌진했다. 무섭고 오싹한 기분이 들었다.

하늘의 모든 새와 땅에 기어다니는 모든 생물이 그 특별한 장소에 모여들어 아우성과 혼란으로 채우려는 듯했다. 혼잡한 도시뿐 아니라 인간이 사는 곳 옆에는 생명체의 모습과 소리가 없다. 생명체들은 지구에서 가장 거친 곳에 우글거리고 있다. 신은 이 음울한 늪 한가운데에도 수백만 생명체가 몸을 피하고 살아갈 수 있는 곳을 마련해두셨다.

달이 나무 위로 떠올랐을 때 새로운 계획을 세웠다. 지금까지 나는 가능한 한 남쪽으로 가려고 애썼다. 이제 서북쪽으로 방향을 틀어 포드 주인님이 있는 파인우즈를 목표로 삼기로 했다. 일단 포드의 그늘 아래 들어가면 비교적 안전할 것 같았다.

옷은 너덜너덜하게 해지고 몸은 쓰러진 나무의 날카로운 옹이에 긁히거나 덤불과 유목을 뛰어넘을 때 얻은 상처투성이였다. 맨발에는 온통 가시가 박혀 있었다. 게다가 오물과 진흙, 낮과 밤 동안 여러 번 목까지 잠기는 고인 물을 건너다가 묻은 끈적끈적한 녹색 점액으로 온몸이 더러웠다. 정말로 지치고 힘들었지만 계속 서북쪽으로 터벅터벅 걸어갔다. 물이 얕아지기 시작했고 발아래의 땅은 좀더 굳어졌다. 마침내 '떠날' 때 헤엄쳐서 건넌 넓은 지류인 패코드리에 당도했다. 다시 강을 건넜고 기슭에 닿은 직후에 수탉 울음소리를 들은 것 같았다. 그러나 소리는 희미했다. 어쩌면 내 귀가 나를 조롱했던 것인지도 모르겠다. 앞으로 걸어가자 물은 멀어졌다. 이제 늪지대를 벗어난 듯했다. 서서히 들판으로 올라가는 마른 땅을 밟고 있었다. 바유라무리의 어디쯤이라는 걸 알 수 있었다.

동틀녘 한 공터에 도착했다. 일종의 작은 농장 같았는데, 한 번도 보지 못한 곳이었다. 숲 가장자리에서 두 남자와 마주쳤다. 멧돼지를 잡고 있던 노예와 그의 젊은 주인이었다. 백인이 통행증을 요구한 뒤 내가 제시하지 못하면 나를 차지해버릴 것이었다. 나는 다시 도망가기에는 몹시 지쳐 있었고 붙잡히기에는 필사적이었다. 그래서 한 가지 꾀를 생각해냈는데 다행히 그 꾀가 먹혀들었다. 나는 험악한 표정을 짓고는 남자의 얼굴을 계속 쳐다보며 그에게로 곧장 걸어갔다. 내가 다가가자 그는 놀란 기색으로 뒤로 물러섰다. 늪에서 막 올라온 지옥의 악귀처럼 나를 쳐다보는 걸로 봐서 몹시 겁을 집어먹은 게 분명했다.

"윌리엄 포드는 어디 삽니까?"

나는 거친 말투로 물었다.

"여기서 10킬로미터 떨어진 곳에 삽니다."

그가 대답했다.

"그 집에 가려면 어디로 가야 합니까?"

나는 더 사납게 보이려고 애쓰면서 다시 물었다.

"저기 있는 소나무들이 보입니까?"

그는 1킬로미터 조금 넘는 거리의 소나무 두 그루를 가리켰다. 그 소나무들은 키 큰 한 쌍의 보초병처럼 다른 나무들보다 더 높이 솟아 드넓은 숲을 내려다보고 있었다.

"보입니다."

내가 대답했다.

"저 소나무들 아래로 텍사스 로드가 나 있습니다. 왼쪽으로 가면 윌리엄 포드의 집이 나올 겁니다."

나는 더 이상 물어보지 않고 그와의 거리가 가능한 한 멀어질 때까지 서둘러 걸음을 옮겼다. 내가 얼른 떠나서 그 백인도 분명 나 못지않게 안심했을 것이다. 텍사스 로드로 들어선 뒤 알려준 대로 왼쪽 길로 갔고 곧 통나무 더미를 태우고 있는 커다란 불 곁을 지났다. 나는 옷을 말리려고 불 쪽으로 갔다. 하지만 희부연 아침이 빠르게 밝아오고 있어서 지나가던 백인들이 나를 볼 위험이 있었고 따뜻한 불 옆에 있으면 졸릴 수도 있었다. 그래서 더 지체하지 않은 채 계속해서 걸었고 8시쯤 마침내 포드 주인님 집에 이르렀다.

노예들은 모두 일하러 가고 집에 없었다. 나는 마당으로 들어가 집 문을 두드렸다. 곧 마님이 문을 열었다. 내 모습이 완전히 딴판이라 마님은 나를 알아보지 못했다. 내 모습이 그토록 비참하고 처량했던 것이다. 포드 주인님이 집에 계시냐고 묻자 마님이 대답하기도 전에 그 선한 분이 모습을 드러냈다. 포드에게 내가 도망쳤다는 것과 그 일과 관련한 모든 것을 자세히 털어놓았다. 포드는 끝까지 귀 기울여 듣더니 상냥하고 다정하게 말하면서 나를 부엌으로 데려갔다. 그리고 존을 불러 내게 먹을 것을 주라고 했다. 나는 어제 아침부터 아무것도 먹지 못했다.

존이 식사를 차려주자 마님이 우유 그릇과 노예의 입에는 어울리지 않는 좋은 음식들을 들고 나왔다. 나는 배가 고팠고 지칠 대로 지쳐 있었다. 그러나 음식도, 그 밖의 어떤 것도 다정한 말과 위로를 건네는 고마운 목소리가 안겨주는 기쁨의 절반도 가져다주지 못했다. 그 목소리는 바유라 무리의 선한 사마리아인이 옷이 찢겨나가고 반쯤 죽은 채로 자신을 찾아온 노예의 상처받은 영혼에 부어준 기름과 포도주였다.

사람들은 내가 쉴 수 있도록 오두막에 두고 갔다. 축복받은 잠이여! 잠은 속박된 자와 자유로운 자 모두에게 똑같이 하늘의 이슬처럼 내려온다. 잠은 이내 내 가슴에 아늑하게 자리를 잡고는 가슴을 짓누르던 고민들을 쫓아내고 내가 다시 아이들의 얼굴을 보고 목소리를 들을 수 있는 어렴풋한 곳으로 데려갔다. 슬프게도 아이들은 내가 깨어 있는 동안은 아마 다른 잠의 팔에 안겨 깨지 않는 듯했다.

# 11 포드에게 도움을 청하다

긴 잠에 빠져들었다가 오후쯤에 일어났다. 자고 나니 개운했지만 몸이 쑤시고 결렸다. 샐리가 들어와 이야기를 나눴고 존은 저녁을 만들어줬다. 나뿐만 아니라 샐리도 큰 어려움에 처해 있었다. 아이들 중 한 명이 병에 걸렸는데 샐리는 아이가 죽을까봐 걱정했다. 나는 저녁을 먹은 뒤 주위를 잠시 걷다가 샐리의 오두막에 가서 아픈 아이를 들여다보았다. 그런 뒤 마님의 정원으로 갔다. 그즈음 더 추운 기후의 지역에서는 새들의 지저귐이 들리지 않고 나무들도 여름의 아름다운 모습을 잃어가는 계절이었지만 그곳에는 갖가지 장미가 피어 있고 무성한 포도덩굴이 울타리를 기어오르고 있었다. 복숭아나무, 오렌지나무, 자두나무, 석류나무에는 갓 핀 꽃과 핀 지 오래된 꽃들 사이로 진홍색과 황금색 과일들이 반쯤 몸을 숨긴 채 매달려 있었다. 그 지역은 늘 따뜻해서 1년 내내 나뭇잎이 떨어지고 꽃봉오리가 활짝 피었다.

　나는 포드 주인님과 마님이 무척 고마워서 어떤 식으로든 보답하고 싶었다. 그래서 포도덩굴을 손질하고 오렌지나무와 석류나무 사이에 난 잡초를 뽑았다. 석류나무는 키가 2~3미터쯤 되고 열매 모양이 젤리플라워와 비슷했지만 크기는 더 컸다. 석류는 딸기처럼 달콤한 맛이 났다. 오렌지, 복숭아, 자두 그리고 대부분의 다른 과일은 토양이 비옥하고 온난한 어보이엘르의 특산품이었다. 한편 더 추운 지방에서 가장 흔히 볼 수 있는 과일인 사과는 이곳에서 보기 드물었다.

이내 포드 부인이 나오더니 내가 정원을 손질한 건 칭찬할 만한 일이지만 내 몸이 지금 일할 상태가 아니니 포드가 바유뵈프에 다녀올 때까지 이곳에서 쉬라고 말했다. 내가 알기로 포드 주인은 그날도, 그다음 날도 농장에 다녀올 계획이 없었다. 나는 마님에게 몸이 불편하고 뻣뻣한 데다 가시와 그루터기에 찢긴 발이 아프긴 하지만 이런 일을 하는 건 힘들지 않고 이렇게 좋은 주인마님을 위해 일하는 건 큰 즐거움이라고 말했다. 그 말을 들은 마님은 대저택으로 돌아갔다. 나는 사흘 동안 산책로를 깨끗이 치우고 화단의 잡초를 뽑으며 부지런히 일했다. 그리고 마님이 부드럽고 너그러운 손으로 벽을 따라 기어오르도록 길들인 재스민 덩굴 아래의 무성한 풀들도 뽑았다.

나흘째 되던 날 아침, 몸이 회복되고 내가 기운을 되찾자 포드 주인님은 내게 바유에 함께 갈 채비를 하라고 했다. 말들을 노새와 함께 모두 농장으로 보내버려서 공터에는 사람이 탈 수 있는 말이 한 필밖에 없었다. 나는 걸을 수 있다고 말했다. 이내 샐리와 존에게 작별 인사를 한 뒤 공터를 떠나 주인님이 탄 말 옆을 빠른 속도로 걸었다.

바유라무리의 작은 낙원은 사막의 오아시스였고, 오랜 노예생활 동안 나는 애정 어린 마음으로 그곳을 떠올렸다. 안타깝고 슬픈 심정으로 그곳을 나섰지만 다시는 그곳으로 돌아가지 못할 것처럼 견디기 힘들지는 않았다.

포드 주인님은 간간이 내게 자기와 자리를 바꿔서 쉬라고 재촉했지만 나는 사양했다. 나는 피곤하지 않았고 주인님보다는 내가 걷는 게 더 나았다. 가는 동안 주인님은 내가 따라올 수 있도록 천천히 말을 몰면서 격려가 되는 말들을 해줬다. 주인님은 내가 늪에서 기적적으로 빠져나온 건 신의 은총임이 틀림없다고 했다. 대니얼이 사자굴에서 멀쩡히 나오고 요나가 고래 뱃속에서 살아 나왔듯이 나도 전능하신 하느님이 악에서 구해주신 것이라고 했다. 포드는 내가 그날 낮과 밤에 겪었던 갖가지 두려움과 감정에 대해 물었고 언제 기도하고 싶은 마음이 들었는지도 물어봤다. 나는 온 세상으로부터 버림받은 듯했고 도망치는 내내 마음속으로 기도했다고 대답했다. 포드는 그런 상황에 처하면 인간의 마음은 본능적으로 하느님을 향한다고 말했다. 잘 살 때는, 그리고 자신을 해치거나 겁주는 게 없을 때는 하느님을 기억하지 않고 쉽게 거역한다. 하지만 그를 위험의 한가운데 놓아두고 다른 사람의 도움을 차단한 채 죽음의 목전까지 이르게 해보라. 시련이 닥치면 냉소적이고 신앙심이 없던 사람도 자신을 보호하는 하느님의 팔 말고는 어떤 희망도, 피난처도, 안전한 곳도 없다고 느끼며 하느님께 의지하여 도와달라고 간청한다.

이렇듯 그 인자한 분은 바유뵈프로 향하는 인적 드문 길을 걷는 동안 내게 현세와 내세, 하느님의 은총과 힘, 세속적인 일들의 헛됨에 대해 들려줬다.

농장까지 8킬로미터가량 남았을 때였다. 한 사내가 전속력으로 말을 달려 우리 쪽으로 다가왔다. 가까이 왔을 때 보니 티비츠였다! 그는 나를 흘깃 쳐다봤지만 말을 걸지는 않고 방향을 돌려 포드와 나란히 말을 타고 갔다. 나는 아무 말 없이 두 사람의 대화를 들으며 말들 뒤를 빠르게 쫓아갔다. 포드는 티비츠에게 내가 사흘 전에 파인우즈에 왔다는 이야기와 내가 겪은 가슴 아픈 곤경, 맞닥뜨렸던 역경과 위험한 상황에 대해 들려줬다.

티비츠는 포드 앞에서는 평소 쓰던 욕설을 빼고 소리쳤다.

"나는 저렇게 달아나는 놈은 여태 본 적이 없소. 루이지애나의 어떤 검둥이도 저놈한테는 못 당한다는 데 100달러를 걸죠. 나는 존 데이비드 체니에게 저놈을 산 채로든, 죽은 채로든 붙잡아오면 20달러를 주겠다고 했소. 그런데 놈은 개들보다 더 빨리 달렸소. 결국 체니의 개들이 대단치 않았다는 거죠. 던우디의 사냥개들이었다면 야자나무까지 가기도 전에 놈을 쓰러뜨렸을 텐데. 아무튼 개들이 놈의 흔적을 놓치는 바람에 추적을 포기해야 했소. 우리는 말을 타고 갈 수 있는 데까지 가보고 그 뒤로 1미터가량 깊이의 물이 나올 때까지 걸어가봤소. 사람들은 놈이 죽은 게 틀림없다고 말했죠. 솔직히 말해 난 저놈을 쏴버리고 싶었소. 그 뒤로도 나는 말을 타고 지류를 따라 오르내려봤지만 놈을 붙잡으리라는 기대는 별로 없었소. 놈이 분명 죽었다고 생각했으니까. 세상에, 그런데 놈은 달아났군. 저 검둥이 자식!"

티비츠는 자기가 늪을 어떻게 뒤졌는지, 내가 사냥개들을 따돌리고 얼마나 놀라운 속도로 도망쳤는지 떠들었다. 그가 말을 마치자 포드 주인님은 내가 자신과 함께 있을 때는 항상 적극적으로 일하고 충직했다면서 둘 사이에 문제가 생긴 게 유감스럽다고 말했다. 그리고 플랫에게 들은 바로는 비인간적인 취급을 당했고 티비츠에게도 잘못이 있다고 했다. 손도끼와 날이 넓은 도끼를 노예에게 던지려는 건 부끄러운 짓이며 결코 허용되어서는 안 되는 일이라는 말도 했다.

"처음 시골에 데려온 노예들을 결코 그렇게 대해서는 안 되네. 그러면

악영향을 끼쳐서 모두 도망가버릴 거야. 늪이 도망친 노예들로 우글거릴 걸세. 조금만 친절하게 대하면 그런 치명적인 무기를 쓰는 것보다 노예들을 차분하고 순종적으로 만드는 데 더 효과적이라네. 그런 비인간적인 짓에는 모든 농장주가 눈살을 찌푸릴 걸세. 친절하게 대하는 게 우리 모두에게 좋아. 티비츠, 자네와 플랫은 함께 살 수 없다는 게 분명해졌네. 자네는 플랫을 싫어해. 아마 주저 없이 이 사람을 죽이려고 들 거야. 플랫은 그걸 아니까 죽을까봐 무서워서 다시 도망치겠지. 이제 자네는 플랫을 다른 사람에게 팔거나 적어도 빌려줘야 돼. 그렇게 하지 않으면 내가 플랫을 자네 소유에서 빼낼 방도를 취하겠네."

포드는 티비츠에게 이런 식으로 이야기하며 남은 길을 걸었다. 나는 입을 열지 않았다. 농장에 다다르자 두 사람은 대저택으로 들어갔고 나는 일라이자의 오두막으로 갔다. 들에서 돌아온 노예들이 물에 빠져 죽은 줄 알았던 나를 보고는 눈이 휘둥그레졌다. 그날 밤 노예들은 내 무용담을 들으려고 다시 오두막에 모였다. 노예들은 당연히 내가 호된 채찍질을 당할 것이라고 생각했다. 도망친 노예에게 채찍질 500대가 벌로 내려진다는 건 익히 알려진 이야기였다.

"가엾어라."

일라이자가 내 손을 잡으며 말했다.

"차라리 물에 빠져 죽는 편이 나았을 거예요. 주인이 그렇게 잔인하니 당신을 죽일까봐 겁나요."

로슨은 감독관인 채핀이 체벌자로 정해질지도 모르고 그러면 가혹하게 매질하지는 않을 것이라고 말했다. 메리, 레이철, 브리스톨은 포드 주인님이 체벌자가 되어 매질을 조금도 당하지 않길 바랐다. 켄터키 존만 빼고 노예들은 모두 나를 불쌍히 여기며 위로하려 애썼고 곧 내가 벌을 받게 될 것을 안타까워했다. 그런데 존만큼은 웃음을 멈추지 않았다. 배를 움켜쥐고 낄낄거리며 웃는 소리가 오두막에 가득 퍼졌다. 존이 그렇게 요란하게 웃어대는 이유는 내가 사냥개들을 따돌린 것 때문이었다. 어쩐 일인지 존은 그 일을 재미있게 여겼다.

"나는 플랫이 농장을 가로질러 달릴 때 놈들이 플랫을 못 잡을 줄 알았어. 플랫은 발이 최고로 빠르잖아, 안 그래? 개들이 플랫이 어디 있는지 알아내면 플랫은 이미 거기에 없지. 하하하! 세상에나!"

그런 다음 존은 다시 시끌벅적한 웃음을 터뜨렸다.

티비츠는 다음 날 아침 일찍 농장을 떠났다. 오전에 조면공장을 어슬렁거리고 있는데 키가 크고 잘생긴 남자가 내게 다가오더니 티비츠의 소년인지 물었다. 노예들은 일흔 살이 넘어도 누구나 '소년'이라는 어린 명칭으로 불렸다. 나는 모자를 벗고 그렇다고 대답했다.

"나와 함께 일하는 게 어떤가?"

그가 물었다.

"오, 좋습니다. 아주 좋아요."

나는 티비츠에게서 벗어날 수 있다는 갑작스런 희망에 기운이 솟아 대답했다.

"피터 태너의 집에서 마이어스 목수 밑에서 일한 적 있지?"

나는 그렇다고 대답하며 마이어스가 내게 했던 칭찬을 조금 덧붙였다.

"음, 나는 여기서 레드 강 하류로 60여 킬로미터 떨어진 '빅케인브레이크'에서 나와 함께 일하도록 네 주인과 이야기했다."

이 사람은 포드의 집 아래쪽에 사는 엘드레트 씨였다. 나는 엘드레트와 함께 그의 농장으로 갔다. 그리고 아침에 네 마리의 노새가 끄는 마차에 먹을거리를 가득 싣고 그의 노예인 샘과 함께 빅케인으로 출발했다.

엘드레트와 마이어스는 우리보다 앞서 말을 타고 갔다. 샘의 고향은 찰스턴으로 어머니와 형제, 누이들이 그곳에 살고 있었다. 그는 티비츠가 비열한 인간이고 자기 주인이 나를 샀으면 좋겠다고 했다. 나 역시 그렇게 되길 간절히 바랐다.

우리는 지류의 남쪽 기슭을 따라 내려갔다. 케리의 농장에서 강을 건넌 뒤 허프파워를 지나 레드 강 쪽으로 나 있는 바유루지 길에 이르렀다. 그리고 바유루지 늪을 건넌 뒤 해질 무렵 큰길에서 벗어나 '빅케인브레이크'로 접어들었다. 우리는 마차 한 대가 겨우 지나갈 너비의, 사람이 많이 다니지 않은 길을 따라 나아갔다. 낚싯대로 쓰이는 식물 줄기들이 한 치의 틈도 없이 빽빽하게 서 있어서 약간만 멀어져도 앞에 가는 사람이 보이지 않았다. 야생동물들이 다니는 길이 여러 방향으로 나 있었다. 이 숲에는 곰과 미국호랑이가 많았고 물이 고여 있는 웅덩이마다 악어가 우글거렸다.

우리는 이 쓸쓸한 길을 몇 킬로미터 달려 '빅케인'을 지나 '서턴의 들'이라 불리는 개간지로 들어섰다. 오래전에 서턴이라는 사람이 나무줄기들이 울창한 황야를 헤치고 쓸쓸한 이곳으로 들어왔다고 한다. 전하는 이야기에 따르면, 그는 노예의 굴레가 아니라 재판을 피해 도망친 자라고 했다. 서턴은 늪의 은둔자가 되어 직접 씨를 뿌리고 수확하면서 혼자 살았다. 그러던 어느 날 한 무리의 인디언이 서턴의 고독한 영역에 침입해 혈투를 벌인 끝에 그를 제압하고 잔인하게 죽였다. 부근 수 킬로미터에 걸친 시골 지역의 백인 아이들은 노예들의 거처와 '대저택' 앞마당에서 이 미신적인 이야기를 들었다. 소문에 따르면 '빅케인'의 중심부에 있는 그곳에서는 귀신이 나온다고 했다. 25년이 넘도록 사람 목소리가 이 개간지의 침묵을 깨는 일은 극히 드물었다. 한때 경작되었던 땅은 잡초와 해로운 풀들이 뒤덮고, 무너진 오두막 문가에서는 뱀들이 볕을 쬐었다. 정말 황량하고 을씨년스러운 풍경이었다.

'서턴의 들'을 지나 새로 난 길을 3킬로미터쯤 더 따라가니 길이 끝났고 드디어 엘드레트가 소유한 황무지에 이르렀다. 엘드레트는 이곳을 개간해 넓은 농장을 만들 생각이었다. 다음 날 아침 사탕수수를 베는 큰 칼로 작업을 시작해 오두막 두 채를 세울 만한 공간을 마련했다. 하나는 마이어스와 엘드레트가 묵을 오두막이고 다른 하나는 샘과 나 그리고 우리와 함께 일할 노예들이 지낼 곳이었다. 이제 우리는 거대하게 자란 나무들 한가운데에 들어와 있었다. 나뭇가지들이 햇빛을 거의 가릴 정도로 넓게 펼쳐졌고 나무 둥치들 사이로는 식물 줄기들이 빽빽히 들어차 있었다. 그리고 여기저기에 야자나무가 서 있었다.

레드 강과 접한 이 비옥한 저지대에는 월계수나무, 플라타너스, 떡갈나무, 사이프러스가 견줄 데 없을 만큼 높이 자라 있었다. 게다가 나무마다 길고 커다란 이끼 덩어리가 매달려 있어 이런 풍경에 익숙지 않은 사람에게는 인상적이고 기묘하게 보였다. 이 엄청난 양의 이끼들은 북부로 보내져 공장에서 물건을 만드는 데 쓰인다.

떡갈나무를 베어 쓰러뜨린 뒤 이를 쪼개서 임시 오두막을 세웠다. 지붕은 널찍한 야자나무 잎으로 덮었는데, 찢어지지 않는 한 지붕널을 훌륭하게 대신했다.

이곳에서 가장 골칫거리는 작은 파리, 각다귀, 모기였다. 녀석들은 떼를 지어 날아다녔고 피부 밑까지 파고들었다. 이 녀석들을 떨어내거나 해치우는 건 불가능했다. 녀석들은 정말이지 우리를 먹어치울 듯했고, 그 조그만 입으로 못살게 굴며 우리 몸을 야금야금 떼어 먹었다.

'빅케인브레이크'의 중심부보다 더 외롭고 고약한 곳을 상상하긴 어려울 것이다. 그러나 티비츠와 함께 있는 것에 비하면 그곳은 내게 천국이었다. 나는 열심히 일했고, 지치고 피곤할 때가 많았지만 밤이면 편안한 마음으로 잠들고 아침에는 두려움 없이 깨어났다.

2주가 지나자 엘드레트의 농장에서 샬럿, 패니, 크레시아, 넬리라는 흑인 여자 네 명이 왔다. 모두 몸집이 크고 뚱뚱했다. 여자들은 도끼를 받은 뒤 샘과 나와 함께 나무를 베러 갔다. 여자들의 나무 베는 솜씨는 뛰어났다. 정확하게 겨냥해서 힘차게 내려치는 도끼질에 커다란 떡갈나무나 플라타너스도 얼마 버티지 못하고 넘어졌다. 여자들은 나무를 쌓는 일도 어떤 남자 못지않게 잘했다. 남부의 숲에는 남성 벌목꾼뿐 아니라 여성 벌목꾼도 있었다. 실제로 바유뵈프 지역에서는 여자들이 농장에서 필요한 모든 노동에서 자기 몫을 훌륭하게 해냈다. 밭을 갈아서 고르고 동물들을 부렸으며 황무지를 개간하고 길을 닦는 등 온갖 일을 했다. 큰 목화밭과 사탕수수 농장을 소유한 농장주 중에는 여자 노예들만 부리는 사람도 있었다. 지류 북쪽에 있는 존 포가먼의 농장 맞은편에 사는 짐 번스가 그중 한 명이었다.

처음 숲에 왔을 때 엘드레트는 내가 열심히 일하면 4주 뒤에 포드의 집으로 친구들을 만나러 가게 해주겠다고 약속했다. 5주째 되던 토요일 밤에 내가 엘드레트에게 그 약속을 상기시키자 그는 내가 일을 아주 잘했으니 가도 된다고 말했다. 간절히 바란 일이었기 때문에 엘드레트의 말을 듣자 기쁨으로 가슴이 두근거렸다. 나는 화요일 아침에 일과를 시작할 수 있도록 시간을 맞춰 돌아오기로 했다.

곧 옛 친구들과 재회한다는 즐거운 기대로 들떠 있는데 갑자기 혐오스러운 티비츠가 모습을 드러냈다. 티비츠는 마이어스와 플랫이 어떻게 지내는지 물었다. 그러자 두 사람은 아주 잘 지내고 있으며 플랫은 아침에 포드의 농장에 다니러 갈 것이라는 대답을 들었다.

"푸하하."

티비츠가 비웃었다.

"그럴 가치가 없는 일이야. 그러면 검둥이 녀석은 바람이 들어. 놈은 못가."

하지만 엘드레트는 내가 성실하게 일했고 자기가 약속한 일이라면서 사정이 이러하니 나를 실망시켜서는 안 된다고 고집을 부렸다. 날이 어둑해지자 엘드레트와 티비츠는 한 오두막에, 나는 다른 오두막에 들어갔다. 나는 포드의 집에 가는 걸 포기할 수 없었다. 가지 못한다고 생각하니 화가 나고 실망스러웠다. 아침이 되기 전 나는 엘드레트가 반대하지 않는다면 어떻게든 출발하겠다고 마음을 굳혔다. 그래서 동이 틀 무렵 담요를 말아서 싸고 어깨에 작대기 하나를 걸어 메고 엘드레트의 오두막 문가에서 통행증을 받길 기다렸다. 이내 티비츠가 특유의 기분 나쁜 분위기를 풍기며 나왔다. 티비츠는 세수를 하더니 근처 나무 그루터기에 가서 앉았다. 분주하게 머리를 굴리는 듯했다. 한참 동안 서 있던 나는 갑작스레 더는 참지 못하겠다는 충동이 일어나 길을 나서려고 했다.

"통행증도 없이 가려는 거냐?"

티비츠가 빽 고함을 질렀다.

"네, 주인님, 그럴 생각입니다."

내가 대답했다.

"그곳까지 어떻게 갈 생각이야?"

티비츠가 물었다.

"모르겠습니다."

나는 이렇게만 대답했다.

"네놈은 절반도 가기 전에 붙잡혀서 감옥에 처넣어질 거야. 감옥이 딱 네놈이 있을 곳이지."

티비츠가 오두막으로 들어가며 덧붙였다. 그러고는 곧 통행증을 들고 나와서 "채찍 100대를 맞아야 마땅한 검둥이"라고 내뱉으며 바닥에 던졌다. 나는 통행증을 집어들고는 서둘러 발걸음을 옮겼다.

통행증 없이 주인의 농장을 떠난 노예는 마주치는 어떤 백인에게든 붙잡혀서 채찍질을 당할 수 있었다. 지금 내가 받은 통행증에는 날짜와 함께 다음과 같이 적혀 있었다.

"플랫은 바유뵈프 강 유역에 있는 포드의 농장에 갔다가 화요일 아침까지 돌아오도록 허락을 얻었습니다. 존 M. 티비츠."

평범한 형식의 통행증이었다. 오가는 길에 많은 사람이 통행증을 보여달라고 요구해서 읽고는 나를 보내줬다. 부유한 옷차림에 점잖은 분위기와 모습을 한 사람들은 내게 신경 쓰지 않았다. 놈팡이가 분명한 추레한 행색의 작자들이 꼭 나를 불러 아주 철저하게 조사하고 살펴보았다. 도망친 노예를 붙잡으면 때로 돈벌이가 되었다. 통행증이 없는 노예를 발견했다고 공지한 뒤 주인이 나타나지 않으면 가장 높은 값을 부른 사람에게 팔 수 있었다. 노예를 되찾아가는 경우라도 노예를 발견한 사람에게 일정한 수수료를 주었다. 그래서 이런 놈팡이들에게 '비열한 백인'이라는 별명이 붙여졌다. 그들은 통행증이 없는 낯선 노예를 발견하는 것을 하늘이 준 선물로 여겼다.

내가 체류하던 지역에는 큰 길가에 여관이 없었다. 빅케인에서 바유뵈프까지 가는 동안 나는 땡전 한 푼 없는 데다 먹을 것도 들고 가지 않았다. 하지만 통행증을 손에 쥔 노예는 배고픔이나 갈증으로 고생하지 않았다. 농장 주인이나 감독관에게 통행증을 보여주고 원하는 걸 말하기만 하면 상황에 따라 부엌으로 데려가 음식을 주거나 쉴 곳을 마련해줬기 때문이다. 여행객은 어느 집이든 마치 여관처럼 들러 자유롭게 음식을 부탁했다. 이건 그 고장의 풍습이었다. 어떤 잘못이 있었든 간에, 레드 강가와 루이지애나 내륙의 지류 근방에 사는 주민들은 사람을 맞아 후하게 대접하는 면에서는 부족함이 없었다.

나는 오후가 다 지날 무렵 포드의 농장에 도착했고 일라이자의 오두막에서 로슨, 레이철, 그 밖의 친구들과 함께 저녁을 보냈다. 일라이자는 우리가 워싱턴을 떠날 때만 해도 동그스름하고 통통한 체형이었다. 곧은 자세로 서 있었고 실크 옷과 보석으로 치장한 모습에서는 우아한 활력이 흐르며 기품이 있었다. 그러나 이제 그녀에게 예전 모습은 옅은 그림자만 남아 있었다. 얼굴은 형편없이 초췌했고 한때 꼿꼿하고 활기 있던 모습은 백 년 세월의 무게를 진 듯 고부라졌다. 초라한 노예의 옷을 입고 오두막 바닥에 쪼그리고 앉아 있는 그녀를 보면 늙은 엘리사 베리도 자기 아이의 어머니를 알아보지 못할 것이다. 나는 그 뒤로는 일라이자를 보지 못했다. 목화밭에서 쓸모가 없어진 그녀는 피터 콤프턴의 집 부근에 사는 누군가에게 하찮은 물건을 받고 보내졌다고 한다. 슬픔은 그녀의 힘이 다 소진돼버릴 때까지 무자비하게 그녀의 마음을 갉아먹었다. 그리하여 일라이자의 마지막 주인은 몹시 잔인하게 그녀에게 채찍질을 가하고 욕설을 퍼부었다고 한다. 하지만 채찍질을 해도 사라져버린 젊은 시절의 활기를 되돌리지 못했고 굽은 몸을 완전히 펼 수 없었다. 아이들이 그녀의 품속에 있고 자유의 빛이 그녀 앞을 비추던 그 시절만큼.

나는 콤프턴의 노예들에게서 일라이자가 이 세상을 떠날 때의 이야기를 자세히 들었다. '바쁜 철'에 젊은 태너 부인을 돕기 위해 레드 강을 건너 바유에 온 노예들이었다. 일라이자는 마침내 기력을 완전히 잃고 다

허물어져가는 오두막 바닥에 몇 주간 누워서 동료 노예들이 이따금 가져다주는 물과 약간의 음식에 의지해 살았다고 한다. 일라이자의 주인은 고통받는 동물들을 안락사시키듯이 '그녀의 머리를 쳐서 죽이지는' 않았다. 하지만 아무것도 주지 않고 무방비 상태로 고통스럽고 비참한 목숨이 자연스럽게 끊길 때까지 내버려두었다. 어느 날 밤 들판에서 돌아온 일꾼들이 그녀가 죽어 있는 것을 발견했다! 눈에 보이지 않게 지상 전체를 돌아다니며 세상을 떠난 영혼들을 모으는 주님의 천사가 낮 동안에 죽은 여인의 오두막을 찾아와 그녀를 데려간 것이었다. 이리하여 그녀는 마침내 자유를 얻었다!

다음 날 나는 담요를 말아 들고 빅케인으로 출발했다. 8킬로미터를 걸어 허프파워라는 곳에 이르렀을 때였다. 어디서든 모습을 드러내는 티비츠와 길에서 딱 마주쳤다. 티비츠는 내게 왜 그렇게 빨리 돌아오는지 물었다. 내가 정해진 시간에 맞춰 돌아오고 싶었다고 대답하자 티비츠는 그날 나를 에드윈 엡스에게 팔았으니 다음 농장까지만 가면 된다고 말했다. 농장 마당으로 걸어 들어간 우리는 에드윈 엡스를 만났다. 엡스는 나를 자세히 뜯어보더니 노예를 사는 사람들이 흔히 묻는 질문들을 던졌다. 그 뒤 적절한 절차를 밟아 양도된 나는 그곳에서 지내게 되었고 괭이와 도낏자루를 만들라는 지시를 받았다.

이제 나는 더 이상 티비츠의 소유가 아니었다. 티비츠가 길길이 화를 내고 잔인하게 굴까봐 낮이고 밤이고 두려워하던 그의 개, 그의 짐승이 아니었다. 내 새 주인이 누구이고 어떤 사람이건 간에 내게 이 변화가 불만일 수 없었다. 그래서 내가 팔렸다는 이야기는 반가운 소식이었고 나는 안도의 한숨을 내쉬며 새로운 거주지에서 처음으로 앉아보았다.

티비츠는 그 후 곧 그 고장에서 사라졌다. 그 뒤로 나는 딱 한 번 그를 얼핏 본 적이 있다. 바유뵈프에서 수 킬로미터 떨어진 곳에서였다. 티비츠는 너저분한 식료품점 문 앞에 앉아 있었다. 나는 노예 무리에 섞여 세인트메리 패리시를 지나가고 있었다.

# 12 엡스 농장에서의 나날들

엡스의 외모-술 취한 엡스, 멀쩡한 엡스-엡스의 과거-목화 농사-쟁기질과 밭갈기-파종, 괭이질, 수확, 밭일이 처음인 노예-목화 수확 속도의 차이-목화솜을 잘 따는 팻시-능력에 따른 작업량-목화밭의 아름다움-노예의 고된 하루-조면실로 향하는 두려움-무게 달기-잡다한 일-오두막 생활-옥수수 제분기-조롱박의 쓰임새-늦잠의 공포-끝없는 두려움-옥수수 농사-고구마-비옥한 땅-돼지 살찌우기-베이컨 보관법-소 키우기-사격시합-정원 작물-꽃과 초목

이 이야기의 나머지 부분에서 자주 언급되는 에드윈 엡스의 몸집은 크고 당당했다. 머리는 금발에 광대뼈가 튀어나오고 코는 상당히 큰 매부리코였다. 눈은 푸른색이고 살결은 희며 키는 183센티미터나 됐다. 그는 이것저것 캐묻기 좋아하는 사기꾼 같은 날카로운 인상의 소유자였다. 그의 행동거지는 냉담하고 거칠었으며, 말투를 보면 그가 전혀 교육받지 않은 사람이란 걸 쉽게 알아챌 수 있었다. 그는 사람의 화를 돋우는 성질을 지녔는데, 이런 면에서는 나이 든 피터 태너도 당해내지 못했다. 내가 그의 밑에서 일할 당시에 그는 술을 매우 좋아했는데, 그의 '술 탐닉'은 2주 내내 이어질 때도 있었다. 하지만 결국 그는 버릇을 고쳤고 내가 그를 떠날 때는 완전한 금주의 표본이 되어 있었다. 술에 취하면 엡스는 떠들고 으스대며 소란을 떨었는데, 이때 그의 최고 기쁨은 그의 '검둥이들'과 춤을 추거나 마당에 있는 노예들을 긴 채찍으로 후려치는 것이었다. 이런 행동을 하는 것은 단지 노예들의 등에 커다란 상처가 부어오를 때 그들이 내

는 날카로운 비명소리를 듣는 것을 즐거워했기 때문이다. 술을 마시지 않았을 때는 노예를 무차별적으로 때리던 것과 달리 조용하고 신중하며 매력적인 모습으로 변했다. 하지만 그는 꾸물대는 노예 몸의 부드러운 부위에, 특유의 교활한 솜씨로 생가죽 끝을 가차 없이 내리쳤다.

그는 젊은 시절에 노예 농장에서 노예를 감시하고 감독하는 일을 했다. 당시 그는 바유허프파워에 농장을 보유하고 있었다. 홈즈빌에서 4킬로미터, 마크스빌에서 30킬로미터, 체니빌에서 20킬로미터에 이르는 농장이었다. 이 농장은 원래 엡스 아내의 삼촌인 조지프 B. 로버츠의 소유인데 엡스에게 임대해준 것이다. 그의 주 사업은 목화 재배였다. 이 책을 읽는 사람 가운데 몇몇은 목화밭을 본 적이 없을 것이므로 목화 농사의 방법에 대해 좀 묘사해보고자 한다.

땅을 갈아엎어 고랑내기를 하면 밭에는 이랑(모판)이 생긴다. 소와 노새를 이용하는데, 주로 노새를 이용해 땅을 간다. 여자들도 남자들만큼이나 이 일에서 중요한 역할을 한다. 밥을 하고 짐승에게 빗질을 해주며, 일꾼들을 돌보고 밭일과 외양간 일을 북부의 농부들처럼 꼼꼼하게 해낸다.

이랑의 폭은 1.8미터 정도인데 밭고랑을 통해 물을 공급받는다. 이랑의 윗부분이나 가운데를 노새 한 마리가 끄는 쟁기로 파고 지나가면 그 안에 씨를 뿌리는데 보통 여자아이가 목에 가방을 두르고 한다. 여자아이 뒤를 다른 노새가 따라 가면서 뿌린 씨를 덮고 땅을 고르게 한다. 이런 식으로 노새 두 마리와 노예 세 명이 목화 한 고랑을 심는다. 이 작업은 3월과 4월에 한다. 옥수수는 2월에 심는다. 차가운 비가 내리지 않는다면 목화는 보통 일주일 뒤 싹을 틔운다. 발아한 지 8~10일이 지나면 첫 괭이질이 시작된다. 이 과정 또한 노새의 쟁기질로 이뤄진다. 목화가 심어진 자리 양쪽으로 가능한 한 가깝게 지나가며 밭고랑을 내면서 쟁기질한다. 그러면 노예들은 75센티미터가량의 흙더미를 따로 남겨두고 잡초를 제거하고 목화를 솎아내면서 그 뒤를 따른다. 이 과정을 목화 솎아내기라고 한다. 그 뒤 2주가 지나면 두 번째 괭이질을 시작한다. 이때 목화 쪽으로 밭고랑을 낸다. 그러면 가장 키가 큰 목화 줄기 하나만이 흙더미 위에 남겨진다. 또다시 2주 뒤에 세 번째 괭이질을 하는데 목화 쪽으로 고랑을 내고 목화 사이의 잡초를 제거한다. 목화가 발목까지 자라는 7월 초에 네 번째이자 마지막 괭이질을 한다. 밭 가운데 깊은 수로를 내고 나면 이젠 목화 열 사이 모든 공간의 쟁기질은 끝난 것이다. 이러한 과정 내내 감시인이나 감독관은 이전에 설명했듯이 채찍을 들고 말 위에 앉아 노예들을 감시한다. 가장 빨리 괭이질을 하는 자가 5미터 정도 앞에서 동료들을 이끈다. 만약 동료들 가운데 누군가가 그를 추월하면 채찍을 맞았다. 또 뒤처지거나 게으름을 피워도 채찍질이 가해졌다. 사실상 아침부터 저녁까지 하루 종일 매질이 있었다. 이런 괭이질은 4월부터 7월까지 이어지는데, 한 과정이 끝나자마자 다음 과정이 곧바로 다시 시작된다.

8월 하순부터 목화를 따기 시작한다. 이때 노예들은 각자 가방을 하나씩 챙긴다. 가방 끈을 목에 두르고 가방의 입구 부분을 가슴 높이에 위치시킨다. 이렇게 하면 가방의 아랫부분이 거의 땅에 닿는다. 또한 각자는 약 300리터 크기의 커다란 바구니를 준비해야 한다. 이 바구니는 가방이 꽉 찼을 때를 대비한 것으로, 목화 이랑의 맨 앞에 놓는다.

일에 익숙지 않은 않은 초보가 처음 밭에 나가 일을 할 때면 호된 채찍질이 가해지고 그날은 그가 할 수 있는 가장 빠른 속도로 목화를 따게 된다. 밤에 수확한 목화의 무게를 달고 그 무게에 따라 수확 능력이 평가된다. 수확량이 모자라면 게으름을 피운 것으로 간주해 벌로 또 채찍질을 가한다.

평상시 수확량의 기준은 약 90킬로그램이지만, 남녀를 불문하고 숙련된 노예가 이 기준량보다 모자라게 수확하면 벌을 받는다. 일의 종류에 따라 노예도 여러 등급으로 나뉜다. 다른 노예들이 아무리 노력해도 기준치에 이르지 못하는 반면, 양손을 사용해 엄청난 속도로 목화를 따는 것이 가능한 몇몇 노예는 선천적인 재주 혹은 속도를 지닌 것으로 보인다. 이러한 노예는 목화밭에서 다른 일에 고용된다. 팻시는 바유뵈프에서 가장 훌륭한 수확자였다. 그녀는 양손을 이용해 엄청난 속도로 목화를 따는데 보통 하루에 230킬로그램 정도를 수확했다.

각자는 능력에 따라 수확량을 배당받지만 90킬로그램 이하는 결코 용인되지 않았다. 이 일에 별 능력이 없던 나는 90킬로그램의 목화를 나르는 것으로 농장 주인을 만족시켜야 했다. 반면 팻시는 그 양의 두 배를 수확하지 못하면 벌을 받았다.

목화는 1.5~2미터까지 자라는데 각 줄기에서 많은 가지가 고랑 위로 서로 포개지면서 사방으로 뻗어 나온다.

꽃이 만발한 목화밭을 바라보는 것은 즐거운 일이다. 그 모습은 마치 첫눈이 내리듯, 맑은 빛이 퍼지는 듯한 순수함을 뽐낸다.

가끔은 목화의 한쪽 면만 따고 되돌아오면서 다른 면을 따지만, 보통은 양쪽의 꽃을 동시에 딴다. 이때 만개하지 않은 꽃은 다음 수확을 위해 남겨둔다. 가방이 가득 차면 바구니에 쏟아붓고 밟아 다진다. 수확 작업을 할 때는 줄기를 부러뜨리지 않도록 조심해야 한다. 부러진 가지에서는 꽃이 피지 않기 때문이다. 엡스는 부주의 때문이건 어쩔 수 없는 경우건 간에 이 점에 대해 잘못을 저지른 노예에게 가장 혹독한 형벌을 가했다.

일꾼들은 해가 뜨자마자 목화밭으로 가야 했고, 점심때 차가운 베이컨을 먹는 10~15분을 제외하곤 앞이 보이지 않을 정도로 어두워질 때까지 쉼 없이 일했다. 보름달이 뜰 때면 한밤중까지 일해야 했다. 감시인이 작업을 그만하라는 명령을 내릴 때까지 노예들은 저녁 식사 시간이나 숙소로 돌아가야 할 시간까지도 작업을 그만하자는 말을 감히 꺼내지도 못하고 계속 일을 해야 했다.

밭에서의 하루 일과가 끝나면, 바구니를 조면실로 운반해 목화의 무게를 단다. 아무리 피곤하고 지쳤다 해도, 아무리 잠을 자고 싶고 쉬고 싶다 해도, 노예는 바구니를 들고 조면실로 들어갈 때 두려움을 느낀다. 수확한 목화의 무게가 모자라면, 할당된 일을 완수하지 못해서 처벌을 받을 것임을 알기 때문이다. 또한 4~5킬로그램을 초과해 수확하면, 주인은 모든 가능성을 다 계산해 다음 날의 작업량을 조절한다. 그래서 수확량이 초과되거나 부족하면, 노예는 조면실로 다가갈 때 항상 두려워하고 몸을 떠는 것이다. 대부분 수확량이 부족해서 밭을 떠나기를 두려워한다. 무게를 달고 채찍질이 가해지고 나면 바구니가 목화실로 운반된다. 목화는 건초처럼 저장한다. 먼저 일꾼들이 목화를 발로 밟아 쟁인다. 목화가 건조된 상태가 아니면 곧바로 조면실로 보내지는 게 아니라, 약 60센티미터 높이와 그 세 배 정도 되는 폭의 건조대에 널어놓는다. 이 건조대는 판자나 널빤지로 덮여 있고 건조대 사이로 좁은 통로가 나 있다.

이 일이 끝났다 해도 결코 하루 일과를 마친 것은 아니다. 노예들은 각자가 맡은 허드렛일을 해야만 한다. 촛불 아래서 노새와 돼지에게 먹이를 주고, 나무를 하고, 포장을 하는 등등. 그리고 나서야 그들은 기나긴 힘든 일과에서 벗어나 졸린 채로 숙소에 돌아온다. 오두막에서는 불을 지피고, 옥수수를 빻고, 야참을 먹고, 다음 날 밭에서 먹을 저녁을 준비한다. 그들에게는 매주 일요일 아침 옥수수 창고 및 훈연실에서 나오는 옥수수와 베이컨만 제공된다. 각자에게 일주일 치 식량으로 약 1.5킬로그램의 베이컨과 음식을 만들어 먹기에 충분한 양의 옥수수가 배급된다. 이게 전부다. 차, 커피, 설탕 그리고 음식에 조금씩 뿌려 먹는 소금도 그들에겐 주어지지 않는다. 내가 엡스를 주인으로 모시고 살던 10년 동안, 단언컨대 어떤 노예도 영양과다로 인해 생기는 통풍이나 지나친 상류생활을 즐기다가 생기는 병으로 고통받지 않았다. 엡스가 돼지들에게 껍질 벗긴 옥수수를 먹이로 준 사실이 '검둥이들' 귀에 들어갔다. 돼지에게 옥수수 껍질을 벗겨 물에 담갔다가 먹이면 빨리 살을 찌울 수 있는데, 엡스는 검둥이들에게 이런 방법으로 음식을 주면 지나치게 살이 쪄 일을 제대로 하지 못할 거라고 여겼다. 그는 약삭빠른 계산을 했고 술에 취해 있든 그렇지 않든 상관없이 자신이 소유한 가축들을 어떻게 다뤄야 하는지를 알고 있었다.

오두막 아래에 있는 제분기는 보통의 커피밀과 비슷하게 생겼는데, 6리터 정도의 곡물을 갈 수 있다. 주인 엡스가 노예에게 준 하나의 특권은 이 제분기를 자유롭게 이용할 수 있다는 것이었다. 그들은 취향에 따라, 하루에 필요한 적은 양의 옥수수를 매일 밤 갈거나, 일요일에 일주일 치를 한꺼번에 갈거나 했다. 주인 엡스는 얼마나 자비로운가!

나는 옥수수를 작은 나무상자에, 음식은 호리병박에 보관했다. 호리병박은 농장 일을 하는 데 가장 유용하고 필요한 도구 가운데 하나였다. 오두막에서는 모든 종류의 그릇을 대신했고 밭으로 물을 가져가는 데도 유용했으며 저녁 식사를 담을 수도 있다. 또한 들통, 국자, 양푼과 그 밖의 양철이나 나무로 만든 제품의 대용품으로 쓰인다.

옥수수를 갈고 불을 지피면, 얇게 썰어 못에 걸어둔 베이컨을 불 위에 올려놓고 굽는다. 대부분의 노예는 칼을 지니지 못했고 포크를 가지고 있는 경우도 드물었다. 그래서 그들은 베이컨을 장작더미 위에 놓고 도끼로 자른다. 옥수수 가루를 물과 섞어 불 위에 올려놓고 굽는다. 갈색으로 노릇노릇해지면 재를 제거하고 탁자 대용으로 쓰는 나무판 위에 놓는다. 노예 오두막에 사는 사람들은 야참을 먹을 준비를 하며 바닥에 앉는다. 이때가 되면 보통 시곗바늘은 자정을 가리킨다. 조면실에서 받은 처벌의 공포와 같은 두려움이 다시 엄습해 그들의 휴식을 빼앗아간다. 그것은 아침에 늦잠을 자지나 않을까 하는 공포다. 그런 죄를 저지르면 벌로 스무 대의 채찍질을 당한다. 노예는 매일 밤 첫 기상나팔 소리를 듣고 일어나 잠에서 완전히 깰 수 있게 해달라는 기도를 드리며 잠에 빠져든다.

노예의 오두막에는 세상에서 가장 부드러운 침상이란 없다. 내가 매년 몸을 누이던 침상은 폭 30센티미터, 길이 3미터의 널빤지였다. 내 베개는 나무막대기였고 침구는 거친 담요 한 장뿐이었다. 누더기나 넝마 조각도 추가로 주어지지 않았다. 벼룩을 번식시키지 않는다면 이끼마저도 가져다 덮을 판이었다.

오두막은 바닥이나 창문 없이 통나무로 지었다. 통나무 틈새로 빛이 충분히 들어왔기 때문에 창문은 필요 없었다. 폭풍우가 몰아치는 날씨에는 비가 틈 사이로 사정없이 들이쳤다. 대충 만든 문이 커다란 경첩에 걸려 있고, 한쪽 끝에는 허름한 벽난로가 있었다.

동이 트기 한 시간 전에 기상나팔 소리가 울려퍼진다. 노예들은 일어나 아침을 준비하며 호리병박을 물로 채우고 다른 용기에 차가운 베이컨과 옥수수 가루로 만든 저녁을 담고 나서 바삐 밭으로 향한다. 이것은 동이 트고 난 숙소에서 채찍질과 함께 이어지는 변함없는 모습이다. 그러고는 또 다른 날의 공포와 노동이 시작된다. 이 하루가 끝날 때까지 휴식이란 없다. 노예는 뒤처지지 않을까 하루 온종일 두려워한다. 밤마다 목화를 담은 바구니를 들고 조면실에 가는 것을 두려워한다. 잠들 때 아침에 늦잠을 자지 않을까 두려워한다. 이것이 바유뵈프에서 목화 수확철에 일어나는, 사실적이고 믿을 만하며 과장되지 않은 노예의 일상 모습이며 기록이다.

보통 1월이면 네 번째이자 마지막 수확이 끝난다. 이내 옥수수 수확을 시작한다. 옥수수는 보조 작물로 여겨 목화 수확만큼 주의를 기울이지 않는다. 앞서 이야기했듯이 옥수수는 2월에 파종한다. 이 지역에서는 돼지를 살찌우고 노예를 먹이려고 옥수수를 재배한다. 만약 남는 옥수수가 있다면 극히 소량만 시장에 팔려나간다. 옥수수 중에서도 알이 굵은 흰 옥수수를 심는데, 줄기가 2~3미터까지 자라고 커다란 꽃봉오리를 피우는 흰색의 향연이 펼쳐진다. 8월에 잎이 떨어지면, 햇볕에 말리고 작은 다발로 묶어 노새와 황소에게 줄 건초를 저장하듯 저장한다. 이후 노예들은 밭을 가로지르면서 옥수수자루를 아래로 향하게 해 비가 곡식 알갱이에 스며들지 않도록 한다. 목화 수확이 끝날 때까지, 수확이 빨리 끝나든 늦게 끝나든 이 상태를 유지한다. 그다음에 옥수수자루를 줄기에서 떼어내 옥수수 창고에 넣고 그 아래에 껍질을 깐다. 그러지 않으면 곤충이 갉아먹는다. 줄기는 밭에 그대로 세워둔다.

이 지역에서는 고구마도 어느 정도 자란다. 이 작물은 돼지나 가축의 사료로도 쓰이지 않을 만큼 중요하게 취급받지 못한다. 고구마는 밭에다 흙이나 옥수수줄기로 덮어서 보관한다. 바유뵈프에는 지하 저장고가 없다. 지면이 낮아 물에 잠기기 때문이다. 감자는 160리터당 25~30센트 정도 나간다. 옥수수 역시 크게 흉년이 들지 않으면 이 정도 값에 구입할 수 있다. 목화와 옥수수 수확이 끝나면 뽑아서 불에 태운다. 씨를 뿌릴 묘상을 다시 깔기 위한 쟁기질이 동시에 시작된다. 래피즈와 어보이엘르 패리시 지역의 토양은 내가 아는 한 전국에서 가장 기름지고 풍요롭다. 이 토양은 갈색이나 붉은색을 띤 이회암으로 이루어져 있다. 이 토양에는 황무지에 필요한 활성비료가 없어도 되고 같은 장소에서 같은 작물을 여러 해 계속해서 수확할 수 있다.

밭을 갈고, 씨를 뿌리고, 목화와 옥수수를 수확하고, 줄기를 뽑아 태우는 과정이 1년 내내 이뤄진다. 하지만 나무를 뽑아 자르고 목화를 압착하고 돼지를 길러 도살하는 것은 정기적인 작업이 아니다.

9월이나 10월에는 개가 돼지를 몰아 우리에 가둔다. 새해 첫날쯤, 쌀쌀한 아침에 돼지를 도살한다. 도살한 돼지를 여섯 부위로 나눠 소금에 절여 훈연실 커다란 판 위에 쟁여놓는다. 그것을 위에 걸어놓고 밑에서 불을 지펴 2주간 훈제한 다음 연말까지 남은 기간의 반을 그 상태로 보관한다. 이러한 훈제 과정은 벌레가 달라붙는 것을 막아준다. 날씨가 따뜻해지면 돼지고기를 보관하기가 힘들다. 그래서 일주일 치 식량으로 고기에 벌레가 붙어 있는 베이컨 1.6킬로그램을 받기도 했다.

늪지에는 소가 많지만 이익을 많이 내진 못했다. 농장주는 소귀에 표시를 해두거나 옆구리에 머리글자를 새겨서 습지로 보내 경계 안에서 자유롭게 돌아다니게 한다. 그들은 작고 뾰족한 뿔이 있는 스페인 품종이다. 바유뵈프에서 잡아오기도 했지만 이것은 매우 드문 경우다. 품질이 좋은 소의 가격은 마리당 5달러쯤 한다. 한 번에 2리터 정도의 우유를 만들어내면 많은 양이다. 수용성 지방은 거의 나오지 않으며 그나마도 질이 좋지 않다. 늪지에 소가 많은데도 농장주는 뉴올리언스 시장에서 판매되는 치즈와 버터 사업에서 북부 상인들에게 빚을 지는 상황이다. 소금에 절인 소고기는 백인이나 노예나 식탁에 올리는 일이 없었다.

엡스는 신선한 고기를 얻기 위한 사격 시합에 자주 참가했다. 이 경기는 매주 홈즈빌 옆 마을에서 열렸다. 살이 오른 소가 튀어나오면 그 소를 쏘아 맞추는 경기인데 이 경기에 참가하려면 참가비를 내야 했다. 행운을 잡은 사격수는 친구들과 고기를 나누는데, 대회 참가 농장주들은 이런 방법으로 고기를 얻었다.

길들여지거나 그렇지 않은 수많은 소가 바유뵈프의 숲과 늪지대로 몰려든다. '바유뵈프'라는 이름은 프랑스어로 '야생 황소가 사는 내포나 강'을 뜻한다.

양배추, 순무 같은 정원 식품은 농장주와 그의 가족을 위해 재배했다. 그들은 녹색 채소를 1년 내내 먹는다. 북부 지역은 차가운 가을바람 앞에서 '풀은 마르고 꽃은 시드나「이사야서」40장 8절' 바유뵈프에서는 한겨울에도 푸름이 만발하고 꽃이 핀다.

풀이 자라기 좋은 초원은 없다. 옥수수 잎은 일소의 사료로 쓰이고 그 나머지는 1년 내내 소들이 잘 자랄 수 있는 초원의 비료 역할을 한다.

남부에는 기후, 습관, 풍습, 삶의 방식과 노동 방식에서 특이한 점이 많다. 하지만 앞서 말한 부분이 독자들에게 루이지애나에서의 목화 재배의 실상을 이해하고 생각하는 데 도움을 줄 것이다. 사탕수수 재배 방법과 설탕 제조 공정은 다음에 언급하겠다.

# 13 동고동락하는 노예 동료들

신기한 도낏자루-병의 증상-쇠약해지다-채찍질도 소용없고-오두막 밖으로 나오지 못하게 되다-닥터 와인스의 진찰-부분적인 회복-목화솜 따기에 서툰 손-엡스의 농장에서 들리는 소리-채찍질의 단계-엡스, 채찍질을 즐기다-엡스, 춤을 즐기다-춤 설명-잠을 못 자도 자비는 없다-엡스의 성격-짐 번스-바유허프파워 강에서 바우뵈프 강으로 옮기다-에이브럼, 윌리, 피비, 밥, 헨리, 에드워드, 팻시, 그들의 가족관계-노예들의 사연과 특징-질투심과 욕정-피해자 팻시

엡스의 집에 도착했을 때 내가 맡은 첫째 임무는 도낏자루를 만드는 일이었다. 여기서는 단순히 둥근 막대기 모양의 자루를 사용하는데 나는 북쪽에서 익숙하게 쓰던 형태로 구부러진 모양의 자루를 만들었다. 완성해서 엡스에게 보여주자 그는 그게 뭔지 정확히 알지 못해 놀란 눈으로 쳐다봤다. 그는 그런 자루를 한 번도 본 적이 없지만, 내가 그 편리성에 대해 설명하자 참신함에 크게 감탄했다. 그는 오랫동안 집 안에 그 자루를 간직했는데, 친구들이 집에 들를 때면 진귀한 것이라며 보여주곤 했다.

때는 바야흐로 밭을 가는 시기였다. 나는 처음에는 옥수수밭에 보내졌다가 나중에는 목화를 솎아내는 곳으로 보내졌다. 밭을 가는 시기가 끝나갈 때쯤 나는 몸이 아파오는 걸 느꼈다. 갑자기 오한이 들었고 연이어 고열이 나기 시작했다. 몸에서 힘이 빠지며 수척해져갔고, 곧잘 극심하게 어지러운 나머지 술 취한 사람처럼 휘청거리기도 했다. 그럼에도 맡은 일을 계속해나갈 수밖에 없었다. 건강할 때는 다른 노동자들과 보조를 맞

추는 데 어려움이 없었지만 지금은 불가능하게 여겨졌다. 종종 내가 뒤처지면 여지없이 감시인의 채찍이 내 등짝을 후려쳤으며 그것은 지치고 늘어진 내 몸뚱이에 일시적으로 힘을 불어넣곤 했다. 나는 날로 쇠약해져갔고 급기야는 채찍질마저 효력이 없어졌다. 생가죽으로 후려치는 그 날카로운 쓰라림조차 나를 일으켜 세우지 못했다. 결국 바쁜 목화 수확철이 코앞으로 다가온 9월의 어느 날 오두막을 나설 수 없는 지경이 되었다. 그때까지 어떤 약도, 주인으로부터 어떤 관심도 받지 못했다. 오래된 요리사가 이따금 찾아와 병색이 완연해 어떤 것도 혼자 할 수 없게 된 내게 옥수수 커피를 타주고 가끔씩 약간의 베이컨을 요리해주기도 했다.

내가 죽을 거라는 말을 들은 엡스는 1000달러 가치가 되는 한 가축의 죽음이 그에게 가져다줄 손실을 용납할 수 없어, 나를 홈즈빌의 닥터 와인스에게 보내는 비용을 감수하기로 했다. 의사는 엡스에게 기후 때문이라며 내가 살아나지 못할 가능성도 있다고 설명했다. 이에 고기를 절대 먹지 말며 목숨을 부지하기 위한 최소한의 음식만 먹이라는 처방을 내렸다. 그 빈약한 식단을 따르며 몇 주가 흘렀고, 나는 다소나마 회복되었다. 어느 날 아침, 엡스가 오두막 문을 열고 나타나 아직 일을 시작하기에는 무리인 내게 부대 자루를 던져주며 목화밭으로 가라고 명령했다. 그때 나는 목화를 따는 일에 대한 경험이 전혀 없었는데, 완전히 서투른 임무가 주어진 것이었다. 다른 사람들은 엄청난 정확성과 손재간으로 두 손을 이용해 목화를 따고 부대 자루에 넣는데, 나는 한 손으로는 목화 꼬투리를 잡고 다른 한 손으로는 신중히 그 하얗게 부풀어 오른 솜을 뽑아내야 했다.

더욱이 목화를 부대 자루에 담는 일은 손과 눈의 움직임이 동시에 요구되는 어려운 일이었다. 목화가 자라는 줄기에서 따는 만큼이나 땅에 떨어진 것에서도 따야 했다. 나뭇가지 때문에도 애를 먹었는데, 아직 벌어지지 않은 꼬투리들이 가득 달린 가지도 많이 부러뜨렸다. 길고 큰 부대 자루가 목화밭에서 거추장스럽게 좌우로 흔들거렸기 때문이다. 힘든 하루가 끝난 뒤 내가 딴 것을 가지고 조면공장에 도착했다. 저울로 재자 가장 못 따는 사람에게 요구되는 양의 절반도 안 되는 43킬로그램이 나왔고, 엡스는 가장 가혹한 벌을 주려 위협했으나 내가 생초보라는 사실을 감안해 이번만큼은 봐주기로 했다. 나는 그다음 날도 그리고 그 뒤로 많은 날도 큰 성과 없이 일터에서 돌아왔다. 나는 확실히 그 일과는 맞지 않았다. 내게는 팻시의 능란한 손동작과 빠른 움직임 같은 재주가 없었다. 팻시는 일렬로 늘어선 목화 사이로 날아다니며 깨끗하고 폭신한 순백의 솜을 기적적으로 빠르게 따낼 수 있었다. 결국 연습도 채찍질도 아무 소용이 없다는 것을 알게 된 엡스는 내게 수치 덩어리라며 욕을 퍼부었다. 목화를 따는 검둥이와는 어울릴 상대도 안 되고, 하루에 따는 양이 저울로 잴 가치도 없으니 더 이상 목화밭에 얼씬거리지도 말라고 했다. 이에 나무를 베고 끌어오는 일과 목화밭에서 목화를 조면공장으로 옮기는 일에 배정되었고, 그 밖에 필요한 다른 일들을 했다. 어쨌든 결코 빈둥거리는 일은 허용되지 않았다.

채찍질 없이 하루가 가는 일이 거의 없었는데, 목화 무게를 잴 때 그 일이 벌어지곤 했다. 무게가 모자라는 범죄자는 끌려나와서, 옷이 벗겨지고, 얼굴을 아래로 향한 채 바닥에 엎드려 잘못에 상응하는 만큼의 처벌을 받아야 했다. 엡스의 농장에서는 목화를 따는 기간이면 거의 매일같이 어두워질 무렵부터 잘 시간이 될 때까지 날카로운 채찍 소리와 노예의 고통 섞인 비명 소리가 들려왔다. 이는 틀림없는 진실이다.

채찍의 횟수는 경우에 따라 등급이 매겨진다. 25대는 가벼운 비질 정도가 가해지는 것으로, 예를 들어 마른 잎이나 꼬투리 조각이 목화솜에서 발견되었을 경우 혹은 밭에서 가지를 부러뜨렸을 경우다. 50대는 그다음 등급의 모든 불이행에 대한 일반적인 처벌이다. 100대는 가혹한 수준으로 밭에서 빈둥거리며 서 있는 행위처럼 중대한 잘못을 저질렀을 때 가해진다. 150~200대는 동료와 싸움을 벌인 노예에게 가해지며, 개들에게 물어뜯긴 뒤의 500대의 채찍질은 불쌍하고 가여운 도망자에게 몇 주 동안이나 고통과 괴로움을 맛보게 했다.

엡스가 바유허프파워의 농장에 머문 2년 동안, 적어도 2주에 한 번은 홈즈빌에서 술이 취해 집에 돌아오곤 했다. 사격시합은 거의 언제나 변함없이 폭음으로 마무리되었다. 그럴 때면 그는 떠들썩하고 반쯤 미친 상태가 되었다. 종종 접시나 의자 그리고 손이 닿는 어떤 가구든 깨부수곤 했다. 집 안에서 재미를 보고 나면 채찍을 들고 마당으로 걸어 나왔다. 그러면 노예들은 신경을 곤두세우고 경계 태세를 갖춰야 했다. 그의 손이 닿는 곳에 가장 먼저 들어온 사람은 채찍의 따끔한 맛을 봐야 했다. 이따금 그는 몇 시간 동안이나 노예들을 온 사방으로 뛰어다니게 만들고 오두막 귀퉁이로 도망가게 만들었다. 가끔씩 불시에 한 명에게 다가가서 멋지게 한 방 날리는 데 성공하면 대단한 위업을 세운 양 즐거워했다. 그때는 움직임이 재빠르지 못한 어린아이나 노인이 당했다. 그는 혼란한 상황에서 오두막 뒤에 은밀하게 숨어 채찍을 들고 기다리다가 모퉁이에서 조심스럽게 훔쳐보는 첫 번째 노예의 얼굴을 후려치곤 했다.

어떤 때는 좀 덜 잔인한 기분으로 집에 돌아오기도 했다. 그럴 때는 떠들썩하게 놀아야 했다. 그러곤 모두가 곡조에 맞춰 움직여야 했다. 엡스는 꼭 바이올린 연주로 그의 즐거운 귀를 만족시켜야 했다. 그러면 마음이 가볍게 늘어지고 즐거워져서 온 마당과 집 안을 다니며 춤을 췄다.

내가 팔려오던 당시 티비츠는 엡스에게 내가 바이올린을 연주할 수 있다는 사실을 알려줬다. 그는 그 사실을 포드로부터 전해 들었다. 안주인의 끈덕진 요청으로, 엡스는 뉴올리언스를 방문하는 동안 내게 바이올린을 하나 구입해줬다. 안주인이 음악을 열렬히 좋아하는 바람에 나는 종종 식구들 앞에 불려나가 바이올린을 연주해야 했다.

엡스가 춤추고 싶은 기분으로 집에 돌아올 때면, 노예들도 모두 그 큰 집의 넓은 방에 집합되곤 했다. 얼마나 지치고 피곤한지는 상관없이 모두 춤을 췄다. 나는 적절한 곳에 배치된 뒤 연주를 시작하곤 했다.

"춤을 춰, 이 검둥이들아, 춤을 추라고."

엡스는 소리쳤다.

그러면 머뭇거리거나 지체하지 않아야 했고, 느리고 힘없는 동작도 용납되지 않았다. 모두들 빠르고 생기 넘치며 정신이 초롱초롱해야 했다.

"위로 아래로, 발뒤꿈치로 발끝으로, 그리고 또다시!"

이것이 그 시간의 명령이었다. 엡스의 뚱뚱한 형체는 어스름한 노예들의 형체와 어우러져 온갖 복잡한 춤의 미로 속으로 빠르게 움직였다.

그의 손에는 보통 채찍이 들려 있었고, 감히 잠시 쉬려 하거나 춤을 멈추고 한숨 돌리려 하는 건방진 노예가 있다면 그의 귀를 내려칠 준비가 되어 있었다.

엡스 자신이 지쳤을 때는 잠깐의 휴식이 있곤 했으나 아주 잠깐일 뿐 이내 채찍을 휘두르며 다시 소리를 지르곤 했다.

"춤을 춰, 검둥이들아, 춤을."

노예들은 허둥지둥 다시 시작해야 했고, 그러는 동안 나는 모퉁이에 앉아 때로 날카로운 채찍질에 정신을 차리며 놀랍도록 빠른 스텝의 곡조를 연주했다. 안주인은 종종 남편을 나무라며 체니빌에 있는 친정으로 돌아가겠다고 선언했지만, 그럼에도 남편의 시끌벅적한 장난을 보며 웃음이 터지는 걸 참지 못할 때도 있었다. 그래서 우리는 아침이 밝아오도록 붙들려 있는 일이 자주 있었다. 과도한 고역으로 등골이 휘고, 사실상 기력을 회복할 휴식 시간도 없이, 차라리 바닥에 몸을 던져 울고 싶은 심정으로, 에드윈 엡스의 불행한 노예들은 숱한 밤을 춤추며 소리 내어 웃어야 했다.

주인의 부당한 변덕을 만족시키기 위해 그런 고난을 당하고도, 우리는 날이 밝자마자 밭으로 나갔고 낮 동안 평상시의 익숙한 임무를 수행해야 했다. 그런 고난이 수확량의 부족에 대한 혹은 옥수수밭에서 평소의 속도로 밭을 갈지 못하는 것에 대한 정상참작이 되지는 않았다. 마치 우리가 밤에 휴식을 취해 원기를 회복한 뒤 아침에 일을 시작한 양 평소와 같은 가혹한 채찍질이 가해졌다. 참으로 그런 광란의 밤을 보내고 난 뒤의 그는 항상 전보다 더 심술궂고 흉악해져 작은 일에도 처벌을 내리고 채찍질도 더 세고 비열해졌다.

10년 동안을 아무런 보상도 없이 그 남자를 위해 뼈 빠지게 고생했다. 10년간 계속된 노동은 그가 부를 쌓게 하는 데 커다란 기여를 했다. 10년간 그 남자 앞에서 눈을 내리깔고 모자를 벗으며 노예의 태도를 보이고 노예의 언어를 써야 했다. 그에게 은혜를 입기는커녕 부당한 학대와 상처를 입었을 뿐이다.

다행히도 그의 비인간적인 가죽 채찍에서 벗어나 내가 태어난 자유 국가의 땅 위에 설 수 있게 된 나는 다시 한번 인간들 사이에서 고개를 들 수 있게 되었다. 나는 눈을 똑바로 뜨고 내가 당한 부당함에 대해 그리고 가해자들에 대해 이야기할 수 있다. 그 누구에 대해서라도 사실과 다르게 이야기하고 싶은 마음은 없다. 에드윈 엡스에 대해 솔직히 말하자면 그는 마음속에 친절이나 정의 같은 것이 전혀 없는 사람이라고 할 수 있다. 교양 없고 탐욕스러운 정신으로 뭉쳐진 거칠고 무례한 기운, 이것이 그의 주된 특징이라 할 수 있다. '노예 파괴자'로 알려진 그는 노예들의 정신을 진압하는 능력이 특출났고, 다루기 힘든 말을 잘 부리는 기술을 자랑하는 기수처럼, 이런 평판에 대해 스스로 우쭐해했다. 그는 유색 인종을 자신이 가진 작은 자질에 대해 창조자에게 덕을 돌리는 인간으로 보지 않았다. 단지 노새나 개와 다름없는 살아 있는 소유물로 여길 뿐이었다. 내가 그와 똑같은 자유로운 사람이라는 명확하고 부인할 수 없는 증거가 그의 앞에 놓였을 때, 그리고 내가 떠나던 날에 내게도 그와 마찬가지로 부인과 아이들이 있다는 사실을 전해 들었을 때, 그는 나를 빼앗아 간 법을 비난하고 돈만 있다면 내 감금 상태를 폭로한 편지를 쓴 그 사람을 찾아내 죽여버릴 거라며 소리 지르고 욕을 해댔다. 그는 자신의 손해 밖에는 생각할 줄 몰랐고, 내가 자유롭게 태어난 것에 대해 저주를 퍼부었다. 그는 노예의 혀가 뿌리째 찢어진다 해도 미동도 없이 지켜볼 수 있는 사람이었다. 그들이 서서히 타오르는 불에 재가 되도록 타고 있어도, 개들에게 죽도록 물어뜯기고 있어도, 이득만 된다면야 아무렇지 않게 바라볼 수 있는 그런 냉정하고, 잔인하고, 부당한 인간이 에드윈 엡스였다.

그런데 바유뵈프에는 그보다 더 심한 야만인이 있었다. 짐 번스의 농장은 앞서 말한 것처럼 오직 여자들에 의해서만 경작되었다. 그 야만인은 노예들의 등짝을 어찌나 쓰라리게 했던지, 나날이 요구되는 일반적인 노동도 수행 불가능할 정도였다. 그는 자신의 잔인성을 뽐냈으며, 근방에서는 엡스보다 더 철저하고 기운 넘치는 사람으로 평판이 나 있었다. 자신도 짐승인 주제에 자신이 소유하고 있는 짐승들에 대한 약간의 자비심도 없이 어리석게도 자신의 재산을 만들어주는 바로 그 힘을 향해 채찍질을 해댔다.

엡스는 허프파워에 2년간 머물렀으며, 그동안 어마어마한 돈을 모아 바유뵈프의 동쪽 비탈에 농장을 구입해 확장했고, 여전히 거기서 살고 있다. 1845년 크리스마스 휴가가 끝난 뒤 그곳으로 이사했다. 아홉 명의 노예와 함께였는데, 나와 이제는 하늘나라로 가버린 수잔을 제외한 모두가 여전히 거기에 머물러 있다. 그는 더 이상 노예를 충원하지 않았고, 그의 사람들 중에 에이브럼, 윌리, 피비, 밥, 헨리, 에드워드, 팻시는 8년 동안 나와 친구로 지냈다. 거기서 태어난 에드워드를 제외하고는 모두 엡스가 사들였는데, 그가 알렉산드리아에서 그리 멀지 않은 레드 강의 해안가에 농장을 둔 아치 윌리엄스 밑에서 감독관을 하고 있을 때였다.

에이브럼은 키가 커서 일어서면 보통 사람의 머리 하나만큼은 더 있었다. 나이는 60세로 테네시 주에서 태어났다. 20년 전에 한 상인이 사들여 사우스캐롤라이나로 왔고, 그 주의 윌리엄스버그라는 도시에 살던 제임스 뷰퍼드에게 팔렸다. 젊었을 때는 힘이 좋기로 유명했으나, 나이를 먹고 계속된 노역으로 골격이 으스러지며 정신이 쇠약해졌다.

윌리는 마흔여덟 살이다. 그는 윌리엄 태슬의 사유지에서 태어나 여러 해 사우스캐롤라이나의 빅블랙 강에서 태슬의 배를 관리했다.

피비는 태슬의 이웃인 뷰퍼드의 노예였는데, 윌리와 결혼해 뷰퍼드로 하여금 남편을 사들이게 했다. 뷰퍼드는 친절한 주인이었으며, 그 지역의 보안관이었고, 그 시절의 재력가였다.

밥과 헨리는 피비와 전남편 사이의 자식들인데, 그들의 아버지는 나중에 윌리에게 자리를 빼앗겨버렸다. 매력적인 청춘이 피비의 환심을 샀고, 그래서 무정한 배우자는 가볍게 첫 남편을 차버렸다. 에드워드는 그들 사이의 자식으로 바유허프파워에서 태어났다.

팻시는 스물세 살로 마찬가지로 뷰퍼드의 농장 출신이다. 그녀는 다른 노예들과 알고 지내던 관계는 전혀 아니며 자신이 '기니 흑인'의 후예라는 사실에 자랑스러워한다. 그의 조상은 노예선에 실려 쿠바로 보내졌으나 거래되는 과정에서 그녀 어머니의 주인이었던 뷰퍼드에게 넘겨졌다.

이것이 들은 바에 따라 정리한 이 집 노예들의 계보다.

수년 동안 그들은 함께했다. 종종 지나간 날들을 회상했고, 사우스캐롤라이나에서 살던 때를 떠올리며 한숨을 쉬기도 했다. 그들의 주인 뷰퍼드에게 곤경이 닥쳤고, 그것은 그들에게 훨씬 더 큰 곤경을 안겨주었다. 뷰퍼드는 빚을 지자 점점 재산이 바닥나는 것을 감당할 수 없어, 그들과 몇몇 다른 노예를 팔 수밖에 없었다. 그들은 사슬에 묶인 채 미시시피에서 아치 윌리엄스의 농장으로 운송되었다. 오랫동안 아치 윌리엄스의 운전자 겸 감독관이었던 에드윈 엡스는 그들이 도착할 무렵 자립하여 농장을 일으키려던 참이었고, 임금 대신 그들을 노예로 받아들였다.

나이 든 에이브럼은 마음이 따뜻한 사람으로 우리 사이에서 가장과 같은 역할을 했고, 깊이 있고 진지한 담론으로 젊은이들을 즐겁게 해주는 것을 좋아했다. 노예들의 오두막에서 대대로 전해오는 인생철학에도 깊은 조예가 있었다. 하지만 에이브럼의 이야기 중에 가장 빠져들게 만드는 것은 잭슨 장군에 대한 것이었는데, 테네시 주에 있던 에이브럼의 어린 주인이 그를 따라 전쟁터로 갔다고 한다. 에이브럼은 자신이 태어났던 곳이 어땠는지 상상력을 더해가며 이야기했고, 전쟁으로 혼란스러웠던 젊은 시절에 대해 회상하기를 좋아했다. 그는 운동선수처럼 몸이 탄탄했고 보통의 흑인종보다 더 명민하고 강인했으나, 지금은 시력이 나빠지고 타고난 힘도 약해졌다. 종종 옥수수빵을 굽는 가장 좋은 방법에 대해 논의할 때 혹은 잭슨 장군의 영광에 대해 이야기할 때 모자를 어디다 두었는지 혹은 괭이나 바구니를 어디다 두었는지 잊어버리곤 했다. 그럴 때 엡스가 없는 자리라면 사람들로부터 비웃음을 당하곤 했고, 엡스가 있었다면 채찍질을 당했다. 그렇게 그는 계속 난처한 상황에 처했고, 늙고 쇠약해져간다는 생각에 연신 탄식을 내뱉었다. 그의 인생철학과 잭슨 장군 그리고 건망증은 그를 어지럽혔고, 명확히 말하건대 그것들 모두가 결합되어 늙은 에이브럼을 빠르게 죽음으로 내몰았다.

피비는 농장의 훌륭한 일꾼이었으나, 최근 주방에 배치되어 특별히 바쁜 시기를 제외하고는 계속 그곳에 있었다. 꾀가 많은 늙은이였고 안주인이나 주인이 없을 때면 아주 수다스러웠다.

윌리는 그와 반대로 조용했다. 중얼거리거나 불평하는 일 없이 임무를 수행했고, 엡스로부터 도망쳐 사우스캐롤라이나로 돌아가고 싶다는 바람을 말할 때를 제외하면 거의 말이 없었다.

밥과 헨리는 각각 스무 살, 스물세 살이 되었는데 특별히 뛰어나다거나 색다른 점이 전혀 없었고, 열세 살 소년인 에드워드는 아직 옥수수밭이나 목화밭에서 일하기는 어려 집 안에서 엡스의 아이들 시중을 들었다.

팻시는 날씬하고 형체가 곧았다. 인간이 꼿꼿이 설 수 있는 만큼 똑바로 섰다. 그녀의 움직임에는 노동도, 피로도, 혹은 처벌도 파괴할 수 없는 고상한 기운이 흘렀다. 팻시는 정말로 멋졌는데, 구속으로 인해 그녀의 능력이 완전히 어둠으로 가려져버리지만 않았어도 동족 중에서 최고였을 것이다. 그녀는 높은 울타리도 잘 뛰어다녔는데, 아마도 경주에서 그녀를 앞지를 수 있는 건 빠른 사냥개밖에 없었을 것이다. 어떤 말도 그녀를 등에서 내팽개치지 않았다. 또 능숙한 트럭 운전수이기도 했다. 밭고랑도 일직선으로 가장 잘 다듬었으며, 울타리 나무를 쪼개는 데 그녀를 능가할 자는 아무도 없었다. 밤에 중지 명령이 들리면, 그녀는 에이브럼이 모자를 찾기도 전에 노새들을 여물통에 데려다놓고, 마구를 풀고, 먹이를 먹이고 빗질을 해놓았다. 그러나 그녀는 그런 것들로 그렇게 유명하지는 않았다. 목화 따는 시기가 오면 그녀의 손가락에서 번개 같은 움직임이 최고로 발휘되어 농장의 여왕이 되었다.

그녀는 상냥하고 유쾌한 성격으로 믿음직스러우며 순종적이었다. 원래 존재감만으로도 사람들에게 기쁨을 주고 잘 웃는 명랑한 소녀였다. 그러나 다른 어떤 동료들보다 더 자주 울었고 더 많이 고통스러워했다. 말 그대로 피부가 벗겨질 만큼 매질을 당했다. 그녀의 등에는 엄청난 채찍질 자국이 있었는데 그것은 일을 못 해서도, 세심하지 못하다거나 반항적이어서도 아니고, 다만 음탕한 주인과 질투심 많은 안주인의 노예가 될 수밖에 없는 그녀의 운명 때문이었다. 주인의 욕정에 찬 눈길 앞에서 움츠러들고, 안주인의 손아귀에서 생명의 위협까지 느낀 그녀는 그 두 사람 사이에서 정말 저주받은 신세인 듯했다. 집 안에서는 며칠 동안 고함 치거나 화내는 소리, 삐침과 별거 소동이 있었는데 결백한 팻시가 이 모든 것의 원인이었다. 안주인에게는 팻시가 고통받는 것을 보는 것보다 더 즐거운 일은 없었다. 엡스가 팻시를 내다 팔길 거부하자, 안주인은 여러 번 내게 뇌물을 주며 그녀를 몰래 죽여서 늪 주변의 조용한 곳에다 시신을 묻어달라고 부추겼다. 팻시가 엡스 부인을 달랠 힘이 있었다면 좋았겠지만, 그녀는 요셉 이야기요셉이 자신을 유혹하는 보디발의 아내에게 자신의 옷을 남겨두고 나온 『창세기』 39장의 이야기와 달리 엡스의 손에 자신의 옷을 남겨둔 채 감히 도망칠 수 없었다. 팻시는 눈 밖에 났고, 그녀가 주인의 의사에 반하는 말을 한마디라도 하면, 그는 즉시 채찍을 휘둘러 복종시키려 했다. 오두막 주위에서나 마당을 걷고 있을 때 조심하지 않으면, 아마도 안주인의 손에서 던져진 나무 막대기나 깨진 유리병이 예고도 없이 그녀의 얼굴로 날아왔을 것이다. 탐욕과 증오의 피해자인 팻시의 삶에 안락이라곤 없었다.

이들이 함께 밭으로 실려다니던, 에드윈 엡스의 통나무 오두막에서 10년 동안 같이 살았던 내 친구들이자 동료 노예들이었다. 그들이 살아 있다면, 지금의 나처럼 자유의 공기를 들이마시지 못한 채, 그들을 구속하는 무거운 족쇄로부터 벗어나지 못한 채, 여전히 바유뵈프의 언덕에서 고생하고 있을 것이다. 흙먼지 속에서 영원히 눈을 감기 전까지는 말이다.

# **14** 자유를 향한 열망

늪지대 옆에 위치한 엡스 저택에 살던 첫해, 그러니까 1845년에는 유충의 습격으로 지역의 목화 재배가 완전히 초토화되었다. 해결 방법이 없었기에 노예들도 하루 중 절반은 일 없이 보내곤 했다. 그러던 어느 날, 급여를 잘 쳐주는 세인트메리 패리시의 사탕수수 농장에서 일손이 많이 달린다는 소문이 바유뵈프까지 들려왔다. 이 교구는 멕시코 만 해안에 위치해 있으며 어보이엘르 패리시에서 225킬로미터가량 떨어져 있었다. 거대한 리오 강이 세인트메리 패리시를 지나 멕시코 만으로 흘러들었다.

이 소식을 들은 농장주들은 한 무리의 노예를 세인트메리 패리시의 터카포로 보내 사탕수수밭에서 일을 시키기로 했다. 그 결과, 9월에 홈즈빌에서 147명의 노예를 모집했는데 에이브럼, 밥 그리고 나도 거기에 끼여 있었다. 이들 중 절반가량은 여자 노예였다. 터카포까지 노예 무리를 통솔해 이끌고 갈 백인 책임자로 엡스, 알론슨 피어스, 헨리 톨러, 애디슨 로버츠가 선출되었다. 그들은 쌍두마차 한 대와 승용마 두 마리를 동원했다. 그리고 로버츠의 집에서 일하는 사내아이 존이 모는, 네 마리 말이 끄는 커다란 짐마차 한 대에는 담요를 비롯한 생필품들을 실었다.

점심을 먹고 오후 2시쯤 출발 채비를 마쳤다. 내가 맡은 일은 짐마차에 싣고 가는 담요와 생필품을 관리하고 중간에 잃어버리지 않도록 하는 것이었다. 쌍두마차가 선두에 서고 짐마차가 그 뒤에 섰다. 노예들은 그 뒤를 줄지어 따라갔다. 두 명의 기수가 말을 타고 행렬 맨 뒤에 섰다. 이렇게 해서 우리 일행은 홈즈빌을 떠나 세인트메리 패리시를 향해 갔다.

그날 밤 홈즈빌에서 20킬로미터가량 떨어진 매크로 농장에 도착해 거기서 밤을 보내기로 했다. 커다란 모닥불을 피우고 맨땅에 각자 담요를 깔고 누웠다. 백인들은 물론 저택에서 잤다. 날이 밝기 한 시간 전쯤 감시인들이 채찍을 휘두르며 우리를 깨웠다. 노예들은 자신이 깔고 잔 담요를 돌돌 말아 내게 전달했고, 내가 이것들을 모두 짐수레에 실은 뒤 일행은 다시 세인트메리 패리시를 향해 출발했다.

다음 날 밤에 비가 억수같이 내렸다. 우리 모두는 비를 쫄딱 맞아 젖었고 옷은 진흙 범벅이 되었다. 조면공장으로 쓰이던 헛간을 발견하고 거기서 비를 피했는데 모두가 함께 자기에는 아주 비좁았다. 그곳에서 서로 부둥켜안은 채 밤을 보내고 다음 날 아침 다시 행군을 시작했다. 이동하는 동안에는 하루 두 번 밥을 먹었는데 농장에 있을 때처럼 직접 베이컨을 굽고 옥수수빵을 만들었다. 일행은 라파예트빌, 마운츠빌, 뉴타운, 센트레빌 등을 지났다. 센트레빌에서는 밥과 에이브럼이 일자리를 찾았다. 행군이 계속되면서 노예의 수는 줄어들었다. 거의 모든 사탕수수 농장에서 일손을 필요로 했기 때문이다.

그랜드코토라는 이름의 대초원을 지나기도 했다. 그곳은 인근의 다 허물어져가는 집의 주인들이 심어둔 몇 그루를 제외하고는 수목 하나 찾아보기 힘든 단조롭게 펼쳐진 넓은 평야였다. 한때는 그곳에도 사람들이 모여 농사를 지었으나 어떤 이유에서인지 모두 떠나버렸다. 지금까지 그곳에 남아 있는 얼마 안 되는 사람들의 주 수입원은 가축이었다. 우리가 그곳을 지나는 사이에도 엄청난 수의 가축 떼가 풀을 뜯고 있었다. 그랜드 코토 대초원의 한복판에 서 있다보면 마치 육지 하나 보이지 않는 바다 한가운데 서 있는 듯한 느낌이 들었다. 사방을 둘러봐도 온통 황폐하고 버려진 폐허뿐이었다.

나는 터너 판사 집에 고용되었다. 터너 판사는 지역에서 존경받는 인물이자 대규모 농장을 운영하는 농장주로 멕시코 만에서 몇 킬로미터 떨어지지 않은 바유살 근처에 거대한 부동산을 보유하고 있었다. 바유살은 아차팔라야 만으로 흘러드는 작은 시냇물이었다. 나는 고용된 뒤 며칠 동안은 터너 판사의 제당소를 수리하는 일을 했으나, 얼마 지나지 않아 사탕수수 칼을 들고 30~40명의 다른 일꾼과 함께 농장에서 일하게 되었다. 사탕수수를 수확하는 일은 목화를 수확하는 것만큼 어렵지 않았다. 나는 사탕수수를 수확하는 방법을 큰 힘 들이지 않고 터득했고 얼마 지나지 않아 일꾼들 중에서 가장 손이 야무진 사람과 비교해도 손색없을 만큼 많은 양을 수확하게 되었다. 그러나 수확철이 끝나기 전에 터너 판사는 나를 제당소로 보내 감시인으로 일하게 했다. 설탕 제조 과정에서 사탕수수를 잘게 부수고 끓이는 작업은 낮이고 밤이고 멈추는 법이 없었다. 감시인이 된 내게는 채찍이 주어졌고 게으름을 피우는 노예가 있으면 그것을 사용하라는 명령을 받았다. 만일 그것을 어기고 게으른 노예를 벌하지 않는다면 그때는 내가 매를 맞을 것이라고 했다. 그 밖에 감시인으로서 시간에 맞춰 일하는 노예들을 호출하고 해산하는 일도 했다. 때문에 그곳에서 일하는 내내 나는 전혀 쉴 수 없었고 긴 잠을 잘 수도 없었다.

　다른 노예 주州에서도 비슷할 거라 여겨지지만, 루이지애나 주에서는 노예들이 일요일에 일하고 받는 대가는 그대로 갖도록 허락해주는 관습이 있다. 이것은 루이지애나에서 노예들이 편의를 위한 생필품이나 드문 호사를 누릴 수 있는 유일한 방법이었다. 노예상에게 구매한 노예든, 북부에서 납치해온 노예든 관계없이, 처음 바유뵈프로 수송되어온 노예는 칼이나 포크, 접시, 주전자 혹은 어떤 형태의 그릇이나 가구도 소유할 수 없었다. 바유뵈프에 도착하기 전 담요가 한 장 주어질 뿐이며, 주인이 부르지 않는 한 그걸 몸에 두르고 서서 자든, 땅바닥에 누워 자든, 판자 위에 올라가 자든 마음대로 하면 되었다. 바가지에 식사를 담아 먹든, 옥수숫대에 붙은 옥수수를 그대로 뜯어 먹든 그것은 노예 마음대로였다. 그러나 주인에게 칼이나 냄비 혹은 기타 소소한 편의용품을 달라고 부탁했다가는 발로 차이거나 비웃음을 당하기 일쑤였다. 이런 생필품은 일요일에 일해 번 돈으로 사야만 했다. 성경에 뭐라고 나와 있든 간에, 안식일을 어기고 일을 할 수 있다는 건 노예들에게는 축복과 같은 일이었다. 일요일에 일을 해 돈을 받지 않으면 스스로 음식을 요리해 먹어야만 하는 노예들로서는 꼭 필요한 식기며 기구를 살 방법이 전혀 없었기 때문이다.

　사탕수수 수확철은 요일 구분도 없이 지나가곤 했다. 수확철이 되면 모든 노예가 일요일에도 일을 했다. 특히 터너 판사에게 고용된 나처럼, 농장주에게 일시적으로 고용된 노예들도 일요일 노동에 대한 보수를 받는 것은 암묵적으로 합의된 사항이었다. 일요일에도 일을 하는 건 가장 바쁜 목화 수확철에도 마찬가지였다. 이렇게 받은 임금으로 노예들은 칼이며 주전자, 담배 등을 살 돈을 벌 수 있었다. 여자들은 담배를 사는 대신 야릇한 머리 끈을 사뒀다가 연휴 기간이면 머리를 장식하는 데 쓰곤 했다.

나는 이듬해 1월 1일까지 세인트메리 패리시에 머물면서 일요일에 일한 대가로 모두 10달러를 벌었다. 그 밖에도 상당한 부수입을 올렸는데, 이는 순전히 내 수입원인 동시에 동반자로서 내 고달픈 영혼을 달래주는 바이올린 덕분이었다. 터너 판사의 농장 근처에 위치한 작은 마을인 센트레빌의 야니 집에는 여러 명의 백인이 모여 여흥을 즐기곤 했는데, 그곳에 불려가 연주한 것이다. 그곳에 모인 백인들은 내 연주를 몹시 마음에 들어 했고 그 대가로 돈을 주었는데 전부 모으니 17달러가량 되었다.

내가 이만큼 돈을 벌자 동료 노예들은 나를 백만장자 보듯이 우러러봤다. 나 자신도 돈을 볼 때마다 여간 기분이 좋은 게 아니었다. 매일같이 돈이 닳도록 세고 또 셌다. 내 방에 놓을 가구들, 물통, 주머니칼, 새 신발, 코트와 모자 생각이 머리를 떠나지 않았고, 무엇보다 내가 바유뵈프에서 가장 돈이 많은 '검둥이'라는 우월감에 도취되었다.

센트레빌에는 리오 강으로부터 큰 선박들이 들어오곤 했다. 그곳에 머무는 동안, 하루는 대담하게도 한 증기선 선장에게 다가가 말을 걸었다. 그리고 제발 배에 있는 화물들 속에 숨을 수 있게 해달라고 빌었다. 그렇게 위험한 모험을 감행할 수 있었던 건 선장의 대화를 우연히 들었을 때 그가 북부 출신이라는 걸 알았기 때문이다. 그에게 내 사연을 세세하게 털어놓지는 않았고, 단지 이 노예 상태로부터 벗어나 자유 주로 도망가고 싶다는 열망을 내비쳤다. 그는 내 처지를 딱하게 여겼으나 뉴올리언스 세관 직원들의 날카로운 눈을 피하는 것이 불가능할 뿐 아니라 나를 숨겨준 것이 들키면 자신도 처벌을 받고 배까지 몰수되기 때문에 청을 들어줄 수 없다고 했다. 내 진심어린 간청에 마음이 동한 듯 보였고 안전한 방법만 있다면 분명 내 청을 거절하지 않고 들어주었을 것이다. 한순간 내 가슴속에 피어오른 달디단 자유에의 열망은 순식간에 사그라졌고 나는 또

한 번 어두운 절망 속으로 발길을 돌려야 했다.

그 일이 있은 직후에 우리 노예들은 다시금 센트레빌에 모였고 우리를 바유뵈프로 데려가기 위해 온 주인들은 농장주로부터 그동안 우리가 일한 품삯을 받아 챙겼다. 돌아오는 길에 한 작은 마을을 지나치다가 너저분한 식료품점 문 앞에 앉아 있는 티비츠를 보았다. 그는 왠지 모르게 지저분하고 황폐해 보이는 모습이었다. 격노하는 성격과 싸구려 위스키로 잔뜩 망가졌음이 틀림없었다.

우리가 없는 사이에 팻시를 향한 괴롭힘은 더 심해졌다고 피비와 팻시가 말해줬다. 팻시는 모두의 동정심을 살 만큼 정말 가여운 여자였다. 우리끼리 있을 때는 엡스를 "늙은 돼지Old Hogjaw"라고 부르곤 했는데 이 늙은 돼지가 날이 갈수록 더욱더 악랄하게, 그리고 더 자주 팻시를 괴롭혔다. 술에 취해 홈즈빌로 돌아오는 날이면(당시 그는 굉장히 자주 술을 마셨는데) 부인을 기쁘게 한다는 이유만으로 팻시에게 채찍질을 해댄 것이다. 심지어 누가 봐도 자기 잘못인 것까지도 팻시에게 뒤집어씌워서는 견딜 수 없을 정도로 때리곤 했다. 그러나 늙은 돼지가 술에서 깬 제정신일 때는 부인이 원하는 만큼 잔혹하게 복수를 하지는 못했다.

근래 들어서는 팻시를 팔아버리든지, 아니면 죽이든지, 어찌 되었든 그녀를 눈앞에서 사라지도록 없애버리는 것만이 엡스 부인의 유일한 바람이자 고민인 듯싶었다.

사실 옛날에는 팻시도 주인 내외를 포함해 농장 사람 모두에게 어여쁨을 받는 아이였다. 보기 드물게 명랑하고 밝은 기질 덕분에 모두가 한번씩 쓰다듬고 칭찬하는 아이였던 것이다. 에이브럼은 하루에도 몇 번씩 어른들이 팻시에게 먹을 것을 주었고, 심지어는 우유와 비스킷도 주었다고 말했다. 엡스 부인도 지금보다 더 어렸을 때는 팻시를 집 앞마당으로 불러 장난꾸러기 고양이를 데리고 놀듯 쓰다듬고 놀았다고 한다. 그렇지만 나이가 들면서 성품이 바뀌었다. 세월이 흘러 이제 엡스 부인의 마음속에는 성난 악마가 똬리를 틀었고 팻시를 바라보는 눈초리에는 독기를 품게 되었다.

그러니까 엡스 부인도 본래 악독한 성격은 아니었던 것이다. 질투라는 악마에게 사로잡혀 있긴 했지만, 그것을 제하면 그녀의 성격에도 꽤 칭찬할 만한 부분이 있었다. 부인의 아버지 로버츠는 체니빌에서 상당한 영향력을 지닌 명예로운 인물이었으며 그 교구의 다른 누구와 견주어도 손색없을 만큼 존경을 받았다. 부인 역시 그 지역 학교에서 교육을 받았고, 아름다운 외모와 뛰어난 기량을 지닌 명랑한 성격의 여인이었다. 부인은 팻시를 제외하고는 우리 모두에게 잘 대해주었다. 남편이 출타했을 때면 식사하고 남은 음식들을 직접 보내주기도 했다. 바유뵈프가 아닌 다른 곳에서 그녀를 봤다면 아주 우아하고 매력적인 여자라고 생각했을 것이다. 그러니 그토록 훌륭한 여자가 엡스 같은 놈에게 시집오게 된 것은 정말이지 잔인한 운명의 장난이라고밖에 할 수 없었다.

엡스 역시 그런 못돼먹은 성격을 가진 사람치고는 최선을 다해 아내를 사랑하고 아끼려 했지만, 언제나 이기적인 성미를 이기지 못하고 부부관계를 나쁘게 만들곤 했다.


"그는 저열한 본성으로 최선을 다해 아내를 사랑했지만
    잔인한 마음과 영혼을 품고 있었다." 캐럴라인 엘리자베스 노턴의 시 「운명」 중


엡스는 부인의 변덕을 맞추기 위해 그녀가 요구하는 것이라면 뭐든 들어주려고 노력했다. 물론 그 요구가 지나치게 돈이 많이 드는 것이 아니라

면 말이지만. 한편 팻시는 그의 농장에서 일하는 노예 두 명의 몫을 해내는 인력이었다. 팻시를 다른 노예로 대체할 경우 그녀가 벌어들이는 수입을 잃게 될 것이었다. 따라서 엡스는 팻시를 농장에서 내쫓고 싶지 않았다. 그러나 엡스 부인은 팻시를 전혀 그런 식으로 보지 않았다. 팻시가 이 거만한 여자의 자존심을 건드린 것이다. 팻시만 보면 그녀 마음속에서 불타는 질투의 감정이 끓어올랐고 이 가엾은 노예 여인을 목숨이 위태롭도록 두들겨 패지 않고는 도저히 그 화를 잠재울 수 없었다.

때로는 이 거친 분노의 물결이 그녀 남편에게로 향하기도 했다. 그러나 잔뜩 화가 나 한 차례 퍼붓고 나면 다시금 부인의 마음도 고요해지곤 했는데, 그럴 때마다 팻시는 마치 심장이 부서지기라도 한 듯 두려움에 떨며 울었다. 이러다가도 부인이 화를 내는 날에는 엡스가 또다시 팻시를 모질게 때리겠다는 약속으로 부인을 안심시키리라는 걸 경험을 통해 알고 있었기 때문이다. 오만과 질투 그리고 욕심과 분노로 가득 찬 복수극으로 인해 주인 내외의 집에는 다툼과 소란이 끊이질 않았다. 그리고 이 모든 가정불화의 불똥은 순진하고 마음씨 착한 노예 팻시가 받아내야 했다.

세인트메리 패리시에서 돌아온 그해 여름 나는 영양 보충을 좀 하고 싶어 계획을 세웠다. 단순한 계획이었지만 생각 이상으로 성공적이었다. 나와 비슷한 마음이던 다른 노예들도 내 전례를 따라 늪지대를 뒤지고 다녔고, 사냥에 성공한 이들은 나를 거의 자선사업가 보듯이 우러러봤다.

그해 여름에는 베이컨에 벌레가 끓었다. 굶어 죽기 일보 직전이 아닌 이상 그런 베이컨을 먹으려는 사람은 없었다. 농장에서 일주일에 지급하는 고기 양으로는 간에 기별도 안 갔다. 다른 지역에서도 그랬겠지만, 우리 역시 일요일이 돌아오기 전에 벌어둔 돈을 다 쓰거나 도저히 배가 고파 견디기 힘든 지경이 되면 늪에서 너구리나 주머니쥐 사냥을 했다. 물론 사냥은 낮 동안 주인집 일을 모두 끝내놓고 밤에 해야 했다. 노예들 중에는 이런 식으로 고기를 먹지 않으면 몇 달간 고기는 구경도 못 해본 이들도 있었다. 주인들도 사냥 후에 훈연실을 사용하지 않는 한 특별히 반대하지 않았다. 게다가 너구리는 옥수수밭에 해로운 동물이었기에 더더욱 그랬다. 노예들은 총을 사용할 수 없었으므로 사냥할 때는 사냥개와 몽둥이를 이용했다.

너구리 고기도 맛이 괜찮은 편이었지만, 정말이지 잘 구운 주머니쥐만큼 맛있는 고기는 세상에 다시없을 것이다. 주머니쥐는 동그랗고 긴 몸뚱이를 가진 작은 동물로 희끗한 털과 돼지 같은 코 그리고 쥐 같은 꼬리를 지녔다. 이놈들은 대개 식물의 뿌리 사이 혹은 유칼립투스 나무 구멍에 굴을 파고 살았고 동작이 굼뜨며 느렸다. 그렇지만 머리가 굉장히 좋고 눈속임을 잘했는데, 누가 막대기로 살짝 치기만 해도 발라당 뒤집어져서는 죽은 체했다. 사냥꾼이 여기에 속아 주머니쥐의 목을 부러뜨리지 않고 다른 사냥감을 쫓아갈 경우, 돌아오는 길에 보면 십중팔구 그 주머니쥐는 도망쳐버리고 없게 마련이었다. 그 작은 동물도 사냥꾼에 대항해 살아갈 지혜를 터득한 것이다. 길고 고단한 일과를 마치고 난 노예들은 잔뜩 지쳐서 늪으로 사냥 나갈 의욕을 잃곤 했으며 그냥 땅바닥에 쓰러져 쉬는 쪽을 택하곤 했다. 사실상 노예가 배를 곯아 건강상에 문제가 생기면 손해를 보는 이는 주인이었고, 마찬가지로 음식을 지나치게 많이 먹어서 뚱뚱해져도 주인이 손해를 보았다. 노예 주인의 입장에서 볼 때 노예는 약간 마르고 날렵한 쪽이 부려먹기 더 좋았다. 경기에 출전하기 직전 경주마가 그렇듯이 말이다. 그래서 레드 강변의 사탕수수 농장과 목화 농장에서 일하는 노예들 중에는 뚱뚱한 사람을 찾아보기 어려웠다.

내 오두막집은 늪지대에서 멀리 떨어지지 않은 곳에 위치해 있었다. 목마른 자가 우물을 판다는 말도 있듯이, 나는 이런 지리적 이점을 이용해 한밤중에 숲속으로 사냥을 가지 않고도 부족한 식량을 보충할 수 있었다. 바로 육면체의 통발을 이용해서 물고기를 잡는 것이었다. 나는 머릿속으로 어떻게 고기를 잡을지 전부 구상을 마쳐놓고 돌아오는 일요일에 실행에 옮겼다. 전 과정을 있는 그대로 생생하게 독자 여러분께 전달하긴 어렵겠지만, 다음의 설명을 통해 대략적인 그림이나마 그려볼 수 있을 것이다.

너비가 20~30제곱센티미터 되는 틀을 먼저 만든다. 물의 깊이에 따라 틀 높이는 조절할 수 있다. 못으로 틀의 세 면에 판자나 널빤지를 박는데 각 판자 사이에 약간의 간격을 둬서 틈 사이로 물이 드나들 수 있도록 한다. 마지막 넷째 면에는 여닫기 편하도록 부드럽게 잘 열리는 문을 단다. 이제 아랫부분을 통발 위쪽까지 끌어올릴 수 있는 움직이는 바닥으로 막는다. 이 움직이는 바닥 중앙에는 오거흙 속에 구멍을 뚫기 위한 기구로 구멍을 뚫고 그 구멍에 손잡이의 한쪽 끝이나 끝이 둥그스름한 막대기를 느슨하게 묶는다. 이 손잡이를 잡아당기면 움직이는 바닥 면을 필요한 만큼 윗부분까지 끌어올릴 수 있게 된다.

이 손잡이 위아래에 김릿gimlet 절삭에 쓰이는 목공용 공구의 일종으로 구멍을 여러 개 내고, 그 구멍 사이로 작은 막대를 집어넣어 반대편 면에 거의 닿도록 한다. 이 작은 막대들이 워낙 촘촘히 박혀 있기 때문에 어지간히 작은 물고기가 아니고서는 이 막대들을 모두 피해 지나갈 수 없다. 완성되면 이것을 물속에 담그고 고정시켜놓는다.

덫을 놓을 때는 문을 위로 열고 막대 등으로 밑면 바닥을 관통하는 손잡이의 걸개에 고정시킨다. 젖은 음식 약간과 목화를 손으로 잘 주물러 단단해지면 틀 뒤편에 미끼로 둔다. 미끼를 보고 열린 문으로 헤엄쳐 들어온 물고기는 손잡이에 꽂혀 있는 막대들 중 하나에 걸릴 수밖에 없고, 이 손잡이가 움직이면서 저절로 문이 닫혀 물고기는 그 안에 갇히게 된다. 이 상태에서 손잡이 위쪽을 잡아당기면 덫의 밑면이 끌려 올라오면서 물고기도 함께 올라온다. 이런 생각을 한 사람이 내가 처음은 아닐지 모르지만, 적어도 나는 이런 발명품을 한 번도 본 적이 없다. 바유뵈프의 늪에는 커다랗고 맛 좋은 물고기가 아주 많이 살고 있었기에 이 기구를 발명한 이후로 나나 내 동료들은 물고기를 실컷 먹을 수 있었다. 그야말로 금맥을 발견한 것이다. 그동안 물고기가 이토록 풍요로운 늪을 곁에 두고도 잡을 줄 몰라 우리 아프리카 대륙의 후손들은 주린 배를 움켜쥐고 살았던 것이다.

한편 그즈음 우리 이웃집에서 사건이 하나 일어났다. 사건은 그 지역사회의 성격과 모욕에 대한 복수가 이뤄지는 방식을 잘 보여줬다는 점에서 깊은 인상을 남겼다. 우리 주인 내외가 사는 집 바로 건너편, 그러니까 늪지대 반대편에는 마셜의 농장이 있었다. 그는 미국에서 가장 부유하고 유서 깊은 가문 출신이었다. 그즈음 해서 내치즈 부근 출신의 한 남자가 부동산 구입과 관련해 얼마 전부터 마셜의 집을 들락거렸다. 하루는 우리 농장으로 누가 헐레벌떡 뛰어 들어오더니 마셜의 집에서 피 튀기는 싸움이 벌어져 이미 죽거나 다친 사람이 있다는 이야기를 전했다. 빨리 이 싸움을 말리지 않으면 큰 사단이 날 것이라고 말이다.

서둘러 마셜의 집으로 뛰어갔을 때 눈앞에 펼쳐진 광경을 설명하고 넘어가야겠다. 방바닥에는 내치즈 출신 남자의 끔찍한 시체가 있었고, 잔뜩 분노한 채 피를 뒤집어쓴 마셜은 집 안 곳곳을 서성대며 온갖 위협적인 말과 저주를 퍼붓고 있었다. 알고 보니 마셜이 내치즈 출신 남자와 협상을 하던 중 이견이 있었고, 격한 논쟁이 오간 끝에 결투가 벌어졌던 것이다. 그 결투는 결국 한 사람의 죽음이라는 불행한 결말을 맞았고 말이다. 그러나 그 일이 있은 뒤에도 마셜은 감옥에 가지 않았다. 마크스빌에서 재판인지 조사인지가 있었지만 마셜은 무죄 선고를 받고 자기 집으로 돌아왔다. 사람을 죽였는데도 오히려 주위로부터 더 큰 존경을 받았다.

이 사건이 일어났을 때 엡스는 앞장서서 마크스빌까지 마셜을 따라갔고 누구보다 더 소리 높여 그의 무죄를 주장했다. 그렇지만 엡스의 노력이 무색하게도 훗날 마셜은 다시 한번 그의 친척과 목숨을 건 결투에 휘말리고 말았다. 마셜과 그의 친척은 도박을 하던 중 언쟁에 휘말렸고 이역시 큰 다툼으로 번진 것이다.

마셜은 권총과 보위 나이프로 무장한 채 말을 타고 친척 집으로 갔다. 그는 친척에게 당장 나와 결판짓지 않으면 겁쟁이라고 부르고 보이는 즉시 총을 쏴서 개처럼 죽여버리겠다고 협박했다. 그러나 그의 결투 신청은 받아들여지지 않았다. 내 생각에 그건 마셜의 친척이 겁쟁이여서도 아니고, 양심의 가책을 느껴서도 아니었다. 단지 그의 아내가 나가지 말라고 말렸기 때문일 것이다. 훗날 두 사람은 다시 화해했고, 그 이후로는 둘도 없는 사이로 가깝게 지내고 있다.

북부에서 이런 일이 있었다면 결투에 관계된 사람 모두 응당 받아야할 벌을 받았을 것이다. 그러나 여기서는 그런 일이 일상처럼 일어났고, 아무도 관심을 갖거나 신경 쓰는 사람이 없었다. 모든 사람이 보위 나이프 하나쯤은 언제나 지니고 다녔으며 누군가와 시비가 붙으면 도무지 문명인이나 지성인이라고는 할 수 없을 태도로 야만스럽게 서로를 찌르고 난도질했다.

남부에 존재하는 잔혹한 형태의 노예제 역시 남부인들의 성정과 기질을 난폭하게 만드는 데 일조했을 것이다. 날마다 인간이 고통받는 모습,

즉 고통에 찬 노예들의 비명 소리, 무자비한 채찍질을 당하는 노예의 몸부림, 개한테 잔혹하게 물리고 뜯기는 모습, 사람이 죽어도 신경조차 쓰지 않으며 관을 짜거나 수의도 입히지 않고 그냥 묻어버리는 일 등을 목격하는 이들로서는 생명의 고귀함에 무뎌지고 잔혹해지는 게 당연한지도 모른다. 물론 어보이엘르 패리시에도 윌리엄 포드와 같이 동정심으로 노예들을 대하는 친절하고 착한 마음씨를 가진 이가 많았다. 살아 있는 생명이 고통받는 모습을 지켜보는 것 자체를 마음 아파하는 인정 많고 사려 깊은 이들은 세상 어디에나 존재한다. 노예 주인들이 그토록 잔인해진 것은 그들 자신만의 잘못이라기보다는 그들이 속한 제도 자체의 잘못이 더 컸다. 그들 역시 자신을 둘러싼 환경이나 관습의 영향에서 자유로울 수 없기 때문이다. 어릴 때부터 노예는 때려야 말을 듣는다고 듣고 보며 자란 사람이 어른이 되어 갑자기 개과천선하는 일은 불가능할 것이다.

물론 비인간적인 주인이 있는가 하면 인정 있는 주인도 있다. 벌거벗고 굶주린 채 고통받는 노예가 있는 반면 가끔은 좋은 옷을 입고 배불리 음식을 먹으며 좋은 대우를 받는 노예도 있는 것처럼. 그렇다고 해도 내가 목격한 바처럼 비인간적이고 비도덕적인 행위를 용인하는 이 제도는 결코 정당화될 수 없는 야만적인 제도라 할 수 있다. 혹자는 마치 안락의자에 앉아 옛날이야기를 하듯 노예생활의 낭만이나 즐거움에 대해 이야기할지도 모른다. 그 나름대로는 사뭇 진지하게 설을 풀어놓겠지만, 그러나 이는 사실 더할 나위 없이 경솔한 이야기가 될 것이다. 한 번이라도 노예가 채찍질당하고 신음하는 걸 본다면, 사냥개에게 쫓기고 짓밟히는 모습을 본다면 생각이 달라질 것이다. 가여운 노예의 진짜 마음을 읽는 이라면, 차마 백인들이 듣는 데서는 말할 수 없던 그들의 진짜 생각을 알게 된다면 말이다. 조용한 밤에 불침번을 서는 노예 곁에 앉아 '생명, 자유, 행복을 추구할 권리'미국 독립선언문에 등장하는 건국이념에 대해 진실한 목소리로 대화를 나눠본다면, 노예들 백 명에 아흔아홉은 정확히 자신의 상황을 이해하고 있으며 누구나 다 가슴속에 자유에 대한 열망을 품고 있음을 알게 될 것이다.

# **15** 유일한 휴가, 크리스마스

내가 목화 수확에 소질이 없다는 걸 안 엡스는 대신 사탕수수 수확철에 나를 사탕수수 농장으로 보내 일하게 하고 내 품삯을 챙김으로써 수익을 올렸다. 사탕수수 수확은 내게 잘 맞았다. 나는 3년 연속으로 호킨스의 농장에서 50~100명의 일꾼을 이끌며 사탕수수 수확을 했다.

목화 재배에 대해서는 앞 장에서 자세히 이야기한 바 있다. 이번에는 사탕수수 재배 방식에 대해 이야기해보려 한다.

우선 목화 씨앗을 심을 때와 마찬가지로 흙을 갈아엎어야 한다. 다만 사탕수수를 심기 위해서는 목화를 심을 때보다 땅을 더 깊이 갈아야 한다. 씨를 뿌리는 것도 마찬가지다. 사탕수수 농사는 1월에 시작해 4월까지 한다. 사탕수수는 3년에 한 번 심는다. 3년에 걸쳐 세 번 수확을 하고 나면 씨앗이 못쓰게 되므로 새로 심는다.

사탕수수 경작은 세 그룹으로 나눠서 한다. 첫째 그룹에서는 건초가리에서 수수를 꺼내 수숫대 윗부분과 수염 부분을 쳐내고 실한 부분만 남긴다. 사탕수수에도 감자처럼 눈이 나는데 땅속에 수수를 묻으면 이 눈에서 싹이 튼다. 둘째 그룹에서는 이 수수를 밭고랑에 심는데 두 개의 수숫대 사이에 10~15센티미터 간격을 둔다. 그러면 셋째 그룹이 그 뒤를 따라가며 괭이질을 해 수숫대 위로 8센티미터 높이의 흙을 덮는다.

늦어도 4주가 지나면 수숫대에서 난 싹이 땅을 뚫고 올라오는데, 일단 한번 싹이 올라오면 엄청난 속도로 자라난다. 목화와 마찬가지로 사탕수수도 괭이질을 서너 번 한다. 다만 사탕수수는 뿌리에 흙을 더 많이 덮는다는 것이 다를 뿐이다. 8월 초순이면 대개 괭이질은 끝난다. 9월 중순에는 씨앗에 필요한 것들을 다 거둬서 건초가리로 쌓아둔다. 10월이 되면 제당소에 보낼 수 있을 만큼 수수가 무르익는데 그때 수확을 시작한다. 사탕수수용 칼의 날은 길이가 약 38센티미터, 폭이 최대 8센티미터이며 칼끝 부분과 손잡이 부분으로 갈수록 뾰족하다. 칼날은 매우 얇은데, 사탕수수를 제대로 베려면 아주 날카로워야 한다.

수확은 세 사람이 짝을 이뤄 한다. 한 명이 팀을 이끌고 나머지 둘은 양옆에 서서 일한다. 가운데 사람이 맨 처음 사탕수숫대에서 수염을 쳐낸다. 그런 뒤 수수에서 푸른빛을 띠는 부분을 전부 쳐낸다. 잘 익은 사탕수수에서 푸른빛을 띤 부분은 어김없이 잘라내야 한다. 안 익은 부분에서 나오는 즙이 사탕수수의 당밀을 못쓰게 만들기 때문이다. 그런 다음에는 수숫대에서 뿌리 부분을 잘라내고 뒤에 내려놓는다. 양옆에 서 있는 동료들 역시 같은 방식으로 수숫대를 잘라 중간 사람이 내려놓은 수숫대 위에 함께 올려놓는다. 그러면 나이 어린 노예가 손수레를 끌고 그들 뒤를 쫓아가며 그들이 던져놓은 수숫대를 주워 담는다. 이렇게 모은 사탕수수를 제당소로 가져간다.

서리가 걱정될 때는 사탕수수를 윈로잉winrowing 해놓는다. 윈로잉이란 사탕수숫대를 수확철보다 미리 잘라서 세로로 길게 고랑에 던져놓는 것을 말한다. 이때 수숫대 윗부분이 밑동을 덮도록 해야 한다. 이렇게 두면 3주에서 한 달간은 수수가 상하지 않고 그대로 있다. 서리로부터도 안전하다. 적당한 시기가 되면 이것들을 거둬서 마찬가지로 손질한 뒤 제당소로 보낸다.

1월에는 다시 수수를 심기 위해 밭으로 나간다. 이때 나가면 밭에는 온통 지난해에 잘라낸 사탕수수 머리와 수염들 천지다. 건조한 날을 골라 밭에 불을 지른다. 순식간에 들판 전체로 불이 번지면서 남아 있던 수숫대 찌꺼기들을 태워 깨끗하게 만든다. 이 상태가 되면 다시 또 작물을 심고 괭이질을 할 수 있다. 그 전해에 심은 작물의 뿌리로 흙이 헐거워진 터이기에 이 상태에서 시간이 지나면 지난해에 뿌려둔 씨앗에서 또다시 작물이 싹을 틔운다. 그다음 해에도 마찬가지다. 그렇지만 3년째가 지나고 나면 씨앗이 실하지 않은 까닭에 다시금 밭을 갈고 씨를 심어야 한다. 둘째 해의 수수가 첫해보다 훨씬 더 달고 수확량도 더 많으며, 그 이듬해에는 더욱 그렇다.

호킨스의 농장에서 3년 동안 일하면서 나는 대부분의 시간을 제당소에서 보냈다. 호킨스의 농장은 최상급 설탕을 생산하는 것으로 유명했다. 다음은 그의 제당소와 설탕 제조 과정에 대해 설명하겠다.

제당소는 거대한 규모의 벽돌 건물로 늪지대 기슭에 자리잡고 있었다. 건물 바깥으로 길이 약 30미터, 폭 12~15미터가량 되는 개방형 작업장이 나와 있었다. 제당소 본 건물 바깥에는 증기를 가동하는 보일러가 있었다. 각종 기기나 엔진은 바닥에서 4.5미터가량 떨어진, 건물 본체 내부에 내장된 벽돌 교각에 설치되어 있었다. 제당소에서는 설탕 제조를 위해 두 개의 거대한 철제 롤러를 돌렸는데 이 롤러들은 지름 60~90센티미터, 길이 1.8~2.5미터가량 되었다. 롤러들은 벽돌 교각 위에서 서로 맞물리며 돌아갔다. 소규모 공장에서 사용하는 가죽 벨트처럼, 목재와 사슬로 만든 벨트컨베이어의 행렬이 제당소 건물에서부터 바깥으로 나와 있는 개방형 작업장 끝까지 죽 이어진다. 노예들이 사탕수수를 담은 수레를 끌고 오면 작업장 옆에서 이 수레들을 비운다. 아직 나이가 어린 노예들이 벨트를 따라가며 그 위에 사탕수수를 올려놓으면 벨트가 이 작물들을 싣고 건물 안으로 들어가고, 사탕수수는 두 대의 롤러 사이에서 잘게 바스러진다. 바스러진 수수는 또 다른 벨트 위로 떨어져 건물 밖으로 실려나가서 화로 바로 위에 위치한 굴뚝으로 운반된다. 사탕수수를 태우는 작업은 반드시 필요한데 이렇게 해서 즙을 내지 않으면 건물이 금세 사탕수수로 가득 차버리거나 썩어서 병충해를 입을 수도 있기 때문이다. 사탕수수에서 나온 즙은 두 대의 롤러 밑에 위치한 처리기로 들어간 뒤 저장소로 운반된다. 여기서부터는 파이프를 통해 사탕수수를 다섯 개의 필터로 운반하는데 각 필터는 한 번에 커다란 통(240~530리터)으로 여러 개가 들어갈 정도로 크다. 이들 필터는 골탄<sub>탈색제의 일종</sub>이라는 재료로 채워지는데 이 물질은 미분탄과 비슷하게 생겼다. 골탄은 석회화된 뼈로 만들며 사탕수수 즙을 끓이기 전에 필터를 통해 탈색하는 역할을 한다. 사탕수수 즙은 이 다섯 개의 필터를 차례로 거쳐 지하에 있는 거대한 저장고로 운반된다. 여기서 증기 펌프가 이것들을 정화기까지 밀어올려 끓을 때까지 증기로 가열한다. 첫 번째 정화기에서 작업이 끝나면 파이프를 통해 두 번째, 세 번째 정화기로 옮겨가며 같은 일을 반복한 뒤 근처에 있는 철반으로 운송되는데 이 철반은 증기로 가득한 튜브가 관통하고 있다. 사탕수수 즙이 끓어오르면서 차례로 세 개의 철반을 지나며 이 과정이 끝나면 다른 파이프를 통해 1층에 위치한 냉각 장치로 이동한다. 냉각 장치는 일종의 나무상자로 밑 부분에 최고급 철사로 만든 체가 달려 있다. 사탕수수 즙이 냉각기로 들어와 공기와 만나는 순간 알갱이 가루가 되면서 당밀만 체에 걸러져 밑에 위치한 단지로 떨어진다.

이 모든 공정을 거쳐 눈처럼 하얗고 맑고 깨끗한 최상급 백설탕이나 각설탕이 만들어진다. 다 식은 설탕을 꺼내 커다란 통에 담으면 내다 팔 준비가 완료된다. 단지에 담긴 당밀은 위층으로 다시 가져가 한 번 더 처리해서 흑설탕으로 제조한다.

물론 이곳보다 규모가 더 큰 공장도 있고, 또 방금 설명한 것과 제조 과정이 다르게 설계된 곳들도 있을 것이다. 그러나 바유뵈프에서만큼은 호킨스의 제당소가 최고로 인정받았다. 뉴올리언스의 램버트는 호킨스와 동업자 관계였다. 나중에 듣기로 그는 루이지애나 주에서 40곳이 넘는 농장과 거래하는 엄청난 부호라고 했다.

1년 내내 등이 휘도록 일하는 노예들이 딱 한 번 쉴 수 있는 때는 크리스마스였다. 농장주가 얼마나 관대한가에 따라 4~5일, 심지어 6일을 쉬기도 했는데, 엡스는 단 3일 동안만 쉬는 것을 허락했다. 노예들이 기쁜 마음으로 기다리는 유일한 휴일이었다. 잠자리에 들 때면 노예들은 마침내 쉴 수 있게 된 것을 기뻐했을 뿐만 아니라 크리스마스가 하루 더 가까워졌다는 사실에 행복해했다. 크리스마스를 기다리는 건 노인이나 어린아이나 매한가지였다. 에이브럼도 잭슨 장군에 대한 찬양을 멈췄고, 팻시도 연휴의 분위기 속에서 잠시나마 근심을 잊었다. 크리스마스는 연회와 왁자지껄한 소란을 뜻했다. 쇠사슬을 찬 아이들도 함께 기뻐하는 축제 기간. 이 기간만큼은 노예들에게도 제한적이지만 자유가 주어졌으며 모두 이것을 진심으로 기뻐하며 즐겼다.

크리스마스에는 농장주들이 돌아가며 '크리스마스 만찬'을 베푸는 풍습이 있었다. 주변 농장의 노예들을 초대해 자기 농장 노예들과 함께 어울릴 수 있도록 하는 것이었다. 올해는 엡스가 연회를 열고, 다음 해에는 마셜이, 그다음 해에는 호킨스가 연회를 여는 식이었다. 대개 300~500명의 노예가 모였는데, 두세 명씩 걸어서 오기도 하고, 수레나 말을 타고 오거나, 노새를 타고 오는 이들 등 다양했다. 남녀가 짝을 지어서 오는가 하면 여자아이 한 명에 남자아이 두 명, 남자아이 혼자, 여자아이 한 명에 늙은 여자 한 명이 같이 오기도 했다. 에이브럼이 노새에 타고 피비와 팻시를 뒤에 태운 채 연회에 온다 하더라도 누구도 놀라지 않을 것이다.

1년 중 이날만큼은 노예들도 가장 좋은 옷으로 차려입었다. 깨끗이 세탁한 면 코트, 수지 양초로 광을 낸 신발, 그리고 좀더 여유가 있는 사람은 테가 없는 모자로 멋을 내고 나타났다. 하지만 모자나 신발이 없어도 연회장에서는 누구나 환영을 받았다. 여자들은 보통 손수건을 이마에 묶었지만 붉은색 리본을 구하거나 주인마님의 할머니가 쓰시던 헌 보닛턱 밑에서 끈을 묶도록 되어 있는 옛날식 모자을 운 좋게 구하면 바로 이날이 그것들을 써볼 기회였다. 특히 붉은색, 피처럼 붉은색은 노예 아가씨들 사이에서 가장 인기 있는 색이었다. 붉은 리본을 목에 달지 않은 아가씨라도 자세히 보면 부스스한 머리카락을 말끔하게 묶고 있는 붉은 머리끈 하나쯤은 몸에 지니고 있었다.

연회가 시작되면 야외에 탁자를 펴놓고 온갖 종류의 고기와 채소를 쌓아놓았다. 이런 때는 늘 먹는 베이컨이나 옥수수는 나오지 않았다. 농장 부엌에서 요리할 때도 있고, 가끔은 커다란 나무 그늘 밑에서 요리하기도 했다. 나무 그늘 밑에서 한다면, 땅에 구멍을 파서 장작을 넣고 불을 피웠다. 나무가 다 타고 불이 조금 남아 숯이 되면 그 위에 닭, 오리, 칠면조, 돼지고기 등을 얹고 구웠으며 황소 한 마리를 다 구워서 먹기도 했다. 이 재료들 역시 밀가루로 밑간을 했고, 그 밖에 비스킷과 복숭아, 과일 잼, 타르트 그리고 온갖 종류의 파이가 식탁에 올랐다. 다만 민스파이잘게 다진 고기로 만든 파이로 영국에서는 전통적인 크리스마스 음식는 찾아볼 수 없었는데 그 이유는 노예들 중 그걸 먹어본 이가 한 명도 없었기 때문이다. 빈약한 음식과 베이컨만 먹으며 수년을 견뎌온 노예들이었기에 이 정도 연회에도 더할 나위 없이 기뻐할 수 있었다. 많은 백인이 몰려와 노예들이 즐겁게 식사하는 모습을 구경하곤 했다.

노예들 모두가 투박한 테이블에 둘러앉았다. 한쪽에는 남자들이, 맞은편에는 여자들이 앉았다. 평소에 연애 감정을 키워온 남녀라면 반드시 서로 마주 보고 앉으려 했다. 노예들이라고 해서 큐피드의 화살이 피해가는 것은 아니었다. 순수하고 커다란 행복이 노예들의 어두운 얼굴을 잠시나마 밝게 비추었다. 테이블 너머로 검은 피부색과 대조를 이루는 노예들의 상아색 치아가 환히 빛났다. 진수성찬이 차려진 가운데 행복한 눈짓들이 교환되고, 식기와 그릇이 부딪치는 달그락거리는 소리, 숨죽인 웃음소리와 커다란 웃음소리가 한데 뒤섞였다. 즐거운 기분을 이기지 못한 커피의 어깨가 옆 사람을 스치고 지나갔다. 넬리는 삼보를 향해 손가락을 흔들며 별다른 이유도 없이 자지러지게 웃어댔다. 그렇게 즐거운 한때가 지나갔다.

음식을 다 먹어치우고, 1년 내내 굶주리는 노예들이 모두 배부르게 먹고 나면 다음은 크리스마스 댄스가 기다리고 있었다. 이때 내 역할은 항상 바이올린을 켜는 것이었다. 다들 말하듯, 아프리카인의 피에는 음악이 흐른다. 그곳에서 나와 함께한 동료 노예들 역시 아주 솜씨 좋게 밴조미국에서 발달한 발현악기. 주로 경음악이나 민속음악에 쓰인다. 탬버린과 같은 원형의 북에 기타와 같은 긴 목을 붙인 모양이다를 연주했다. 잘난 척이라 여길지 모르지만, 사람들은 나를 바유뵈프의 올레 불Ole Bull 노르웨이 출신의 작곡가이자 바이올리니스트이라 불렀다. 내 주인에게 편지를 보내 백인들이 참석하는 파티나 연회에 연주할 사람이 필요한데 나를 보내줄 수 있느냐고 묻는 사람도 많았다. 이들 중에는 10킬로미터도 넘는 곳까지 나를 보내달라는 사람도 있었다. 물론 나를 빌려주는 대가로 주인은 보상을 받았고, 나 역시 그런 연회에 다녀오는 날이면 상당한 액수의 피카윤옛날 미국 남부 지역에 유통되던 스페인의 소액화폐을 챙겨오곤 했다. 내 음악을 마음에 들어 한 이들이 내게 별도로 돈을 준 것이다. 덕분에 나는 다른 노예들보다 그 지역의 많은 사람을 알게되었다. 홈즈빌의 젊은 남녀들은 플랫 엡스Platt Epps가 한 손에 바이올린을 들고 지나가는 모습을 볼 때면 오늘 밤 어딘가에서 파티가 열릴 것임을 직감하고는 문이나 창문 밖으로 고개를 내밀며 "어디 가, 플랫?" 또는 "오늘 저녁엔 연주 안 해?" 하고 물었고, 특별히 바쁜 일이 없는 한 나 역시 그들을 그냥 지나치지 않고 노새 위에 걸터앉아 바이올린을 연주해 날따라오는 어린 청중을 기쁘게 해주곤 했다.

아아! 바이올린이 없었다면 그 길고 긴 노예생활을 어떻게 견뎠을지 상상조차 할 수 없다. 바이올린 연주 덕분에 농장에서의 힘든 노동으로부터 벗어나 호화로운 저택에서 열린 파티에 초대받을 수 있었고, 또 거기서 받은 약간의 돈으로 생필품도 샀으며 파이프와 담배, 여분의 신발도 구매할 수 있었다. 또 바이올린 연주를 할 때는 사나운 주인의 횡포에서 벗어나 즐겁고 행복한 파티 분위기를 잠시나마 만끽할 수 있었다.

바이올린은 내 동반자였다. 내가 기쁠 때는 나와 함께 기쁨의 노래를 불러주고, 슬플 때는 부드러운 위로의 노래를 불러준 내 친구. 간혹 불행한 운명에 대한 걱정으로 잠이 오지 않는 밤이면 바이올린 연주가 마음에 평화를 가져다주곤 했다. 우리 노예들에게 한두 시간의 휴식이 허락되는 안식일이면 나는 바이올린을 들고 늪지대 근처의 조용한 곳으로 가 바이올린이 들려주는 상냥하고 아름다운 목소리에 귀를 기울였다. 또 바이올린은 내가 이름을 날리는 계기를 만들어주었다. 연주가 아니었다면 나에 대해 잘 몰랐을 이들과도 친구가 될 수 있었고, 해마다 열리는 크리스마스 연회에서 가장 상석에 앉을 수 있었던 것도 악기 연주 실력 덕분이었다. 크리스마스 댄스에서 내가 그 누구보다 더 큰 환영을 받았음은 물론이다. 크리스마스 댄스! 쾌락만을 좇으며, 느린 박자에 맞춰 코티옹18세기 초 프랑스에서 시작된 춤을 추는, 무기력한 달팽이처럼 일일이 계산된 스텝만을 밟는 이들이여! 진짜 경쾌한 춤이 궁금하다면, '춤으로 추는 시'가 무엇인지 궁금하다면, 봇물 터지듯 터져나오는 행복한 춤의 향연을 보고 싶다면, 루이지애나의 노예들이 크리스마스 날 밤 춤을 추는 장면을 봐야 할 것이다.

지금부터 설명하려는 크리스마스 이야기는 당시 우리가 보내던 보편적인 크리스마스 모습과 거의 같다고 할 수 있다. 그날 댄스에서 첫 시작을 끊은 건 라이블리 양과 샘이었다. 라이블리 양은 스튜어트의 농장에서, 샘은 로버츠의 농장에서 일하는 노예였다. 샘이 라이블리 양을 열렬히 사모해왔다는 건 이미 모두가 아는 사실이었고, 마셜의 집 노예와 케리의 노예 중에도 그녀를 좋아하는 이가 많았다. 라이블리는 이름 그대로 '활기가 넘치는lively' 아가씨였고 남자깨나 울린 여우로도 유명했다. 그런 그녀가 식사 시간이 끝난 뒤 샘 로버츠에게 손을 내밀었다는 건, 다시 말해 적어도 그날 밤만은 샘이 연적들을 제치고 승리를 거두었음을 뜻했다. 그녀의 선택에 풀이 죽은 나머지 둘은 화가 난 듯 고개를 가로젓기도 하고 샘에게 달려들어 한 방 먹이고 싶어하는 듯도 보였다. 하지만 그 어떤 이의 분노도 꿈에 그리던 여인 곁에서 박자에 맞춰 춤을 추는 샘의 몸짓을 방해할 수는 없었다. 그곳에 있던 모두가 소리 높여 두 사람을 응원했고, 사람들의 박수 소리에 힘입은 둘은 다른 사람들이 모두 춤을 추다 지쳐 쉬는 중에도 멈추지 않고 춤을 췄다. 샘은 초인적인 노력을 했지만 더는 춤을 출 수 없어 라이블리를 놔주었고, 여전히 팽이처럼 돌고 있는 그녀를 향해 샘의 라이벌인 피트 마셜이 달려들었다. 그는 음악에 맞춰 뛰어오르고, 이리저리 움직이기도 하며 최선을 다해 춤을 추었다. 마치 라이블리 양과 거기 모인 모든 사람에게 샘 로버츠 따위는 아무것도 아니라는 걸 보여주고 싶어하는 듯했다.

하지만 피트는 마음이 지나치게 앞선 나머지 신중하지를 못했다. 무척 열심히 춤을 추는 바람에 금세 지쳐버린 피트는 바람 빠진 비닐봉지처럼 쓰러졌다. 다음은 또 다른 구애자 해리 케리가 그녀의 손을 이어받을 차례였다. 그러나 라이블리는 힘이 넘치는 춤으로 그 역시 곧 지치게 만들었다. 모든 사람이 만세를 외치는 가운데 라이블리는 진정 그 지역에서 가장 생기 넘치는 여자라는 명성을 다시 한번 확인시켜주었다.

한 '커플'의 춤사위가 끝나면 다른 쌍이 무대를 이어가며, 가장 오래까지 남아 춤을 추는 사람이 가장 커다란 환호를 받았다. 이런 식으로 크리스마스 댄스는 날이 밝을 때까지 계속되었다. 그러나 댄스의 마지막은 바이올린 음악 대신 다른 음악이 장식했다. '패팅patting'이라 불리는 이 음악은 일련의 의미 없는 가사들로 이루어져 있으며 특정 주제를 표현하기 위한 음악이라기보다는 곡조나 선율 그 자체를 표현하기 위해 만들어진 음악이다. 패팅은 우선 양손으로 무릎을 치고, 다음에는 손뼉을 그리고 한 손으로 오른쪽 어깨를, 다른 손으로 왼쪽 어깨를 치며, 이 모든 동작을 하는 동안 발을 계속 굴러야 한다. 패팅을 하면서는 다음과 같은 노래를 부른다.

하퍼스 크리크노스캐롤라이나의 폭포와 로링 강미주리에서 테네시로 이어지는 강

아, 내 사랑 우린 영원히 죽지 않는다네

우리는 인디언들의 나라로 갈 거야

세상 모든 피조물 중 내가 원하는 건

예쁜 마누라와 거대한 농장뿐이지

(코러스) 뗏목을 타고 강을 따라 내려가는

두 감시인과 검둥이 한 명


이 가사가 그날의 선율에 맞지 않으면 「올드 호그 아이Old Hog Eye」라는 노래를 부르기도 했다. 사뭇 근엄한 분위기에 놀라운 작시법을 쓴 노래지만, 남부에서만 알아듣고 환호하는 곡이기도 하다. 가사는 다음과 같다.


나 없는 사이 누가 다녀갔나?

예쁜 옷 입은 여자아이 다녀갔지

호그 아이!

올드 호그 아이,

그리고 호지!

그런 아인 처음 봤지

예쁜 옷 입은 그 아이가 오네!

호그 아이!

올드 호그 아이!

그리고 호지!


다음 노래도 마찬가지로 가사에는 전혀 의미가 없지만 노예들은 이 노

래를 풍성한 멜로디를 이용해 구성지게 불렀다.

> 에보 딕과 주르단 조
> 두 검둥이가 도둑질을 하네
> (코러스) 짐을 태우고 가네
> 짐과 함께 걷네
> 짐에게 이야기하네
> 타르처럼 시커먼 검둥이 댄
> 다르가 아니라 다행이래
> 짐을 태우고 가네

크리스마스 연회가 끝나고 남은 휴일에는 노예들에게 통행증이 발급되어 제한적인 거리 안에서나마 가고 싶은 곳에 갈 수 있었다. 원한다면 농장에 남아 일을 할 수도 있었는데 이 경우는 보수를 받았다. 그렇지만 대부분의 노예는 전자를 택했고, 지구상에서 가장 행복한 표정으로 그리운 이들을 만나러 흩어졌다.

이럴 때 노예들은 평상시 들판에서 일하던 그들과는 전혀 딴판인 사람이 되었다. 휴일 동안 만끽하는 쉼, 공포와 채찍으로부터의 자유 덕분에 그들의 모습과 태도까지도 완전히 다른 사람이 되는 것이었다. 옛 친구를 찾아가 회포를 풀거나, 옛 사랑을 다시 만나기도 하는 등 다양한 방법으로 휴일이 주는 자유를 만끽했다. 이럴 때 시간은 쏜살같이 지나갔다. 1년 중 단 3일, 이 3일 동안만은 노예들도 행복한 시간을 보냈다. 나머지 362일은 피로와 공포, 고통 그리고 끝나지 않는 노동 속에서 흘러갔다.

노예 사이의 결혼도 대개 성탄절 휴일 동안 이뤄졌다. 노예 사이의 결혼을 제대로 된 결혼이라 부를 수 있다면 말이다. 노예들에게 이 '신성한 부부의 연'을 맺기 전에 필요한 유일한 의식은 각자 자기 주인의 허락을 받는 것뿐이었다. 대개 노예 사이의 결혼은 여자 노예의 주인이 장려하는 편이었다. 신랑과 신부 모두 주인이 허락하는 한 여러 남편이나 아내를 가질 수 있고, 둘 중 한 명이라도 마음이 변하면 자유롭게 헤어질 수 있었다. 노예 부부가 이혼하거나 중혼할 경우 물론 재산 분할에 관한 법은 적용되지 않았다. 신부와 신랑이 서로 다른 농장에서 일한다면 신랑은 거리가 지나치게 멀지 않다는 전제 아래 토요일 밤에 신부를 방문할 수 있도록 허락받았다. 에이브럼의 아내는 엡스의 농장에서 11킬로미터가량 떨어진 바유허프파워에서 일했다. 에이브럼은 2주에 한 번 아내를 방문할 수 있도록 허락받았지만, 그는 앞서 말했듯 나이를 먹어가고 있었고 나중에는 아내를 잊어버리다시피 하고 살았다. 에이브럼은 남는 시간이 있으면 잭슨 장군에 대해 생각하기만도 바쁜 사람이었다. 그는 결혼이란 어리고 철없는 것들의 소꿉장난일 뿐이며, 자신처럼 진지하고 현명한 철학자에겐 어울리지 않는 일이라 여겼다.

# **16** 농장 감시인이 되다

농장 감시인–감시인의 무기와 사냥개–살인사건–마크스빌의 교수형–노예 감시인–바유뵈프 강변 농장으로 돌아와 감시인이 되다–연습하다보면 잘하게 된다–엡스, 플랫의 목에 칼을 들이대다–도망치다–엡스 부인의 보호–읽기와 쓰기 금지령–9년 만에 얻은 종이 한 장–편지–잔인한 백인 암즈비–사연을 털어놓다–암즈비의 배신–엡스의 의심–변명–편지–편지를 불태우다–바유뵈프를 떠나는 암즈비–실망과 좌절

세인트메리 패리시에 다녀온 것과, 사탕수수 수확철에 다른 농장에 가서 일을 해주고 올 때를 제외하면 나는 항상 엡스의 농장에서 일했다. 엡스의 농장은 작은 편이라 일손이 빠듯했던 까닭에 노예들을 감시할 감독관까지 고용할 형편이 못 되었다. 그래서 엡스 자신이 직접 감독관 노릇을 했다. 인력을 늘릴 수 없었기에 목화 수확철에만 추가로 일손을 고용하는 일도 예사였다.

　그렇지만 50~100명, 때로는 200명 가까이 되는 많은 인원을 고용하는 큰 농장이라면 감독관이 반드시 필요했다. 감독관은 내가 알기로 열이면 열 말을 타고, 권총과 보위 나이프, 채찍으로 무장한 채 여러 마리의 개를 끌고 나와 일하는 노예들 뒤에 서서 날카로운 눈으로 감시했다. 감독관이 되려면 무정하고, 야만적이며, 잔인한 성격이 필수 요건이었다. 감독관의 일차 업무는 최대한의 작물을 수확하는 것이고, 그 목표를 이룰 수만 있다면 노예들이 얼마나 고통을 받든 자기와는 상관없는 일이었다.

가끔 몸이 아프거나 힘들어 열을 맞춰 일을 할 수도, 채찍질을 견딜 수도 없는 노예들이 도망치는 일도 있었는데 사냥개는 이럴 때를 대비해 데려온 것이었다. 또 권총은 위험 상황이 발생할 때를 대비해서 차고 나온 것인데 실제로 권총이 필요한 사건이 몇 번 있었다. 도무지 견딜 수 없는 극한의 상황까지 내몰리면 노예라도 악에 받쳐 자신을 억압하는 사람에게 달려들기도 한다. 지난해 1월에는 마크스빌에 있는 교수대에서 노예 하나가 감독관을 죽인 죄목으로 교수형을 당한 일이 있었다. 레드 강 근처 엡스의 농장에서 그리 멀지 않은 곳에서 일어난 사건이었다. 교수형을 당한 노예는 죽데기로 울타리용 가로장을 만들라는 명령을 받았다. 그런데 낮 동안에 감독관이 그에게 심부름을 하나 시켰고, 그 일이 시간을 지나치게 많이 잡아먹는 바람에 주인이 시킨 일을 다 마치지 못했다. 다음 날 주인이 노예에게 왜 시킨 일을 마치지 못했느냐 물었고, 그는 이유를 설명했으나 주인은 이를 받아들이지 않았다. 결국 그는 맨몸으로 채찍을 맞는 벌에 처해졌다. 그와 감독관만이 숲속에 단 둘이 있는 상황이었고 누구도 두 사람을 보거나 그들이 말하는 것을 들을 수 없었다. 노예는 채찍질을 견뎌내려 했지만 그 상황의 부당함에 무척 화가 났고, 채찍이 주는 고통에 이성을 잃어버렸다. 더는 참을 수 없었던 그는 옆에 있던 도끼를 집어들고는 감독관을 말 그대로 다져놓았다. 심지어 자신의 살인을 숨기려 하지도 않았으며, 그 길로 곧장 주인에게 달려가 있었던 일을 이야기하고 자신이 저지른 죗값은 목숨으로 갚겠다고 했다. 교수대에 선 그의 목에 밧줄을 감는 동안에도 그는 초연하고 침착한 모습이었고 자신이 옳았다는 유언을 남기고 죽었다.

감독관 외에도 그 밑에서 일하는 감시인이 여러 명 있었다. 감시인의 수는 밭에서 일하는 노예 수에 비례했다. 감시인으로는 흑인을 썼는데 그들은 다른 노예들과 같은 양의 일을 해내면서도 동료들을 감시하고 채찍질하는 일까지 해야 했다. 그들은 목에 채찍을 걸고 다녔고 동료들을 제대로 감시하지 못하면 직접 채찍을 맞았다. 그렇지만 그들에게 약간의 특권도 있었다. 예를 들어, 사탕수수 수확철에 일꾼들은 제대로 엉덩이를 붙이고 밥 먹을 시간조차 없었다. 정오가 되면 주방에서 요리한 옥수수빵을 수레에 담아 밭에까지 날라다준다. 이때 빵을 나눠주는 사람은 감독이며 노예들은 최대한 빨리 이것을 다 먹어치워야 했다.

체력이 한계를 넘어설 정도로 일을 하면 노예들은 더 이상 땀조차 흘리지 못할 만큼 지친다. 이 상태에 이르면 노예들은 땅바닥에 쓰러져 옴짝달싹할 수 없게 된다. 이럴 때 그 노예를 목화나 사탕수수, 혹은 근처 나무 그늘 밑으로 데려가 얼굴에 물을 뿌려 다시 정신을 차리게 하는 것도 감시인의 몫이다. 이렇게 정신을 차린 노예는 다시금 제자리로 돌아가 일을 계속해야 했다.

처음 엡스의 농장에 왔을 때 허프파워에서는 로버츠의 노예 중 하나인 톰이 감시인이었다. 그는 건장한 체격의 남자로 가혹하기 짝이 없었다. 엡스가 바유뵈프로 간 이후로 그 감시인의 영광을 내가 고스란히 떠안게 되었다. 그곳을 떠나는 순간까지 나는 항상 목에 채찍을 걸고 있어야 했다. 특히 엡스가 들판에 나와 있는 날이면 동료들에게 그 어떤 관대함도 베풀 수 없었다. 나는 그에게 맞서 동료를 때릴 수는 없다고 말할 만큼의, 톰 아저씨해리엇 비처 스토의 소설에 나오는 『톰 아저씨의 오두막』 주인공 같은 기독교인의 용기가 없었다. 그의 말에 순응하는 것만이 톰 아저씨가 겪은 순교자적 희생을 피하고 내 동료들의 고통도 조금이나마 덜어줄 수 있는 유일한 방법이었다. 얼마 지나지 않아 알게 된 사실은 엡스가 밭에 나와 있든 그렇지 않든 항상 우리를 주목하고 있었다는 것이다. 마당에서든, 근처 나무 뒤에 숨어서든, 아니면 우리 눈에 잘 안 띄는 다른 곳에 숨어서든 항상 우리를 지켜보고 있었다. 우리 중 한 명의 작업 속도가 뒤처지거나 게으름을 피운다 싶으면 일을 마치고 돌아오는 길에 항상 지적을 받았다. 엡스는 노예가 게으름 피운 사실을 알게 되면 반드시 처벌해야 한다는 것을 신념처럼 떠받들고 살았기에 반드시 그 노예에게 굼뜨게 일한 데 대한 벌을 내렸고, 더불어 나까지도 그런 행동을 용인했다는 이유로 벌을 받았다.

반면에 내가 망설임 없이 채찍을 휘두르는 모습을 볼 때면 아주 만족스러워했다. '연습하다보면 잘하게 된다'는 말은 진짜였다. 8년 동안 감시인으로 일하면서 나는 놀라울 정도의 정교한 솜씨로 채찍을 다룰 수 있게 되었다. 노예들의 등이며 귀, 코 등을 스치고 지나가면서도 머리카락 한 올 차이로 노예들의 몸에 채찍이 결코 닿지 않도록 휘두를 수 있게 된 것이다. 먼발치에서 엡스가 우리를 지켜보고 있을 때, 혹은 왠지 그가 지켜보고 있을 것 같다는 느낌이 들 때면 나는 온 힘을 다해 채찍을 휘두르는 연기를 해 보였고, 사전에 약속한 대로 내 동료들 역시 마치 채찍에 맞아 엄청나게 고통스럽다는 듯 신음하고 소리 지르는 연기를 했다. 하지만 실제로 나는 동료들 몸의 털끝 하나 손대지 않았다. 이따금 엡스가 농장에 모습을 드러내면 팻시는 "지금까지 플랫이 계속해서 매질을 했다"며 그에게 들릴 정도의 목소리로 툴툴거렸고 에이브럼은 그보다 더 정직할 수는 없을 것 같은 표정으로 내 채찍질이 뉴올리언스의 적들을 상대로 잭슨 장군이 휘두른 채찍보다 훨씬 더 매섭다고 말하곤 했다. 엡스가 술에 취하지 않고 기분이 좋을 때면 대개 이쯤에서 만족하곤 했다. 그렇지만 그가 기분이 안 좋은 날이면 우리 중 누군가는 반드시 곤욕을 치렀다. 가끔은 그의 폭력성의 수위가 지나쳐서 노예의 목숨이 위태로운 지경까지 이르기도 했다. 한번은 이 미친놈이 술에 취해 재미로 내 목을 따려

한 적도 있었다.

엡스가 사격시합 때문에 홈즈빌을 잠시 떠난 때였다. 우리 중 누구도 그가 돌아온 것을 모르고 있었다. 나는 팻시 옆에서 괭이질을 하고 있었는데, 그녀가 갑자기 낮은 목소리로 물었다.

"플랫, 저쪽에서 나한테 오라고 손짓하는 사람, 늙은 돼지 맞아요?"

그녀가 가리키는 쪽을 보니 정말로 엡스가 들판 가장자리 쪽에 서서 우리가 일하는 모습을 지켜보며 얼굴을 찌푸리고 있었다. 그것은 그가 반쯤 취했을 때 하는 행동이었다. 엡스가 자신을 부르는 것이 불순한 의도로 그러는 것임을 아는 팻시는 울기 시작했다. 나는 팻시에게 못 본 체하고 계속 일에만 집중하라고 속삭였다. 그렇지만 내가 그녀에게 뭐라고 이야기하는 걸 봤는지 엡스가 이내 성난 모습으로 휘청거리며 내게 다가왔다.

"너 이 자식, 방금 뭐라 그랬냐?"

그가 욕설을 내뱉으며 내게 물었다. 나는 약간 얼버무리며 대답했는데, 그것이 오히려 그의 화를 돋운 듯했다.

"네놈이 언제부터 이래라저래라 했냐, 이 거, 검둥아?"

그가 비웃으며 내게 말했다. 그는 한 손으로 내 멱살을 움켜쥐고, 다른 한 손은 주머니에 찔러넣었다.

"네놈의 시커먼 모가지를 따주마, 내 그렇게 하고말고."

그가 주머니에서 칼을 꺼내며 말했다. 한 손으로는 접혀 있는 칼을 펼 수가 없었기 때문에 이빨을 써서 칼을 펴려 했다. 그 모습을 본 나는 도망쳐야겠다는 생각이 들었다. 잔뜩 취해 사리분별을 못 하는 지금 같은 때라면 목을 자르겠다는 그 말이 농담이 아님이 분명했기 때문이다. 내 셔츠는 앞쪽이 열려 있었던 까닭에 내가 재빨리 뒤로 돌아 달려나가자 셔츠가 벗겨졌다. 이제 그를 따돌리는 것은 전혀 어렵지 않았다. 엡스는 숨이

찰 때까지 나를 쫓아오다가, 멈춰 서서 숨을 고르고, 욕설을 한 번 한 다음 다시 나를 쫓아왔다. 그러다가 내게 당장 이리 오라고 으름장을 놓기도 하고, 살살 구슬리기도 했지만, 나는 그와 어느 정도 거리를 유지했다. 이런 식으로 우리는 들판을 몇 바퀴나 돌았다. 엡스는 몇 번이나 넘어졌고, 나는 그를 따돌리며 두려움보다는 즐거움을 느꼈다. 술이 깨고 나면 그저 바보 같은 실수로 치부하고 웃으며 넘어갈 것임을 알았기 때문이다. 한참을 달리다보니 저 멀리 울타리 너머에서 엡스 부인이 우리의 진지하면서도 우스운 술래잡기를 지켜보는 모습이 보였다. 나는 곧장 엡스 부인을 향해 달려갔다. 그러나 부인이 서 있는 것을 본 엡스는 나를 쫓아오지 않고 제자리에 멈춰 섰다. 엡스가 들판에서 한 시간가량 서성거리는 동안 나는 줄곧 엡스 부인 곁에 서서 무슨 일이 일어난 것인지 전부 이야기해 줬다. 이제는 부인이 더 화가 나서는 남편과 팻시를 똑같이 성토하기 시작했다. 더 이상 버티기 어려워진 엡스가 집 쪽으로 걸어왔다. 이젠 거의 술이 깬 상태로 양손을 뒷짐 지고 점잖게 걸었다. 마치 자신은 아무것도 모른다는 듯 능청을 떨었다.

그렇지만 부인은 엡스를 심하게 질책하기 시작했고 그에게 온갖 추잡한 욕설을 퍼부으면서 왜 내 목을 자르려 했느냐고 물었다. 놀랍게도 엡스는 그날 하루 종일 나와는 이야기 한마디 나눈 적 없다며 하느님께 맹세해도 좋다고 말했다.

"이 거짓말쟁이 검둥아, 내가 언제 너한테 뭐라 하든?"

그가 뻔뻔하게 물었다.

설령 내가 말하는 것이 진실이라 해도 주인의 말에 반박하는 것은 위험한 일이었다. 그래서 나는 침묵을 지켰고, 그가 집 안으로 들어간 뒤 들판으로 돌아갔다. 그리고 이 일은 다시는 입 밖에 꺼내지 않았다.

그 일이 있은 지 얼마 되지 않아 내 진짜 이름과 과거에 대한 비밀이 거의 드러날 뻔한 사건이 있었다. 나는 이 비밀을 내가 탈출할 수 있는 마지막 기회로 삼고 있었기 때문에 오래도록 들키지 않기 위해 세심한 주의를 기울였다. 처음 엡스에게 팔려왔을 때, 그는 내게 글을 읽고 쓸 수 있냐고 물어보았다. 내가 읽기와 쓰기 교육을 받은 적이 있다고 하자, 그는 내게 한 번이라도 책이나 펜, 잉크 등을 가지고 다니는 모습을 본다면 채찍 100대를 때리겠다고 으름장을 놓았다. 그리고 자신이 돈 주고 검둥이들을 산 것은 교육시키려는 것이 아니라 일을 시키기 위함이라고 강조했다. 그는 단 한 번도 내 과거에 대해 물어보거나 내가 어디 출신인지도 물어보지 않았다. 그러나 엡스 부인은 내가 워싱턴 출신이라 생각해 내게 워싱턴에 대해 자주 물어보았고 내가 여느 '검둥이'들과 다른 구석이 있다고 여러 차례 말했으며 스스로 털어놓은 것보다 훨씬 더 복잡한 과거가 있을 거라고 넘겨짚곤 했다.

내 최대 목표는 언제나 북부에 있는 내 가족이나 친구들에게 비밀리에 편지를 보낼 방법을 찾는 것이었다. 당시 내 활동 반경이 얼마나 제한적이었는지 모르는 사람은 들키지 않고 편지를 보내는 것이 얼마나 어려운 일인지 상상도 못 할 것이다. 우선, 그들은 내게서 펜이며 잉크, 종이 등을 전부 빼앗아갔다. 둘째로, 노예들은 통행증이 없으면 마음대로 농장 밖을 나설 수 없었고 설령 어떻게 우체국까지 간다 해도 주인이 따로 허가증을 써주지 않으면 노예가 보내는 편지를 부쳐줄 리 없었다. 나는 9년 동안 노예생활을 했고, 그동안 언제나 한 장의 종이를 얻을 기회만을 노리며 눈과 귀를 곤두세우고 살았다. 어느 해 겨울에 엡스가 목화를 팔기 위해 뉴올리언스에 가 있는 동안 엡스 부인이 몇 가지 물건을 사오라며 나를 홈즈빌로 보냈다. 그 물건들 중에는 풀스캡33×40센티미터 크기의 대형 인쇄 용지도 있었다. 나는 그중에서 한 장을 빼돌려 내가 잠을 자는 판자 밑에 단단히 숨겨놓았다.

몇 번의 시도 끝에 나는 은단풍나무 껍질을 끓여 잉크를 만드는 데 성공했다. 또 오리 날개에서 뽑은 깃털로 펜도 만들었다. 모두가 잠든 밤에 벽난로 불빛 옆 널빤지 침대에 누워 장문의 편지를 썼다. 샌디힐에 사는 내 오랜 친구에게 쓴 것으로 현재 내 처지를 설명하고 내가 자유의 몸이 될 수 있도록 방법을 좀 찾아달라는 이야기였다. 오래도록 이 편지를 간직하면서 이것을 우체국에서 안전하게 보낼 수 있는 방법을 찾기 위해 노력했다. 그러던 어느 날, 암즈비라는 이름의 처음 보는 사람이 우리 마을을 찾아와 농장의 감독관직을 하고 싶다며 물어보고 다녔다. 그는 엡스의 농장에도 지원했으며 며칠 동안 농장에서 머물렀다. 다음에는 근처에 위치한 쇼의 농장에 들렀고 거기서는 몇 주간 머물렀다. 쇼는 그 자신도 도박꾼에다 방종한 사람으로 항상 그런 실속 없는 이들하고만 어울려 다녔다. 그는 자신의 노예 중 한 명이던 샬럿과 결혼해 여러 명의 물라토 아이를 낳았다. 일자리를 구하려 잘 안 되자 암즈비는 마침내 노예들과 함께 농사일을 하겠다고까지 자원하고 나섰다. 바유뵈프에서 백인이 밭에 나가 일하는 광경은 좀처럼 보기 드물었다. 나는 개인적으로 그와 안면을 트기 위해 부단히 노력했다. 그의 신뢰를 얻어 그에게 편지를 맡기려는 생각에서였다. 그가 이야기한 바에 따르면, 30킬로미터가량 떨어진 마크스빌에 자주 들락거린다고 했는데 거기서 편지를 부치면 될 것이라는 생각이 들었다.

어떻게 하면 그에게 이 이야기를 가장 잘 꺼낼 수 있을지 고민하던 나는, 그에게 이미 편지를 썼다는 이야기나 편지 내용에 대한 것은 말하지 않고 그냥 다음번에 마크스빌 우체국에 들를 일이 생기면 혹시 편지 하나만 부쳐줄 수 있겠냐고 물어보는 것이 가장 낫겠다는 결론을 내렸다. 그가 나를 배신할지도 모른다는 생각이 들었고 뭔가 금전적인 보상을 해줘야만 그가 내 부탁을 안전하게 들어줄 것 같았기 때문이다. 어느 날, 새벽 1시라는 늦은 시각에 나는 소리 없이 오두막집에서 나와 들판을 가로질러 쇼의 집으로 그를 찾아갔다. 그는 잠들어 있었다. 그때 내 수중에는 고작 몇 피카윤밖에 없었다. 바이올린 연주로 번 얼마 안 되는 돈이었지만, 부탁을 들어주는 대가로 내 전 재산이기도 한 그 돈을 그에게 주기로 약속했다.

나는 그에게 혹시라도 부탁을 들어줄 수 없다면 적어도 이 사실을 발설만은 말아달라고 사정했다. 그는 자신의 명예를 걸고 반드시 편지를 마크스빌 우체국에서 부쳐줄 것이며 이 비밀은 무덤까지 가져가겠노라고 말했다. 사실 그때 편지는 내 주머니 속에 있었지만, 혹시나 하는 마음에 그에게 바로 전달하지는 않고 하루 이틀 내로 편지를 다 써서 가져오겠다고 말한 뒤 그에게 작별 인사를 하고 오두막으로 돌아왔다. 그렇지만 여전히 암즈비에 대한 의심이 가시질 않아 그날 밤 한숨도 못 자며 더 안전한 경로는 없을지 생각해보았다. 목적을 이루기 위해서라면 위험이 크더라도 감수할 용의가 있었지만, 혹시라도 편지가 엡스의 손에 떨어진다면 내 오랜 염원은 끝장난 것이나 다름없을 것이었기 때문이다. 나는 "극도로 당황해 혼란에 빠져들었다셰익스피어의 『오셀로』 5막."

얼마 지나지 않아 암즈비에 대한 의심이 기우가 아니었음이 드러났다. 바로 다음 다음 날 들판에서 일하고 있는데 저 멀리 쇼의 농장과 자신의 농장 사이 울타리에 걸터앉아 우리를 바라보는 엡스의 모습이 보였다. 잠시 뒤 암즈비가 울타리를 넘어와서는 엡스 곁에 앉았다. 그들은 그곳에 걸터앉아 두세 시간 동안 이야기를 나눴다. 그동안 나는 걱정 때문에 머리가 돌아버릴 지경이었다.

그날 밤 베이컨을 굽고 있는데 엡스가 한 손에 생가죽 채찍을 들고 내 오두막집을 찾아왔다.

"이봐!"

그가 말했다.

"우리 농장에 글깨나 배운 검둥이가 있다는데 말이야. 편지를 써서 백 인에게 전달해달라고 했다더군. 누군지 궁금하지 않나?"

가장 두려워하던 일이 현실이 된 것이다. 이런 상황에서 엡스가 믿어 줄지는 알 수 없었지만, 어쨌든 그때로서는 무슨 말인지 전혀 모르겠다고 잡아떼는 것만이 유일한 해결책으로 느껴졌다.

"전혀 모르는 일입니다, 주인님."

나는 짐짓 놀라는 체하며 대답했다.

"금시초문인데요."

"그저께 밤에 쇼의 농장에 간 적이 없단 말이야?"

그가 물었다.

"없습니다, 주인님."

내가 대답했다.

"그 암즈비라는 친구한테 마크스빌에 가서 편지를 부쳐달라고 부탁한 적이 없어?"

"그럴 리가요, 주인님. 그 사람과는 한두 마디 이상 나눠본 적도 없습 니다. 무슨 말씀을 하시는지 도통 모르겠는데요."

"흠."

그는 계속해서 말했다.

"오늘 암즈비가 나한테 와서 우리 농장 검둥이들 중에 못된 놈이 하나 있다고 이야기해주더군. 용의주도하게 감시하지 않으면 도망갈 놈이 하나 있다면서 말이야. 무슨 일이냐고 물었더니, 네놈이 쇼의 농장에 몰래 찾아와서는 한밤중에 암즈비를 깨우고 편지를 전해달라고 부탁했다고 하던데. 암즈비가 없는 얘길 지어냈단 말이냐, 그럼?"

"제가 드리고 싶은 말씀은……"

나는 답했다.

"그 사람이 한 말에는 일말의 진실도 없다는 거지요. 잉크나 종이도 없는 제가 어떻게 편지를 쓰겠습니까? 게다가 저는 편지 쓸 사람도 없습니다. 친구도 없고요. 그 암즈비란 친구는 원래 거짓말을 잘하고, 매일 술에 취해 헛소리를 해서 아무도 그 사람 말을 진지하게 듣지 않는다고 합니다. 제가 언제나 사실대로만 말하고 통행증이 없으면 농장을 나서지 않는다는 걸 아시잖습니까? 그렇지만 암즈비 그자가 왜 거짓말을 했는지는 알 것 같습니다, 주인님. 그자가 주인님께 감독관 자리를 달라고 부탁하지 않았습니까?"

"그래, 그렇게 말하긴 했지."

엡스가 답했다.

"그럼 그것 때문일 겁니다."

나는 말했다.

"주인님께 노예들이 다 도망갈 거라고 겁을 줘서 자기를 감독관으로 고용하도록 하려는 것이죠. 그래서 그 모든 이야기를 꾸며낸 겁니다. 그런 이야기라도 있어야 주인님을 설득할 테니 말이죠. 그자의 말은 전부 거짓입니다, 주인님. 믿으셔도 좋습니다."

엡스는 잠시 내 이야기의 그럴듯함에 놀라 생각을 하더니 말했다.

"그, 그 말이 사실이 아니면 죽을 줄 알아라, 플랫. 그런 거짓말에 내가 속을 거라 생각하다니, 나를 굉장히 만만하게 봤나보군. 그 암즈비 녀석. 안 그러냐? 날 속일 수 있을 거라 생각했거나, 내가 세상 물정도 모르는 천치라고 생각한 거지. 내가 검둥이 하나 제대로 간수 못 할 거라고, 하! 만만한 늙은이 엡스라고 말이야! 하하하! 암즈비! 놈에게 개를 풀어라, 플랫."

엡스는 그 밖에도 암즈비에 대해 엄청난 욕설을 퍼붓고, 제 일이나 신경 쓸 것이지 왜 남의 일에 감 놔라 배 놔라 하는지 모르겠다고 불평하며 오두막에서 나갔다. 그가 나가자마자 나는 숨겨둔 편지를 불 속에 집어넣고 태워버렸다. 낙담과 절망에 빠져 엄청난 고민과 노력 끝에 작성한 편지를 바라보았다. 나를 다시금 자유의 땅으로 데려다주리라 믿었던 편지가 불길 속에서 몸을 뒤틀고 쭈글쭈글해지며 재와 연기로 변해가고 있었다. 그 사기꾼 같은 놈 암즈비는 얼마 지나지 않아 쇼의 농장에서 쫓겨났다. 그가 다시금 엡스와 이야기를 나누고 설득하려 할지도 모른다고 걱정했던 나로서는 다행한 일이었다.

이제 어디서 구원의 손길을 찾아야 할지 알 수 없었다. 일순간 내 가슴속에 피어올랐던 희망은 무참하게 짓밟히고 내팽개쳐졌다. 내 인생의 여름날이 지나가고 있었고, 나는 갑자기 확 늙어버린 기분마저 들었다. 앞으로 몇 년간 더 이렇게 일을 하고, 슬퍼하고, 늪에서 올라오는 독기를 쐬다보면 결국에는 무덤에 묻혀 아무도 기억하지 못하는 곳에서 썩어갈 것이라고 말이다.

구조의 희망으로부터 완전히 배신당하고 철저히 내팽개쳐진 내가 할 수 있었던 일은 그저 땅 위에 엎드려 말할 수 없는 절망 속에 울부짖는 것뿐이었다. 그나마 구조될 수 있다는 한 줄기 희망으로 이제껏 위로를 삼으며 버텨왔는데 그 희망조차 이제는 명멸하는 불빛처럼 깜빡이며 희미해져갔다. 약간의 실망만으로도 이 희망의 불빛은 완전히 꺼져버릴 것이고 나는 어둠 속을 더듬거리며 죽음을 향해 나아갈 것이었다.

# **17** 도망노예들의 처참한 결말

윌리, 피비와 에이브럼의 말을 무시하다가 순찰대에 잡히다−순찰대의 구성과 임무−윌리, 도망치다−윌리의 행방에 대한 추측−갑자기 돌아온 윌리−윌리, 레드 강변에서 붙잡혀 알렉산드리아 감옥에 갇히다−조지프 로버츠, 윌리를 발견하다−탈출을 위해 개들을 길들이다−그레이트파인우즈의 도망노예들−애덤 타이덤과 인디언, 도망노예들을 잡다−사냥개에 물려 죽은 오거스터스−엘드레트의 여자 노예 넬리−셀레스트의 사연−조직적 운동−배신자 루 체니−반란 모의

1850년, 그러니까 지금 글을 쓰고 있는 올해는 독자들이 관심 없을 만한 모든 이야기를 제외하고 보면 내 친구이자 피비의 남편인 윌리에게 매우 불행한 해였다. 윌리는 천성이 내성적이고 조용해 항상 배경으로만 머물던 친구였다. 윌리는 입을 여는 경우가 드물었고, 언제나 가식 없는 태도에 불평이라곤 없었다. 그러나 이 조용한 '검둥이' 친구는 가슴속에 따뜻한 사교성을 품고 있었다. 언제나 자기 혼자 행동할 때가 많았던 윌리는 에이브럼의 개똥철학이나 피비의 조언을 한 귀로 듣고 한 귀로 흘려보내며 한밤중에 통행증도 없이 주변 오두막집들을 방문하는 대담함을 보였다.

친구들과 보내는 밤에 매료된 윌리가 하루는 시간 가는 줄도 모르고 있다가 날이 밝아오고서야 이를 깨닫게 되었다. 집을 향해 최대한 빨리 달리며 기상나팔을 불기 전까지 당도할 수 있으면 좋겠다고 생각했다. 그러나 불운하게도 한 무리의 순찰대가 윌리를 붙잡았다.

노예제가 있는 다른 곳에서는 어떤지 모르겠으나, 바유뵈프에는 순찰

대가 돌아다니며 농장에서 빠져나와 혼자 돌아다니는 노예를 잡아다 마구 때리곤 했다. 순찰대는 말을 타고 다녔으며 무장을 한 대장이 앞에서 이끌었고 개를 몇 마리씩 데리고 다녔다. 그들은 통행증 없이 주인의 땅을 벗어난 흑인에게 자유재량으로 체벌하거나 노예가 도망치려 하면 그에게 총을 쏠 수도 있었다. 이런 권한은 법적으로도, 사회 통념으로도 용인되었다. 각 순찰대가 자신들의 관할 구역을 돌아다니며 순찰했다. 농장주들이 각자 보유한 노예 수에 비례해 돈을 모아 그들에게 수당으로 지급했던 것이다. 순찰대의 말발굽 소리는 하루 종일 들려왔고, 간혹 그들이 노예를 앞세워 가거나 노예의 목에 올가미를 매 다시 농장으로 데려가는 모습을 볼 수 있었다.

윌리는 이들 순찰대 중 하나를 피해 도망치며 그들에게 잡히기 전에 오두막에 이를 수 있을 거라 생각했다. 그러나 순찰대가 데리고 다니는 거대한 하운드 한 마리가 그의 다리를 꽉 물고 놔주지 않았다. 순찰대는 그에게 인정사정없이 채찍을 휘둘렀고 밧줄에 묶어 엡스의 집으로 데려갔다. 윌리는 순찰대에게 맞은 것도 모자라 엡스에게서도 더 심하게 매질을 당해야 했다. 여기저기 베인 상처와 채찍으로 맞은 자국, 그리고 개한테 물린 상처가 한데 섞여 그를 고통스럽게 했다. 그는 몹시 아프고 몸이 뻣뻣하게 굳는 바람에 몸을 움직일 수조차 없었다. 그런 상태에서 들판에 나가 열을 맞춰 일하는 것은 거의 불가능했고, 엡스는 윌리가 굼뜨게 일한다는 이유로 계속해서 맨 등에 가죽 채찍 세례를 퍼부어 그의 등에는 피가 마를 날이 없었다. 더는 고통을 견딜 수 없었던 윌리는 마침내 도망칠 것을 결심했다. 아내인 피비에게조차 말하지 않은 채 그는 계획을 실행에 옮기기 위한 준비를 해나갔다. 일주일 치 음식을 전부 챙긴 그는 일요일 밤에 동료들이 자고 있을 때 몰래 오두막을 빠져나갔다. 아침 기상나팔이 울렸을 때도 윌리는 나타나지 않았다. 그를 찾기 위해 오두막이며 옥수수 창고, 목화 창고를 비롯해 온 농장을 이 잡듯 뒤졌다. 노예들 역시 윌리의 갑작스런 실종과 그의 현재 위치에 대해 알고 있는 것이 없는지 심문을 받았다.

윌리의 실종에 엡스는 불같이 화를 내며 말 위에 올라타더니 주변 농장들을 하나씩 돌아다니며 혹시 윌리를 보지 못했느냐고 물었다. 그러나 수색은 아무런 성과도 얻지 못했다. 윌리의 실종에 대해 밝혀진 것은 아무것도 없었고 사라진 윌리가 어떻게 되었는지 아무도 알지 못했다. 개들을 데리고 늪지대에도 가봤지만 윌리의 흔적은 찾을 수 없었다. 개들은 땅 위에 코를 대고 숲속을 빙글빙글 돌며 윌리를 찾으려 다녔지만 얼마 지나지 않아 원위치로 돌아오고 말았다.

윌리는 도망친 것이다. 그것도 모든 추적을 따돌릴 만큼 비밀스럽고 조심스럽게. 그가 사라지고 며칠, 몇 주가 지났지만 어떤 소식도 들려오지 않았다. 그동안 엡스는 매일같이 윌리를 욕하고 저주하며 시간을 보냈다. 우리끼리 있을 때에도 화제는 단연코 윌리였다. 노예들 사이에서도 윌리에 대한 추측이 분분했다. 어떤 사람은 그가 수영을 못 하니 어디 늪 같은 곳에 빠져 죽었을 거라 말했고, 악어에 잡아먹히거나 맹독을 품은 치명적인 독사에 물려 죽었을 거라는 이들도 있었다. 그러나 윌리가 어디에 있든, 가엾은 그가 무사히 잘 있기를 바라는 마음은 한결같았다. 에이브럼은 도망쳐 헤매고 있을 윌리를 위해 진심이 담긴 기도를 몇 번이고 올렸다.

3주가 지나고 모두가 윌리에 대한 희망을 포기했을 무렵, 놀랍게도 윌리가 우리 앞에 나타났다. 농장을 떠날 무렵에 그는 우리에게 사우스캐롤라이나로 돌아갈 거라 말한 적이 있다. 옛날에 섬기던 주인 뷰퍼드에게 찾아갈 계획이라는 것이었다. 윌리는 낮 동안에는 나무 위에 올라가거나 으슥한 곳에 숨어 있다가 밤이 되면 늪을 헤치며 전진했다. 그러던 중 어느 날 아침, 마침내 레드 강변에 도착했다. 강둑에 서서 어떻게 하면 이 강을 건널까 생각하고 있는데, 갑자기 한 백인 남자가 그에게 다가와 통행증을 보자고 요구했다. 도망노예였던 그에게 통행증이 있을 리 없었고 남자는 그를 상급 재판소가 있는 래피즈 패리시의 알렉산드리아로 데려갔다. 윌리는 그곳에서 투옥되었다. 며칠 뒤 엡스 부인의 삼촌인 조지프 B. 로버츠가 알렉산드리아에 들렀다가 감옥에서 윌리를 알아보았다. 엡스가 허프파워에 살 적에 윌리가 로버츠의 농장에서 일한 적이 있기 때문이다. 로버츠는 감옥 비용을 치르고, 윌리에게 통행증 한 장과 함께 엡스에게 보내는 쪽지를 써주었다. 윌리가 도착하더라도 심하게 체벌하지 말아달라는 쪽지였다. 그렇게 윌리는 바유뵈프로 되돌아왔다. 순전히 로버츠가 써준 쪽지에만, 그리고 엡스가 그 쪽지에 적힌 내용을 무시하지는 않을 거라는 로버츠의 말에만 희망을 걸고 돌아온 것이다. 그러나 독자 여러분도 짐작했겠지만 엡스는 로버츠의 쪽지를 완전히 무시했다. 3일 동안 자신에게 어떤 처분이 내려질지 두려움에 떨던 윌리는 결국 옷이 벗겨지고 또다시 노예들이라면 한번쯤은 다 겪는 비인간적인 채찍질을 견뎌야만 하는 신세가 되었다. 그것은 윌리의 처음이자 마지막 도망이었다. 등에 새겨진, 무덤까지 가지고 갈 기다란 상처들을 볼 때마다 그는 도망치려 했다가 치른 대가를 떠올리게 될 것이었다.

　나 역시 엡스 밑에서 일하던 10년 동안 단 하루도 도망을 생각하지 않은 적이 없었다. 계획도 여럿 세웠는데, 생각났을 당시에는 완벽한 듯싶었지만 곧 결함이 발견되어 포기할 수밖에 없었다. 그런 상황에 처해보지 않은 사람이라면 노예가 도망가기 위해 얼마나 많은 장애물을 넘어야 하는지 결코 알 수 없을 것이다. 백인들은 노예가 갈 만한 길목마다 방해물을 세워놓았다. 길거리에는 순찰대가 돌아다녔고, 개들은 도망노예의 흔적을 쫓고 있으며, 지형도 험해서 결코 안전하게 목적지까지 도달하기 어려웠다.

그렇지만 나는 언젠가 또다시 늪지대를 헤치고 달려가야 할 때가 올 거라고 생각했다. 또 윌리의 경우를 통해 만일 내가 쫓기는 입장이 되면 무엇보다 사냥개의 추격에 대비할 필요가 있겠다고 생각했다. 엡스는 여러 마리의 사냥개를 키웠는데 그중 하나는 노예 사냥꾼으로 악명 높은 놈으로 개들 중에서도 가장 사납고 야만스러웠다. 나는 개들을 데리고 너구리나 주머니쥐 사냥을 나갈 때면 기회다 생각하고 그놈들을 채찍으로 흠씬 두들겨 패뒀다. 그런 식으로 개들을 나한테 완전히 복종시켜놓았다. 개들은 나를 무서워했고, 다른 사람의 말은 듣지 않아도 내 목소리를 들으면 단번에 복종했다. 설사 개들을 데리고 나를 쫓아온다고 해도 아마 내가 무서워 공격은 못 할 것임을 나는 의심치 않았다.

잡힐 것이 거의 확실했음에도 불구하고 숲과 늪은 언제나 도망친 노예들로 가득했다. 도망노예들 중 상당수는 몸이 아프거나 몹시 지쳐 더 이상 일을 할 수 없는 상태에서 벌받을 각오를 하고서라도 하루나 이틀 쉬고 싶어 늪으로 도망친 이들이었다.

포드 농장에서 일할 때 나는 본의 아니게 예닐곱 명 되는 노예의 은신처를 알아내는 수단이 된 적이 있었다. 그 노예들은 '바유라무리'에 거처를 정해 살았다. 애덤 타이덤은 벌목지에서 음식을 구해오라며 나를 포드의 집 쪽으로 보내곤 했다. 공장에서 그곳까지 이어지는 길은 전부 빽빽한 소나무 숲이었다. 시각은 10시, 아름답게 달이 뜬 밤에 돼지 한 마리를 포대에 넣어 어깨에 지고 텍사스 로드를 따라서 공장으로 돌아오는

데 등 뒤에서 발걸음 소리가 들렸다. 뒤를 돌아보니 노예 행색을 한 두 명의 흑인 남자가 빠른 걸음으로 다가오고 있었다. 나한테 거의 다가왔을 즈음 그들 중 한 명이 방망이를 들어올려 나를 내리치려는 몸짓을 했고, 다른 한 명은 내가 들고 가던 포대를 낚아챘다. 나는 둘 모두를 따돌리고, 옆에 있던 솔방울 하나를 집어들어 두 놈 중 한 놈의 이마에 정확하게 명중시켰다. 놈은 그대로 힘없이 쓰러졌다. 그때 길 한쪽에서 두 놈이 더 나타났다. 놈들이 나를 잡기 전에 나는 가까스로 그들을 지나쳐서 잔뜩 놀란 가슴을 안고 달아나는 데 성공했다. 애덤에게 그 이야기를 하자, 그는 곧장 인디언 마을로 달려가서는 카스칼라를 비롯한 여러 부족을 깨워 나를 습격한 놈들을 찾으러 나섰다. 나 역시 그 현장까지 그들과 동행했다. 내가 솔방울로 맞춘 남자가 쓰러져 있던 곳에는 핏자국만 남아 있었다. 오랫동안 숲을 수색한 끝에 카스칼라의 사람 중 한 명이 소나무 가지 위에서 연기가 피어오르는 것을 발견했다. 나무 위에 숨어 있던 그들은 다 함께 바닥으로 떨어졌다. 우리는 조심스레 그들을 둘러싸고, 모두를 포로로 잡았다. 그들은 라무리 근처 한 농장에서 도망쳐 나온 노예들로 3주 동안 거기에 숨어 있었다. 나중에 물어보니 나를 해칠 의도는 없었고 그저 놀라게 해서 돼지를 빼앗을 생각이었다고 했다. 해 질 무렵 내가 포드의 농장 쪽으로 가는 걸 본 그들은 무슨 용건으로 가는지 궁금해져서 나를 따라왔고, 내가 돼지를 잡아서 다시 돌아가는 길이라는 걸 알게 된 것이었다. 야외생활을 하는 그들은 자연히 음식이 부족했고 때문에 그런 극단적인 행동까지 한 것이었다. 애덤은 그들을 어보이엘르 교구 감옥에 인수하고 상당한 보상을 받았다.

도망치는 과정에서 노예가 목숨을 잃는 일도 드물지 않게 일어났다. 엡스의 토지는 케리의 거대한 사탕수수 농장과 한쪽 면을 접해 있었다.

케리의 농장은 매년 600만 제곱미터에서 재배한 사탕수수를 수확하고 2200~2300통의 설탕을 생산했다. 4000제곱미터당 1~1.5통의 설탕이 나온 것이었다. 그 밖에도 케리는 약 200만 제곱미터의 땅에서 옥수수와 목화를 재배했다. 작년 한 해에 농장에서 일한 일꾼 153명에 아이들까지 합하면 더 많았고 한창 바쁜 시기에는 미시시피 강 서쪽에서 일꾼들을 임시로 더 고용하곤 했다.

그의 농장에서 감시인으로 일하는 이들 중에 오거스터스라는 유쾌하고 명석한 흑인이 한 명 있었다. 휴일이나 가끔 함께 일할 기회가 있을 때마다 나는 그와 친하게 지냈고 우리는 얼마 지나지 않아 깊은 우정을 쌓게 되었다. 불행히도 재작년 여름 그는 사납고 잔혹한 어느 감독관의 눈 밖에 나는 바람에 아주 잔인하게 매질을 당했다. 그 일이 있은 뒤 그는 도망쳤고, 호킨스의 농장의 사탕수수 볏짚 속에 숨어 있었다. 열다섯 마리쯤 되는 케리네 개 전부가 오거스터스의 흔적을 찾는 데 동원되었다. 얼마 지나지 않아 개들은 그의 발자국과 은신처를 찾아냈다. 볏짚을 둘러싼 개들은 으르렁거리며 앞발로 마구 긁어댔지만 오거스터스를 잡지는 못했다. 잠시 후 개들의 짖는 소리를 듣고 추격자들이 달려왔고 감시인이 오거스터스를 볏짚 밖으로 끌어냈다. 그가 바닥에 패대기쳐지자마자 열댓 마리의 개가 전부 그에게 달려들었고 어떻게 해볼 새도 없이 그의 몸을 잔인하게 물어뜯고 절단냈다. 몸 수백 곳에 뼛속까지 개들의 이빨 자국이 나 있었다. 추격자들은 오거스터스를 노새 등에 묶어 집으로 보냈다. 하지만 그는 죽을 때까지도 곱게 가지 못했다. 다음 날까지도 숨이 붙어 있어 한참을 고통스러워하다가 마침내 숨을 거뒀다.

남자 노예뿐 아니라 여자 노예 중에서도 도망치려는 자가 적지 않았다. '빅케인브레이크'에서 만난 엘드레트의 노예인 넬리 역시 엡스의 옥수수 창고에 3일 동안 숨어 있었다. 넬리는 엡스 가족이 다 잠든 밤이면 몰래 음식을 훔쳐 창고로 돌아가곤 했다. 그러나 3일이 지난 다음 우리는 더 이상 넬리를 그곳에 숨겨주는 것이 안전하지 못하다는 판단을 내렸고 그녀는 이내 자신의 오두막으로 돌아갔다.

가장 성공적으로 사냥개와 추격자들을 따돌린 이는 케리의 집 여자 노예 중 한 명인 셀레스트였다. 열아홉에서 스무 살쯤 된 셀레스트는 그녀의 주인이나 주인집 자식들보다도 피부색이 훨씬 더 하얀 편이었다. 그녀의 외모에서는 아프리카계 혈통의 흔적을 거의 찾아볼 수 없었다. 모르는 사람이 보면 그녀가 노예의 자식이라고는 결코 생각할 수 없을 것이었다. 어느 날 저녁 오두막에 앉아 바이올린으로 낮은 곡조의 음악을 연주하고 있는데 누군가가 조용히 문을 열고 들어왔다. 고개를 들어보니 셀레스트가 내 앞에 서 있었다. 그녀는 창백하고 초췌한 낯빛을 하고 있었다.

땅에서 유령이 솟아났다고 해도 그만큼 놀라지는 않을 것이다.

"대체 누구요?"

나는 그녀를 바라보며 물었다.

"배가 고픈데, 베이컨 좀 주세요."

그녀가 말했다.

처음에 나는 웬 미친 여자가 집에서 도망나와 천지 분간도 못 하고 돌아다니다 바이올린 소리를 듣고 내 오두막을 찾아왔는가보다 생각했다. 그렇지만 그녀가 거친 면으로 만든, 노예들이 입는 치마를 입고 있는 걸 보니 그것은 아닐 거라는 생각이 들었다.

"이름이 뭡니까?"

내가 물었다.

"제 이름은 셀레스트예요."

그녀가 대답했다.

"케리의 집에서 일하는 노예인데 이틀 동안 팰머토미국 동남부 산 작은 야자
나무 나무 위에 숨어 지냈어요. 몸이 몹시 아파 일을 할 수가 없어요. 감독
관의 채찍질에 맞아 죽느니 차라리 늪에 빠져 죽겠어요. 케리의 집 개들
은 저를 따라오지 않을 거예요. 개들을 풀어 저를 찾으려 했지만요. 제가
개들을 잘 길들여놨거든요. 감시인이 뭐라 하든 따르지 않을 거예요. 그
러니 고기 좀 줘요. 배가 몹시 고파요."

나는 얼마 안 되는 식량을 그녀에게 나눠줬다. 셀레스트는 내가 준 음
식을 먹으면서 자기가 어떻게 도망쳤는지, 어디에 숨어 지냈는지 등을 이
야기했다. 엡스의 집에서 800미터도 떨어지지 않은 곳에 위치한 늪지대
귀퉁이에는 수백만 제곱미터에 달하는 팰머토 나무로 가득한 공간이 있
었다. 이 키 큰 나무들은 서로 긴 가지를 맞대고 서서 지붕 모양으로 우거
졌다. 나무가 아주 빽빽한 까닭에 숲 바닥에는 햇빛이 들지 않을 정도였
다. 햇살이 밝은 날에도 이 숲속만큼은 언제나 땅거미가 지는 해질녘 같
았다. 뱀밖에 다니지 않는 이 어두운 숲의 한복판, 외롭고 침울한 이곳에
서 셀레스트는 땅 위에 떨어진 죽은 나뭇가지들을 모아 임시 오두막을 만
들고 그 위를 팰머토 나뭇잎으로 덮었다. 그곳이 그녀가 선택한 거주지였
다. 그녀도 나처럼 주인집 개들을 전혀 무서워하지 않았다. 정확히 이유
를 설명할 수는 없지만, 유독 개들이 추적을 거부하는 사람들이 있었다.
셀레스트 역시 그런 부류 중 한 명이었다.

그녀는 그 뒤 며칠 동안 밤마다 내 오두막에 찾아와 음식을 부탁했다.
한번은 그녀가 오는 소리를 듣고 우리 농장 개들이 짖어대서 엡스가 잠에
서 깨기도 했다. 수상히 여긴 엡스는 자다가 일어나 농장을 순찰했다. 비
록 그에게 발각되지는 않았지만, 이 일이 있은 뒤 셀레스트가 나를 찾아

오는 건 더 이상 안전하지 않아 보였다. 그래서 대신 사전에 약속한 중간 지점까지 내가 음식을 가져다주면 그녀가 나중에 거기까지 와서 음식을 찾아가기로 계획을 변경했다.

셀레스트는 이런 식으로 여름을 무사히 날 수 있었다. 그녀는 다시 건강해졌고, 힘도 세졌으며 성격도 명랑해졌다. 한편 늪지대 가장자리에서는 사시사철 밤마다 야생동물들의 울음소리가 들려왔다. 셀레스트 역시 자다가 그 소리를 여러 차례 들었고 위협을 느끼다가 마침내 그 외로운 은신처를 떠나기로 했다. 주인에게 돌아간 그녀는 물론 채찍을 맞았고 목에 쇠사슬이 감긴 채 다시 들판에서 일하게 되었다.

내가 도착하기 1년 전쯤에 노예들이 담합해 저항운동을 벌인 일이 있었다. 그러나 바유뵈프에서는 비극적인 결말을 맞고 말았다. 당시 신문에서는 그에 대한 악평을 엄청나게 써댔는데, 나는 그 운동과 관련한 대부분의 소식을 당시 그 근처에 살았던 사람들에게 전해 들었다. 그 저항운동은 모든 노예 사이에서 초유의 관심사가 되었고, 이를 전통으로 남겨 다음 세대들에게까지 전해줄 것이 틀림없어 보였다. 훗날 나와도 친분을 쌓게 된 루 체니는 아주 교활한 흑인으로 대부분의 다른 흑인보다 훨씬 더 똑똑했지만 부도덕하고 언제라도 친구를 배신할 준비가 되어 있는 인물이었다. 그는 백인들에게 맞서 싸울 수 있을 만큼 강한 노예 무리를 만들어 이웃해 있는 멕시코 영토까지 함께 도망치자는 계획을 세웠다.

호킨스의 농장 뒤편, 늪지대 근처의 외진 곳이 결집 장소로 선정되었다. 루는 캄캄한 밤에 이 농장에서 저 농장으로 돌아다니며 멕시코까지의 원정에 대해 다른 노예들이 함께할 것을 설득했다. 은둔자 피에르<sub>중세</sub> 시기 유럽에서 가난한 자들을 모아 '군중 십자군'을 조직한 수도사가 그랬던 것처럼 그가 가는 곳마다 흥분의 도가니가 되곤 했다. 얼마 뒤 상당수의 도망노예가 모여 집단을 이루었다. 그들은 훔친 노새, 밭에서 가져온 옥수수, 훈연실에서 훔친 베이컨 등을 가지고 숲에 모였다. 그런데 원정이 막 시작되려던 그때 그들의 은신처가 발각되고 말았다. 결국 자신이 꾸린 원정대가 실패할 것이라고 생각한 루 체니가 주인의 환심을 사고 형벌을 피하기 위해 의도적으로 동료 노예들을 희생시키기로 결심한 것이다. 집결지에서 몰래 빠져나온 체니는 농장주들에게 늪지대에 모인 노예들의 규모를 이야기하고는, 그들의 진정한 목적을 사실대로 말하는 대신 그들이 기회만 있으면 은신처에서 뛰쳐나와 지역의 모든 백인을 말살시킬 계획을 세우고 있다고 거짓말을 했다.

입에서 입을 통해 전해지는 동안 한껏 과장된 이야기는 마을 전체를 공포에 휩싸이게 했다. 포위된 도망노예들은 알렉산드리아로 이송된 뒤 사람들이 보는 앞에서 교수형을 당했다. 뿐만 아니라 그들과 한통속으로 의심받은, 그러나 실제로는 전혀 무고했던 노예들도 밭에서 일하다가 혹은 오두막에 있다가 끌려가 그 어떤 재판이나 절차도 없이 단두대의 이슬로 사라졌다. 마침내 바유뵈프의 농장주들이 이러한 무차별적 사유재산 파괴에 반기를 들고 일어났고, 텍사스 국경에서 한 무리의 군인이 와서 교수대를 철거하고 알렉산드리아 감옥에 갇혀 있던 죄수들을 풀어주고 나서야 무차별적 학살 국면은 진정되었다. 루 체니는 무사히 도망쳤고, 심지어 동료들을 배신한 것에 대해 상까지 받았다. 여전히 살아 있긴 하지만 래피즈 패리시와 어보이엘르 패리시의 모든 흑인은 아직까지도 그 이름을 경멸하고 증오한다.

반란이라는 개념 자체는 바유뵈프의 노예들에게 영 낯선 것만은 아니었다. 나 역시 진지한 반란 모의에 한 번 이상 참여한 적이 있었다. 그리고 내 말 한마디로 인해 수백 명의 동료 노예가 백인들에 대한 저항 의지를 불태우던 때도 있었다.

그러나 무기나 탄약 없이는, 아니 설령 그런 것들이 있다고 해도, 그런 식의 반란은 실패로 그리고 엄청난 재앙과 죽음으로 막을 내릴 것이 아주 명백했기에 나는 언제나 백인들을 상대로 한 반란 계획에는 반대해왔다.

멕시코 전쟁1846~1848년에 일어난 미국과 멕시코의 전쟁. 원래 멕시코 영토이던 텍사스를 미국이 합병하려 하자 이에 반발한 멕시코와 미국 사이에 전쟁이 일어났고, 결국 미국이 전쟁에서 승리했다 당시 사람들의 가슴속에 부풀어 올랐던 헛된 희망과 기대를 나는 기억한다. 미국의 승전보에 주인집에서는 떠나갈 듯한 함성이 들려왔으나 노예들의 오두막에서는 슬픔과 실망의 한숨 소리만 들려왔다. 내 생각에는 그리고 경험을 통해 이런 기분에 대해 잘 알고 있는데, 바유뵈프에 사는 노예들 중 침입해 들어오는 군대를 진심으로 쌍수 들고 환영할 만한 이는 50명도 채 되지 않을 것이다.

무지하고 천한 노예는 주인이 어떤 잘못을 저질러도 그것이 잘못인지 모를 거라고 여긴다면 그것은 틀린 생각이다. 채찍질에 갈기갈기 찢긴 등에서 피가 흐르는 노예가 복종과 용서를 미덕으로 삼아 다시 일어날 거라고 생각한다면 큰 오산이다. 언젠가는, 우리 기도를 듣는 신이 정말 계신다면 언젠가는 끔찍한 복수의 날이 올 것이며 그때는 주인 된 이가 자비를 베풀어달라며 오히려 애원해야 할 것이다.

# 18 죄 없는 팻시의 고난

무두장이 오닐−피비와의 대화를 듣다−엡스의 무두질−에이브럼, 칼에 찔리다−
흉한 상처−엡스의 질투−사라진 팻시−쇼의 농장에서 돌아온 팻시−쇼의 부인 해
리엇−엡스의 격노−팻시의 반박−말뚝 네 개에 알몸으로 묶이는 팻시−잔인한 채찍
질−팻시의 살점이 떨어져나가다−아름다운 날−소금물 한 양동이−피로 굳은 옷−
우울해진 팻시−신과 영생에 대한 팻시의 생각−천국과 자유에 대한 생각−노예 채
찍질의 영향−엡스의 큰아들−"아이는 어른의 아버지"

앞서 설명했듯이 윌리는 엡스의 손에 엄청난 고통을 받았지만, 그의 동료
들과 비교해보면 특별히 더 불행한 일을 겪었다고도 할 수 없다. 엡스는
"매를 아끼면 노예를 버린다"는 말의 신봉자였다. 그는 툭하면 기분이 상
하곤 했는데 그럴 때마다 정말 사소한 별것 아닌 일에조차 체벌을 내리곤
했다. 한번은 나를 별것 아닌 일로 채찍질한 적이 있는데 그때 상황을 보
면 그가 얼마나 사소한 이유에도 채찍을 들었는지 알 수 있다.

바유라무리 근처에 사는 오닐이 하루는 엡스에게 연락해 나를 사들이
고 싶다는 의사를 내비쳤다. 그의 본업은 무두장이이자 제혁공이었는데
상당한 규모의 사업을 운영하고 있었고 나를 사서 자신이 운영하는 업체
에서 일을 시키고 싶었던 모양이다. 그런데 피비가 주인집에서 저녁 식사
를 준비하다가 둘의 대화를 우연히 엿듣게 되었다. 그날 밤 농장으로 돌
아온 피비는 한달음에 내게 달려와 그 소식을 들려주며 내가 놀라기를 기
대했다. 그녀는 자신이 들은 모든 것을 하나하나 세세히 들려줬다. 자신

이 들은 것은 토씨 하나조차 잊어버리지 않는 사람이었다.

"엡스 주인님이 당신을 파인우즈 근처에 사는 무두장이에게 팔려고 한 대요."

피비가 무척이나 큰 목소리로 장황하게 이야기해 마당에 서 있던 엡스 부인까지도 우리 대화를 듣게 되었다.

"글쎄요. 피비 아주머니."

내가 대답했다.

"그 이야기를 들으니 기쁘네요. 사실 이제 목화 농사도 싫증이 났거든 요. 차라리 무두질이나 해볼까봐요. 그분이 저를 사셨으면 좋겠네요."

그러나 결국 오닐은 엡스와 서로 가격이 맞지 않아 나를 사지 않았고, 엡스의 농장에 도착한 지 하루 만에 집으로 되돌아갔다. 그가 가고 얼마 지나지 않아 엡스가 들판에 나타났다. 자기 집에서 일하는 노예가 그곳을 떠나고 싶어한다는 이야기만큼 주인을, 특히 엡스 같은 주인을 화나게 하 는 것은 없었다. 엡스 부인이 그 전날 저녁에 내가 피비에게 했던 이야기 를 그대로 남편에게 전달한 것이었다. 나중에 피비의 이야기를 들어보니 부인이 피비와 내 대화를 들었다고 한다. 엡스는 들판에서 일하고 있던 내게 곧장 다가왔다.

"그래, 네놈은 목화 농장에서 일하는 게 지겹다 이거지? 그래서 다른 주인을 섬기겠다고, 응? 아주 자유로운 영혼을 가진 여행자시로군, 안 그 러냐? 떠나고 싶어 몸이 근질거리는 모양이야? 목화 수확 같은 건 수준 에 안 맞아서 못 하겠다는 거겠지. 그래서 이제 가죽 사업을 해보시겠다? 좋아, 무두질 좋지. 검둥이 사장님이라! 나도 한번 가죽 사업이나 해볼까 하거든. 당장 무릎 꿇고 옷 벗어라! 오늘 어디 가죽 한번 벗겨보자."

나는 그에게 진심으로 잘못했다고 빌고, 또 애원해 그의 마음을 돌려보려 했지만 허사였다. 방법이 없었다. 나는 무릎을 꿇고 그가 채찍질할 수 있도록 맨 등을 드러내 보였다.

"내 무두질이 마음에 드냐?"

그는 등에 가죽 채찍을 휘두르며 소리쳤다.

"내 무두질이 마음에 드냐고?"

그는 채찍을 내리칠 때마다 같은 질문을 했다. 스무 대인지 서른 대인지 채찍질을 하는 동안 끊임없이 '무두질'이라는 단어를 반복했다. 그쯤이면 충분히 '무두질'을 했다고 여겼는지 내게 일어나도 좋다고 말한 뒤 사악한 미소를 지으며 가죽 사업을 해보고 싶은 생각이 또다시 들거든 언제든 자기한테 말하라고 했다. 자기가 무두질에 대한 귀중한 조언을 해주겠다며 말이다. 이번에는 '무두질'에 대해 짧은 교훈만을 남겼지만, 다음번에는 '가죽을 벗기는 법'까지 알려주겠다고 했다.

세상에 둘째가라면 서러울 만큼 친절하고 충직한 하인인 에이브럼 역시 이런 잔혹한 대우를 비껴갈 수는 없었다. 그와 나는 수년 동안 한 오두막에서 지냈다. 에이브럼의 얼굴에는 보는 사람을 즐겁게 하는 온정 어린 인상이 서려 있었다. 그는 언제나 마치 부모가 자식을 대하듯 너그럽게 우리를 대했고 놀라울 정도로 신중하며 지혜가 담긴 조언을 해주곤 했다.

하루는 엡스 부인의 심부름을 하러 마셜의 집에 다녀왔는데, 집에 들어오니 에이브럼이 피투성이가 된 채 오두막 바닥에 쓰러져 있는 것이 보였다. 이야기를 들어보니 칼에 찔렸다는 것이다! 에이브럼이 비계공사 시공상 설치하는 가설물의 일종 위에 목화를 널고 있는데 술에 잔뜩 취한 엡스가 홈즈빌에서 돌아왔다고 한다. 술 취한 엡스는 모든 것에 트집을 못 잡아 안달 난 상태였고, 온갖 모순된 명령을 한꺼번에 내려 그 모든 것을 실제로

다 해내기란 거의 불가능한 상황이었다. 나이가 들어 사리분별이 흐릿해진 에이브럼은 주인의 모순된 명령에 당황했고, 그 때문에 몇 가지 사소한 실수를 저지른 모양이었다. 에이브럼의 실수에 엄청나게 열 받은 엡스는 취기를 못 이겨 에이브럼에게 달려들었고 칼로 그의 등을 찔렀다. 에이브럼의 등에는 아주 기다랗고 흉측한 상처가 남았지만, 천만다행으로 깊이 찌르지는 않아서 목숨을 건질 수 있었다. 에이브럼의 등에 난 상처는 엡스 부인이 꿰매주었다. 그녀는 남편의 극단적인 잔혹함을 비난하면서 그의 비인간적인 성정을 탓했을 뿐 아니라 그 성격이 언젠가 집안을 말아먹을 것이라고 말하기도 했다. 술 취한 엡스 때문에 몸이 성한 노예가 남아나질 않을 거라며 말이다.

피비 역시 의자나 나무 막대로 얻어맞는 일이 드물지 않았다. 그렇지만 내가 목격한 것 중에서 가장 잔인하게 채찍질을 당한 사람은 팻시였다. 그날 팻시가 매 맞던 것을 생각하면 지금도 공포라는 감정 말고는 다른 어떤 감정도 느낄 수 없을 정도다.

엡스 부인의 질투와 증오가 이 밝고 어린 아이의 삶을 철저히 고통스럽게 만들었다는 이야기는 앞에서도 한 바 있다. 나는 종종 부인이 이 죄 없는 아이에게 형벌을 내릴 때 이들 사이에서 중재를 하기도 하고 설득도 하면서 팻시가 받는 벌을 최대한 줄여주려고 했는데, 이는 아직까지도 내가 뿌듯하게 여기는 일이다. 엡스가 없을 때 부인은 팻시가 아무런 잘못을 하지 않았는데도 나를 시켜 팻시를 매질하도록 했다. 나는 팻시를 때렸다가 주인님이 화를 내실지도 모른다는 이유를 들어 못 하겠다고 했고, 몇 번은 용기를 내 팻시에게 부당한 처우를 내리는 것에 항의하기도 했다. 나는 어떻게 해서든 "마님을 화나게 한 것은 팻시의 잘못이 아니며, 팻시는 일개 노예일 뿐이므로 주인의 요청을 거부할 수 없는 입장이고 팻시와 주인님 사이에 있었던 일은 순전히 주인님의 책임일 뿐"이라며 마님을 설득하려 했다.

어떤 때에는 엡스의 눈에 '초록 눈의 괴물'이 들어오기도 했다. 이럴 때는 엡스조차 그 아내의 분노에 가담해 가엾은 팻시의 고통을 가중시키곤 했다.

얼마 전 농사철의 한 일요일에 우리는 늘 그렇듯 모두 늪지대 근처에 모여 빨래를 하고 있었다. 그런데 얼마 지나지 않아 팻시의 모습이 보이지 않았다. 엡스가 그녀를 큰 소리로 불렀지만 대답이 없었다. 아무도 팻시가 농장을 떠나는 걸 보지 못했고, 우리도 팻시가 어디로 갔는지 궁금해하던 참이었다. 몇 시간 뒤 팻시는 쇼의 농장 쪽에서 나타났다. 앞서 이야기했듯 쇼는 악명 높은 난봉꾼이었으며 엡스와 사이가 별로 좋지 못했다. 쇼의 아내인 해리엇은 팻시의 딱한 처지를 잘 알았고 그녀에게 친절히 대해줬다. 그래서인지 팻시도 곧잘 해리엇을 만나러 쇼의 집에 가곤 했다. 팻시의 방문은 순수하게 우정에 기반한 것이었지만 엡스는 팻시의 방문 동기가 다른 데 있을 것이라고 의심하기 시작했다. 즉 팻시가 해리엇을 만나러 가는 게 아니라 염치없는 난봉꾼 쇼를 만나러 가는 것이라 생각한 것이다. 팻시가 쇼의 집에서 돌아왔을 때 엡스는 화가 머리끝까지 나 있었다. 그의 태도에 잔뜩 겁을 먹은 팻시는 엡스의 질문에 제대로 대답하지 못했는데 그 때문에 엡스의 의심은 더욱더 커졌다. 마침내 팻시는 용기를 내 엡스의 의심은 전혀 말도 안 되는 것이라며 부정했다.

"주인님은 빨래할 때 제게만 비누를 주시지 않아요."

팻시가 말했다.

"왜인지는 주인님도 아시겠죠. 그래서 해리엇 마님께 가서 비누를 얻어 온 거예요."

팻시는 주머니에서 비누를 꺼내 보이며 말했다.

"이것 때문에 쇼의 집에 간 거예요, 주인님. 하느님 앞에서 맹세할 수 있어요."

그녀는 말했다.

"거짓말 마, 이년아!"

엡스가 소리쳤다.

"저는 거짓말 안 했어요, 주인님. 주인님이 저를 죽이신대도 그건 변치 않아요."

"오늘 네년 버르장머리를 고쳐주마, 놈의 집에 들락거리면 어떻게 되는지 알려주겠어. 아주 본때를 보여주지."

엡스가 앙 다문 이빨 사이로 으르렁거렸다.

엡스는 내게 말뚝 네 개를 가져와 땅에 박으라고 말하며 부츠 끝으로 어디에 말뚝을 박을지 알려주었다. 땅에 말뚝을 다 박고 나자, 엡스는 팻시에게 몸에 걸친 옷을 모조리 벗으라고 명령했다. 완전히 벌거벗은 팻시는 얼굴을 땅으로 향한 채 바닥에 엎드렸고, 엡스는 밧줄로 그녀의 팔다리를 말뚝에 묶었다. 그는 무거운 채찍을 가져와서는 나에게 팻시를 때리라고 시켰다. 내키지 않는 일이었지만 복종할 수밖에 없었다. 감히 말하건대, 그날 이 세상 어디에서도 그토록 악마 같은 죄를 저지른 이는 없을 것이다.

엡스 부인은 아이들과 함께 마당에 서서 그 광경을 바라보며 비정한 통쾌함을 느끼고 있었다. 노예들 역시 그곳에서 얼마 떨어지지 않은 곳에 서서 슬픈 표정으로 이를 지켜보았다. 가엾은 팻시는 자비를 베풀어달라고 기도했으나 헛된 일이었다. 엡스는 마치 미친 악마처럼 이를 바득바득 갈며 내게 더 세게 때리라고 소리쳤다.

"더 세게 때리란 말이야, 안 그러면 다음번에는 네놈을 매질할 테다."

그는 소리쳤다.

"살려주세요, 주인님! 아아! 제발 자비를 베풀어주세요! 하느님!"

팻시는 무력하게 몸부림치며 소리를 질렀다. 채찍이 그녀를 때릴 때마다 살점이 떨리는 것이 보였다.

나는 채찍질을 서른 번쯤 하고 나서 엡스를 바라보았다. 이쯤에서 화가 풀렸기를 바란 것이다. 그러나 엡스는 여전히 화가 난 듯 욕설을 해대며 계속하라고 명령했다. 나는 열 번에서 열다섯 번 정도를 더 때렸다. 이쯤 되자 팻시의 등은 기다랗게 부은 자국들이 얽히고설켜 그물 같은 형태를 띠었다. 그렇지만 엡스는 아직도 잔뜩 화가 난 모습이었다. 팻시에게 다시 한번 쇼의 집에 갔다가는 차라리 지옥에 가게 해달라고 애원할 정도로 매질을 하겠다고 협박했다. 나는 채찍을 집어던지고 더 이상은 못 하겠다고 말했다. 엡스는 내가 계속하지 않으면 팻시보다 더 가혹한 매질을 하겠노라고 위협했다. 그러나 이 비인간적인 광경을 도무지 견딜 수 없었던 나는 매를 맞아도 어쩔 수 없다는 마음으로 더는 때리기를 거부했다. 그러자 엡스는 스스로 채찍을 집어들더니 내가 때렸던 것보다 열 배는 더 힘을 실어 팻시를 때리기 시작했다. 가엾은 팻시의 고통에 찬 비명과 울음소리가 분노에 휩싸인 엡스의 욕설과 뒤섞여 들판을 가득 메웠다.

팻시의 등은 이미 끔찍하게 찢겨 있었다. 말 그대로 가죽을 벗겨놨다고 해도 과언이 아닐 것이다. 얼마나 때렸던지 채찍이 피에 젖어 있었고 그녀 몸에서 흘러내린 피가 땅 위로 뚝뚝 흘러내렸다. 시간이 좀 흐르자 팻시는 더 이상 몸부림도 치지 않았다. 무력하게 고개를 떨어뜨리고 있을 뿐이었다. 비명과 애원은 점점 더 줄어들고 낮은 신음 소리만 들려왔다. 살점을 떼어내는 잔인한 매질에도 더 이상 몸을 뒤틀지 않았다. 이러다 정

말뚝에 묶인 채 채찍질을 당하는 팻시.

말 팻시가 죽는 건 아닌지 걱정이 될 정도였다.

주님이 정하신 안식일에 들판은 따스한 햇살로 가득했고 나뭇잎 사이로 새들이 지저귀는 소리가 들려왔다. 모든 곳에 평화와 행복이 깃든 듯 아름다운 일요일 오후였으나 엡스와 숨을 헐떡이는 팻시, 그리고 그녀 주위에서 아무 말도 하지 못한 채 지켜보기만 한 목격자들의 가슴속만큼은 예외였다. 들판 위에서 일어난 그 격정적인 폭력은 조용하고 아름다운 그날 오후와 전혀 어울리지 않았다. 엡스를 바라보는 내 눈동자에는 형언할 수 없는 증오와 경멸뿐이었다. 나는 속으로 생각했다.

'이 악마 같은 놈, 언젠가 주님 앞에 서는 날 너는 오늘 저지른 죗값을 치르지 않고는 넘어갈 수 없을 것이다!'

마침내 팔이 아파오자 엡스가 매질을 멈추고 피비에게 소금 한 양동이와 물을 가져오라고 시켰다. 피비가 물과 소금으로 팻시의 피투성이 몸을 씻기고 나자, 엡스는 내게 팻시를 오두막까지 옮기라고 지시했다. 나는 팻시의 몸에 묶여 있던 밧줄을 풀고 그녀를 안아 올렸다. 그녀 스스로는 도저히 걸을 수 없었기 때문이다. 팻시는 내 어깨에 머리를 기댄 채 거의 들리지 않는 아주 희미한 목소리로 "오, 플랫, 플랫!" 하며 속삭일 뿐 다른 어떤 말도 하지 못했다. 팻시에게 새 옷을 갈아입혔지만 상처에서 나온 피 때문에 옷이 금세 못쓰게 되었다. 팻시를 오두막 널판자 위에 눕혔다. 그녀는 그곳에서 눈을 감고 고통에 신음하며 오랜 시간 일어나지 못했다. 밤이면 피비가 동물 기름을 가지고 와 상처에 발라주었고 우리 모두 최대한 팻시를 위로하고 도와주려 노력했다. 며칠이 지나도록 팻시는 엎드린 채로 누워 지냈다. 등이 몹시 아파 다른 자세로는 누울 수조차 없었던 것이다.

차라리 그때 거기서 쓰러져 죽는 것이 팻시에게는 축복이었을지도 모른다. 앞으로 몇 날, 몇 주, 몇 달씩 계속될 고통을 겪지 않아도 됐을 테니 말이다. 실제로 그 일 이후 팻시는 전혀 다른 사람이 되고 말았다. 깊은 우울감이 그녀의 영혼을 짓눌렀다. 이전처럼 자신감에 찬 탄력적인 걸음걸이도 찾아볼 수 없었고, 그녀만이 가지고 있던 반짝이는 눈동자도 빛을 잃었다. 쾌활하고 웃기를 좋아하던 젊은 처녀는 이제 사라지고 없었다. 팻시는 언제나 절망적인 기분에 사로잡혀 있었고 한밤중에도 몇 번씩 잠에서 깨 두 손을 들어올리고 제발 자비를 베풀어달라며 울부짖곤 했다. 예전보다 말수도 훨씬 더 줄어들었고 우리와 함께 하루 종일 들판에서 일할 때도 말 한마디 하지 않았다. 그녀의 얼굴은 근심으로 찌들었고 더 이상 뭔가에 기뻐하는 일 없이 언제나 흐느끼기만 했다. 가엾은 팻시의 마음은 말 그대로 잔혹한 고통에 엉망진창이 되어버린 것이다.

주인 내외는 팻시를 마치 가축 기르듯이 길렀다. 단지 훌륭한 외양을 지닌 가치 있는 가축으로 말이다. 당연히 팻시는 교육도 거의 받지 못했다. 그럼에도 그녀의 지성에는 한 줄기 빛이 비추었다. 팻시는 하느님과 영원에 대한 미약한 지식밖에 지니지 못했고 그녀 같은 노예를 위해서도 목숨을 버린 구세주에 대해서도 잘 몰랐다. 그녀도 사후의 영생이라는 것에 대해 생각을 하긴 했지만 헷갈려했다. 육체적 존재와 정신적 존재 사이의 구분을 이해하지 못했던 것이다.

팻시가 생각할 때 행복이란 채찍질 당하지 않는 것, 고된 노동을 하지 않아도 되는 것, 주인과 감독관의 잔인한 폭력에서 벗어나는 것이 전부였다. 그녀가 생각하는 천국이란 단순히 쉴 수 있는 곳이었으며 이런 생각은 그녀가 부르던 구슬픈 노래에도 잘 나타났다.

저 높은 하늘나라 낙원을 바라지는 않아요.

이 세상 근심 걱정 훌훌 털어버리고

쉴 수만 있다면, 영원히 쉴 수만 있다면

그것이 나에겐 천국이니까요.


혹자는 노예들이 자유라는 용어 혹은 개념 자체를 이해하지 못한다고 오해하기도 한다. 그러나 노예제가 시행되는 곳들 중에서도 극도로 잔인하고 절망적인 일이 많이 일어나는, 북부에서라면 상상조차 하기 힘든 일들이 일어나는 바유뵈프의 가장 무지한 노예들조차도 자유가 무엇을 뜻하는지는 알고 있다. 자유가 주는 특권과 의무로부터의 면제를 잘 이해하고 있으며 자유인이 된다는 것은 곧 자신이 한 노동에 대한 정당한 대가를 받을 수 있다는 것, 행복한 가정을 이룰 수 있게 되는 것임도 알고 있다. 노예들은 백인들 중에서 가장 비참한 이의 생활수준조차 자신들의 생활보다는 낫다는 사실을 인지하고 있다. 또 흑인들의 노동 대가를 가로채도록 허락하고, 흑인들에게 항의하거나 저항할 기회도 주지 않은 채, 제대로 된 치료도 해주지 않으며 부당하고 이유 없는 폭력을 행사할 수 있도록 용인하는 법과 제도가 잘못되었음도 잘 알고 있다.

그날 모질게 매를 맞은 이후로 팻시의 삶은 자유를 향한 한 편의 긴 꿈이 되고 말았다. 팻시도 달나라보다 더 멀게 느껴지는 저 먼 곳 어딘가에는 자유의 땅이 있다는 걸 알고 있었다. 머나먼 북쪽 땅에는 노예도 없고, 따라서 주인이라는 개념도 없다는 이야기를 수천 번도 넘게 들었으니 말이다. 팻시가 생각하기에 그런 북부야말로 마법의 땅, 지상낙원이나 다름없었다. 흑인들이 스스로의 힘으로 일을 해 돈을 벌 수 있는 곳. 자기 소유의 집에서 살고, 자신의 땅을 일구며 살 수 있는 그곳에 가는 것, 그것이야말로 팻시가 품은 행복한 꿈이었다. 아아! 그러나 이것은 어디까지

나 실현되지 않을 꿈이었을 뿐이다.

이처럼 잔혹하게 노예들을 대하는 모습을 가감 없이 만천하에 보이노라면 여기에 영향을 받는 사람도 물론 있었다. 엡스의 맏아들은 열 살이나 열두 살쯤 먹은 똑똑한 아이였다. 그런 영특한 아이가 지혜로운 에이브럼에게 체벌을 내리며 주인 노릇을 하는 모습을 보고 있으면 가끔 가엾은 생각이 들었다. 그 아이는 에이브럼에게 왜 일을 그렇게 했느냐고 묻고는, 그 어린 머리로 생각하기에 에이브럼의 대답이 만족스럽지 않은 것 같으면 제법 진지하고 신중한 태도로 에이브럼에게 채찍질을 했다. 가끔은 그 어린아이가 조랑말 위에 올라탄 채 한 손에는 채찍을 들고 들판에 나와 감독관 노릇을 하기도 했다. 이 모습을 본 엡스는 매우 기뻐했다. 그럴 때면 아이는 노예들이 딱히 잘못한 것도 없는데 가죽 채찍을 휘두르며 노예들에게 일을 제대로 하라고 욕설을 섞어 소리치곤 했다. 그런 모습을 본 엡스는 호탕하게 웃으면서 아들이 참 장하다며 자랑스러워했고 말이다.

"아이는 어른의 아버지"라는 말도 있듯이 어릴 때부터 이런 환경에서 자란다면 아이의 천성이 아무리 착하다 한들 노예들의 고통과 힘겨운 삶에 대해 관심을 갖는 어른으로 성장하기란 거의 불가능하다. 이렇게 부당한 제도가 버젓이 행해지면서 그 안에 사는 이들의 영혼도 무정하고 잔인하게 변해가는 것이며, 개중에 인간적이고 넉넉한 사람이라 평가받는 이들조차도 예외는 아니다.

엡스 역시 어릴 때는 훌륭한 자질을 많이 지니고 있었다. 그렇지만 그 어떤 교육을 통해서도 그에게 "신의 눈에는 피부색에 상관없이 모든 이가 평등하다"라는 진리를 이해시키기란 불가능했다. 엡스에게 흑인들은 집에서 키우는 가축들과 전혀 차이가 없는, 한낱 동물에 지나지 않았다. 단지 노예들은 말을 할 수 있으며 가축들보다는 지능이 더 발달해 있기에 여느 동물들보다 좀더 값진 재산이라는 점이 달랐을 뿐이다. 그가 생각할 때 노예에게 마땅한 삶이란 노새처럼 열심히 일하고, 평생 채찍질을 당하고, 발로 차이고 괴롭힘을 당하며, 모자 쓴 백인 주인을 섬기면서도 눈은 언제나 겸손하게 아래를 향하는 그런 삶이었다. 노예는 인간이 아니라는 그런 사회 통념 속에서 자랐으니 우리를 핍박하던 백인들이 그토록 무자비하고 냉혹한 것도 무리는 아니었다.

# **19** 믿음직스러운 배스와의 만남

1852년 6월 엡스와 계약한 바유루지의 목수 에이버리가 엡스의 새 집 건설에 착수했다. 바유뷔프에는 지하 저장고가 없다는 이야기를 앞서 한 바 있다. 땅이 질퍽하고 지대가 낮은 이 지역에서는 대저택들 역시 말뚝 못 위에 건설했다. 또 방에 회반죽을 바르지 않고 천장과 벽면은 목재 보드로 덮어 주인 마음에 드는 색으로 칠하는 것도 특징이었다. 이 지역에는 공장을 짓고 돌릴 만한 수력이 없어 노예들이 직접 가늘고 긴 톱을 이용해 널빤지를 자르곤 했다. 따라서 농장주가 집을 한 채 지으려면 노예들이 해야 하는 일도 엄청나게 늘었다. 엡스는 티비츠 밑에서 목수 경험을 좀 쌓았던 나를 농장에서 빼내 에이버리 및 그의 동료 목공들과 함께 일하도록 했다.

나는 그 목공들 중 한 명에게 평생토록 다 갚지 못할 신세를 졌다. 그가 아니었다면 결코 노예생활에 종지부를 찍을 수 없었을 것이다. 그는 고귀하고 너그러운 마음씨와 영혼의 소유자로 내 편지를 북부에 전달하는 역할을 자처했다. 목숨이 붙어 있는 마지막 순간까지 나는 그에게 감사의 마음을 잃지 않고 살아갈 것이다. 그는 이름이 배스Bass로 당시 마크스빌에서 살았다. 그의 외모나 성격에 대해 한마디로 말하는 것은 어려운 일이다. 마흔에서 쉰 살가량 되었으며 덩치가 컸고 피부나 머리색이 밝은 편이었다. 매우 침착하고 쉽게 흥분하는 일이 없으며, 논쟁을 좋아했지만 항상 사려 깊게 이야기했다. 그가 이야기하는 태도에는 듣는 사람의 기분을 나쁘지 않게 하는 면이 있었다. 다른 사람이 했다면 반감을 살 만한 말도 그가 했을 때는 그다지 기분 나쁘게 들리지 않았다. 적어도 레드 강 이편에서는 그와 정치적, 종교적 관점을 같이하는 사람이 없었고, 그만큼 두 주제에 대해 자주 토론하는 사람도 없었다. 사람들의 눈에 그는 정치적, 종교적으로 비주류라 할 만한 관점을 두둔하는 사람으로 비쳤는데 그것이 사람들에게 불쾌감을 주기보다는 오히려 그의 독창적이고 기발한 논리에 흥미를 갖게 만들었다. 그는 미혼, 정확히 말하자면 독신주의의 노총각이었고 가족이나 왕래하는 친척도 없는 혈혈단신이었다. 영구적으로 거주하는 집도 없었으며 이 주에서 저 주로 마음 내킬 때마다 자유롭게 돌아다녔다. 목수 일을 하며 마크스빌에서 산 지는 3~4년쯤 되었다. 독특한 성격 덕분에 어보이엘르 패리시에서 유명했다. 마음에서 우러나오는 친절과 선행을 많이 베풀어서 지역 사람들이 무척 좋아했다. 그는 또한 지역 주민들의 통념에 쉼 없이 맞섰다.

그는 캐나다 태생으로 젊은 시절에는 캐나다 등지를 여행하다가, 미국 북부와 서부의 주요 여행지를 다 둘러보고 나서 이곳 레드 강 근처까지 흘러 들어와 정착했다. 마크스빌로 오기 전에는 일리노이 주에서 살았다고 했다. 그러나 지금 어디에 있는지는 안타깝게도 알 수 없다. 내가 구출되기 바로 전날 조용히 짐을 챙겨 마크스빌을 떠났다. 내 탈출을 도왔다는 의혹이 커지면서 떠날 수밖에 없었던 것이다. 그가 노예들에 대한 잔혹 행위가 일상처럼 일어나는 바유뵈프에 계속 남아 있었다면, 아마 의롭고도 옳은 일을 하기 위해 죽음도 불사했을 것이다.

하루는 엡스의 새 집 공사를 하던 중 배스와 엡스가 논쟁을 벌였다. 나는 이들의 대화를 매우 흥미롭게 여기며 엿들었다. 두 사람은 노예 제도라는 주제를 가지고 토론하던 중이었다.

"노예 제도의 실체를 말씀드리죠, 엡스 씨."

배스가 말했다.

"노예 제도는 정말 잘못된 제도입니다. 하나부터 열까지요. 노예 제도에는 어떤 정의나 정당성도 없습니다. 설령 제 자신이 크로이소스기원전 6세기 리디아 최후의 왕이며, 큰 부자로 유명했다만큼 돈이 많았다고 해도 노예를 쓰지는 않을 겁니다. 물론 저는 그만큼의 돈도 없고, 그건 누구보다 제 채권자들이 더 잘 아는 사실이죠. 말이 나왔으니 말인데, 신용 제도라는 것도 상당히 문제가 많습니다. 신용을 담보로 돈을 빌리기 때문에 빚을 지게 되는 것이죠. 이런 제도는 사람을 교묘하게 유혹해 빚을 지게 합니다. 깔끔하게 현금을 쓰는 것만이 빚의 나락에 빠지지 않는 유일한 방법이죠. 그건 그렇고 노예 제도 말입니다. 본질적으로 생각해봤을 때, 엡스 씨는 자신에게 노예들을 통제할 권리가 있다고 보십니까?"

"권리라고요!"

엡스가 웃으며 말했다.

"물론이죠, 제가 돈을 주고 산 노예들인데요."

"물론 그러셨겠죠. 법에도 백인에게는 흑인 노예를 돈 주고 구매할 권리가 있다고 나와 있을 겁니다. 그러나 법한테는 미안한 얘기입니다만, 법도 바뀝니다. 그래요, 엡스 씨. 법이란 것도 가변적이며 불변의 진리는 아닙니다. 법이 허용한다면 아무거나 해도 되나요? 의회에서 엡스 씨의 자유를 빼앗고 노예로 만들어도 좋다는 법안을 통과시킨다면 어떻겠습니까?"

"그건 말도 안 되는 일이오."

엡스는 여전히 웃으며 말했다.

"저를 검둥이들에 대고 비교하지 말아주시면 좋겠습니다, 배스 씨."

"글쎄요."

배스는 진지하게 대답했다.

"꼭 그런 건 아닙니다. 하지만 지금껏 제가 만난 흑인들 중에는 저보다 훨씬 더 뛰어난 사람이 많았습니다. 반면 저보다 기량이 별로 뛰어나지 않은 백인도 많았죠. 과연 신이 보시기에 우리 백인들과 흑인들 사이에 무슨 차이가 있을까요?"

"하늘과 땅만큼이나 큰 차이죠."

엡스가 대답했다.

"차라리 백인과 개코원숭이의 차이가 뭐냐고 물어보시지 그러십니까? 사실 올리언스에서 실제로 개코원숭이를 본 적이 있는데 우리 농장의 몇몇 명청한 검둥이 놈보다 훨씬 더 낫다는 생각이 들던데요. 그럼 그 원숭이들에게도 자유와 시민권을 줘야 합니까?"

엡스는 자신이 말해놓고도 무척이나 웃기다는 듯 큰 소리로 웃었다.

"보세요, 엡스 씨."

배스가 말했다.

"그런 식으로 농담거리로 치부하시면 안 됩니다. 어떤 이들에게는 우스갯소리로 들리겠지만, 어떤 사람들은 그걸 웃어넘길 수 없으니까요. 제가 엡스 씨에게 하나 물어보겠습니다. 독립선언문에도 모든 인간은 자유롭고 평등하게 창조되었다고 나오지 않던가요?"

"그렇소."

엡스가 답했다.

"그렇지만 모든 '인간'이 그렇다는 것이지 검둥이와 원숭이들까지 평등하다고는 하지 않았소."

엡스는 여기까지 말해놓고 전보다 더 크게 웃음을 터뜨렸다.

"원숭이보다 못한 지능을 가진 사람은 피부색에 관계없이 어디에나 있는 법입니다."

배스는 대수롭지 않은 태도로 말을 이었다.

"저는 웬만한 원숭이보다 못한 논리를 펴는 백인도 많이 봤거든요. 하지만 그건 제쳐두고라도 흑인들 역시 인간입니다. 흑인들이 백인들만큼 아는 게 없는 것이 어디 그들 잘못입니까? 애초에 뭔가를 배울 기회조차 주어지지 않는데요. 엡스 씨에게는 책과 종이도 있고, 또 어디든 마음대로 다니며 여러 지식을 쌓을 수 있죠. 하지만 노예들에게는 그 어떤 권리도 없습니다. 노예들은 책이라도 한 권 읽다가 걸리면 채찍을 맞아야 합니다. 수 세대에 걸쳐 자유와 교육의 원리를 박탈당한 채 살아간다면 누구라도 무지한 상태가 되지 않겠습니까? 흑인들이 동물 정도의 사고 수준밖에 갖추지 못했다면 그것은 그들을 그렇게 만든 노예 주인들의 잘못이죠. 흑인들이 원숭이 정도의 지능밖에 없다고 생각한다면 그것이 엡스 씨와 같은 백인들의 책임이란 걸 아셔야 합니다. 이 나라에는 아주 무서운 죄악이 만연해 있고, 언젠가는 반드시 그 죄에 대한 대가를 치를 것입니다. 그렇습니다, 엡스 씨. 언젠가 심판의 날이 올 것입니다. 정확한 시기까지 맞출 수는 없지만, 그날이 올 것임은 누구도 부인할 수 없는 사실입니다."

"뉴잉글랜드에서 양키들과 함께 살았다더니, 배스 씨도 헌법을 무시하고 노예들에게 도망을 부추기는 그 저주받은 미치광이들 중 하나가 되어 버리신 건 아닌지 모르겠군요."

엡스가 말했다.

"뉴잉글랜드에 있어도, 이곳에 있어도 저는 언제나 저 자신일 뿐입니다."

배스가 답했다.

"제가 어디에 있든 상관없이 노예 제도는 부당하다고 생각하며, 폐지되어야 합니다. 한 인간이 다른 인간을 그런 식으로 구속하는 행위를 용인하는 법은 의롭지도 정당하지도 못합니다. 물론 엡스 씨 입장에서는 사유 재산을 잃는 것이니 안타깝겠지요. 그렇지만 그것은 자유를 잃은 흑인들의 심정에 비할 바가 못 됩니다. 저기 저 에이브럼이나 엡스 씨나 모두 동등한 자유를 누릴 수 있어야 합니다. 피부색, 혈통에 대해 얘기하는 건 의미 없지요. 이곳에서 일하는 노예들 중 우리만큼 피부색이 하얀 이가 얼마나 있습니까? 그리고 피부색이 다르다고 해서 영혼의 색깔마저 달라야 합니까? 하! 이 노예 제도는 잔인할 뿐만 아니라 정당성마저 없는 제도입니다. 엡스 씨는 죽어도 노예를 포기하시지 못하겠지만, 저는 루이지애나의 제일 좋은 농장을 준다고 해도 노예를 사지는 않을 겁니다."

"말은 청산유수로군요. 내가 아는 누구보다 말을 더 잘하십니다, 배스 씨. 당신은 사람들에게 흑인이 백인이고, 백인이 흑인이라는 이야길 하고 다니시겠죠. 내가 볼 때 배스 씨는 이 세상에 마음에 드는 게 하나도 없는 사람 같습니다. 지금보다 더 좋은 것들을 갖게 되어도 결코 만족하지 않을 사람처럼 보이거든요."

이후에도 그 둘은 앞서 말한 것과 같은 대화를 수차례 더 나누었다. 물론 엡스가 이 대화에 응한 건 진지하게 노예 제도의 폐단에 대해 토론하기 위해서가 아니라 단순히 배스와의 대화를 통해 웃음거리를 찾기 위해서였지만 말이다. 엡스가 볼 때 배스는 단순히 논쟁에서 이기기 위해 말도 안 되는 소리마저 거리낌 없이 해대는 자만심 가득한 남자일 뿐이었다.

배스는 그해 여름 내내 엡스의 집에 머물며 2주일에 한 번꼴로 마크스빌을 방문했다. 그를 보면 볼수록 신뢰할 수 있는 사람이라는 생각이 들었다. 그렇지만 이미 한 번 섣불리 암즈비에게 부탁했다가 큰일날 뻔한 적이 있기에 나는 신중에 신중을 기했다. 백인이 먼저 말을 걸어오지 않았는데 흑인이 그에게 먼저 말을 걸어서는 안 되었기에 나는 말을 걸지 못했지만 그가 가는 길목마다 빠짐없이 얼쩡거리며 어떻게 해서든 그의 주의를 끌기 위해 노력했다. 8월 초순의 어느 날 오후, 다른 목수들은 다 떠나고 엡스가 자리를 비운 사이 나와 배스 둘만 공사 현장에 남게 된 적이 있었다. 얘기를 꺼낼 거라면 지금이 기회였다. 나는 성공하든 실패하든 한번 해봐야겠다는 생각에 용기를 냈다. 바쁘게 집을 짓던 와중에 나는 일을 멈추고 그에게 말을 걸었다.

"배스 나리, 혹시 어디 출신인지 여쭤도 될까요?"

"아니, 플랫, 그건 갑자기 왜 궁금한 겁니까?"

그가 답했다.

"제가 말해줘도 어차피 모를 텐데요."

그는 잠시 망설이다가 덧붙였다.

"나는 캐나다 출신입니다. 캐나다가 어디인지 압니까?"

"그럼요, 알고말고요. 직접 가본 적도 있는걸요."

나는 대답했다.

"퍽이나 잘 알고 있으려고요."

그는 믿을 수 없다는 듯 웃으며 대답했다.

"정말입니다, 나리."

나는 대답했다.

"직접 가본 적도 있어요. 몬트리올과 킹스턴, 퀸스턴은 물론 캐나다 이곳저곳을 가봤지요. 요크 주에도 가봤고요. 버펄로, 로체스터, 올버니 같은 곳에서부터 이리 운하와 샘플레인 운하 근처의 마을 이름까지도 줄줄 외우고 있어요."

배스는 아무런 말도 하지 않은 채 나를 한참 동안 쳐다보았다.

"대체 어쩌다 여기까지 오게 됐소?"

한참 뒤에 그가 물었다.

"나리, 이 땅에 정의라는 것이 있었다면 제가 여기까지 오게 될 일은 없었을 겁니다."

내가 댑답했다.

"자세히 얘기해봐요."

그가 말했다.

"당신은 누구요? 보아하니 정말로 캐나다에 다녀온 모양인데. 당신이 말한 곳들을 나도 모두 알고 있습니다. 대체 캐나다까지 어떻게 가게 된 겁니까? 어서 말해주시오."

그는 재촉하며 말했다.

"이곳에는 제가 믿을 만한 친구가 한 명도 없습니다."

나는 대답했다.

"나리가 엡스 주인님께 이를 거라 생각하지는 않지만, 그래도 왠지 진실을 말씀드리기가 겁나는 건 어쩔 수 없군요."

그는 내가 털어놓는 모든 이야기를 절대로 비밀로 지키겠다고 진심으로 약속했다. 호기심이 잔뜩 발동한 듯했다. 나는 그에게 내 사연이 무척 길기 때문에 다 얘기하려면 시간이 꽤 걸릴 거라고 설명했다. 곧 엡스가 돌아올 테니 모두가 잠들고 난 밤에 만나서 내 사연을 이야기해주겠다고 말이다. 그는 곧장 그 계획에 동의하고 지금 공사 중인 집에서 만나자고 했다. 모두가 잠든 자정에 나는 조심스레 오두막을 빠져나가 아직 공사 중인 집 안으로 조용히 들어갔다. 배스가 그곳에서 나를 기다리고 있었다.

배스에게 나를 배신하지 않으리라는 다짐을 몇 번 더 받고 나서야 나는 내 과거와 불행에 대한 이야기를 털어놓기 시작했다. 그는 내 이야기에 푹 빠져서는 내가 말하는 도중에도 구체적인 장소나 사건에 대해 여러 가지 질문을 했다. 이야기를 마친 뒤에 나는 그에게 북쪽에 사는 내 친구에게 편지를 대신 좀 써달라고 애원했다. 친구들에게 내 상황을 설명하고 내가 자유인임을 증명하는 문서들을 보내주거나 나를 이곳에서 벗어나게 해줄 조치를 취해달라고 말이다. 배스는 그렇게 하겠다고 약속했지만, 이런 일이 발각될 경우 겪게 될 위험에 대비해 절대적인 침묵과 비밀 속에 일을 진행해야 한다고 몇 번씩 내게 강조했다. 우리는 헤어지기 전에 구체적인 실행 계획을 세웠다.

우리는 다음 날 밤에 엡스의 집에서 어느 정도 떨어진 곳에 위치한 풀이 우거진 늪지대 둑에서 만나기로 했다. 그곳에서 배스는 내가 불러준 대로 북부에 있는 내 오랜 친구들의 이름과 주소를 받아 적었다. 그리고 다음에 마크스빌에 갈 때 이 주소들로 편지를 보내주겠다고도 말했다. 공사 중인 집에서 만나는 건 더 이상 안전하지 않다고 여겨졌다. 불을 켜놓고 이야기를 하다보면 들킬 수 있었기 때문이다. 낮에 피비가 보고 있지 않을 동안 나는 주방에서 양초 하나와 성냥을 몰래 가져오는 데 성공했다. 연필과 종이는 배스의 공구 상자 속에 있었다.

우리는 약속한 시간에 강둑에서 만났다. 나는 무성한 잡초 속에서 양초에 불을 붙였고, 그는 연필과 종이를 꺼내 작업할 준비를 했다. 나는 그에게 윌리엄 페리, 세파스 파커, 마빈 판사 등의 이름을 말했다. 모두 뉴욕 주 새러토가 카운티의 새러토가스프링스에 사는 내 지인들이었다.

특히 마빈 판사는 유나이티드 스테이즈 호텔에서 일할 때 내 고용주였고 윌리엄 페리, 세파스 파커 등과 함께 상당한 규모의 사업을 했으므로 적어도 이들 중 한 명은 여전히 새러토가스프링스에 살고 있을 거라는 계산에서였다. 배스는 내가 말한 이름들을 주의 깊게 받아 적고는 사려 깊게도 다음과 같은 이야기를 했다.

"당신이 새러토가를 떠난 지 벌써 10여 년이 지났으니 이들 중 몇 명은 벌써 저세상 사람이거나 이사를 갔을 수도 있어요. 뉴욕 세관에서 문서를 받았다고 하셨죠. 아마 거기에 기록이 남아 있을지도 모릅니다. 확실히 하기 위해 세관에도 편지를 한 통 쓰는 게 좋을 것 같습니다."

나는 그의 말에 동의하고는, 내가 브라운이랑 해밀턴과 함께 그 세관에 가게 되었던 이야기를 자세히 해주었다. 우리는 늪지대 강둑에 앉아서 한 시간 이상 이 주제에 대해 푹 빠져 이야기를 했다. 더 이상 그의 진심을 의심치 않던 나는 그에게 그동안 숨겨온 내 모든 속내를 허심탄회하게 털어놓았다. 내 아내와 아이들에 대해, 그들의 이름과 나이에 대해, 그리고 죽기 전에 그들을 다시 한번만 내 품에 안아볼 수 있다면 여한이 없을 것 같다는 이야기까지……. 나는 그의 손을 붙잡고 뜨거운 눈물을 흘리며 도와달라고 애원했다. 다시 가족과 만나고, 자유를 되찾을 수 있도록 해달라고, 그렇게만 해준다면 내 평생 하루도 거르지 않고 그의 안녕과 번창을 위해 기도하겠노라고 말이다. 자유의 몸이 된 지금, 가족들의 품으로 되돌아온 지금까지도 그 약속은 잊지 않고 지키고 있으며, 앞으로도 손을 들어올릴 힘만 남아 있다면 죽을 때까지 배스를 위해 잊지 않고 기도할 것이다.

그의 친절한 목소리, 은빛 머리카락에 축복 있으리.
언젠가 주님의 나라에서 다시 만날 때까지, 그의 여로에 축복 있으리.


배스는 내게 그동안 살면서 이토록 자신의 흥미를 끄는 이야기는 들어보지 못했다며 우리 우정과 신뢰를 다시 한번 확인시켜주었다. 그러면서 짐짓 구슬픈 목소리로 자신은 외로운 사람이라고 이야기했다. 자신은 세상 이곳저곳을 떠도는 떠돌이이며, 이제 늙어가고 있으니 머지않아 이 지구상에서의 여행을 마치고 세상을 떠나게 될 텐데 자신을 위해 울어줄 가족이나 자신을 기억해줄 친지조차 없다는 것이었다. 따라서 내게 자유를 되찾아주고, 저주받은 노예 제도 폐지를 위한 투쟁을 계속해나가는 것만이 자신의 인생을 가치 있게 만들어줄 것이라고 말하기도 했다.

그때 만난 이후로 우리는 거의 이야기를 하거나 서로 눈빛조차 나누지 않았다. 배스 역시 엡스와 노예 제도에 대해 이야기할 때 전보다 더 조심했다. 엡스는 우리 사이에 조금이라도 수상한 낌새나 비밀이 있을 거라고는 상상조차 못 했다. 그건 흑인, 백인을 막론하고 농장에서 일하는 사람 모두 마찬가지였다.

간혹 사람들은 내게 믿기지 않는다는 듯 묻는다. 어떻게 그렇게 오랫동안 주위 사람들에게 내 진짜 이름과 과거를 숨길 수 있었는지……. 노예 상태에서 나 자신이 자유인이라고 주장하는 것은 위험할뿐더러 소용없는 일이라는 것을 나는 버치를 통해 고통스럽게 마음속에 각인시킨 바 있었다. 어떤 노예든 내가 자유를 찾도록 도와줄 수는 없지만, 섣불리 내 정체를 말했다가 이를 발설해버릴 위험은 충분했다. 지난 12년 동안 내 생각의 흐름을 되돌아보면 도망을 생각하지 않은 날이 단 하루도 없었다.

하지만 그만큼 계획을 세우는 데 신중에 신중을 기한 것도 사실이었다. 자유에 대한 내 권리를 주장하는 것은 어리석은 행동이었을 것이다. 그래봤자 돌아오는 건 더 삼엄한 감시였을 것이다. 게다가 어쩌면 나를 바유뵈프보다 더 외지고 먼 곳으로 보내버렸을지도 모른다. 에드윈 엡스는 흑인의 권리 같은 것에는 일말의 관심도 없는 인물이었다. 게다가 옳고 그름에 대한 판단 능력 같은 것도 아예 없었다. 따라서 내 과거를 비밀로 하는 것은 단순히 훗날 도망치기 위해서뿐만 아니라 일상생활에서 누릴 수 있는 소소한 자유를 위해서라도 중요했다.

강둑에서 한 차례 대화를 나누고 난 다음 토요일 밤, 배스는 마크스빌에 있는 집에 들렀다. 일요일인 그다음 날 그는 하루 종일 방 안에서 편지를 썼다. 그중 하나는 뉴욕의 세관장에게 보냈고, 하나는 마빈 판사에게, 또 하나는 파커와 페리에게 보냈다. 이들 중 마지막에 보낸 것이 결국 나를 구조해줄 편지가 되었다. 배스는 편지에 내 실명을 썼지만 추신을 통해 편지를 쓰는 사람은 내가 아니라 다른 사람임을 넌지시 암시했다. '이 사실이 발각될 경우 생명을 위협받을 수도 있는' 위험을 감수하고 이 편지를 쓰게 된 것이라고 밝혔다. 비록 편지를 부치기 전에 읽어보지는 못했지만, 나중에 사본을 받아볼 수 있었다. 편지에는 이렇게 쓰여 있었다.

바유뵈프, 1852년 8월 15일

수신자: 윌리엄 페리 씨 및 세파스 파커 씨

여러분으로부터 소식을 들은 지가 무척 오래되어 아직까지 살아 계신지 알 수 없는 상태에서 편지를 씁니다. 그러나 아주 절박한 상황이기에 염치를 무릅쓰고 이렇게 펜을 듭니다.

저는 여러분과 강 하나를 사이에 두고 자유인으로 태어났습니다. 여러분도 잘 아시는 자유인인 제가 지금 이곳에 노예로 잡혀 있습니다. 여러분께서 제가 자유인임을 증명하는 문서를 구해 이곳 루이지애나 주 마크스빌의 어보이엘르 패리시로 보내주실 수 있다면 더 바랄 것이 없겠습니다.

여러분의 친구, 솔로몬 노섭

추신: 제가 노예가 된 경위를 설명드려야겠군요. 워싱턴에서 며칠간 몸이 아파 앓으며 누워 있다 일어나보니 저는 이미 자유를 박탈당한 상태였습니다. 그렇게 이곳으로 강제 이송되었고 지금까지 제 소식을 대신 알려줄 사람이 한 명도 없어 줄곧 노예로 지냈습니다. 저를 위해 편지를 써주고 있는 이분도 이 사실이 발각될 경우 생명을 위협받을 수도 있습니다.


최근에 출간된 『톰 아저씨 오두막의 열쇠A Key to Uncle Tom's Cabin』라는 제목의 소설 속에 내 이야기가 잠깐 등장하는데 여기서는 추신 부분을 지우고 편지의 첫 부분만을 인용했다. 편지 수신인의 이름도 정확하게 쓰여 있지 않고 말이다. 그렇지만 이후에 밝혀지듯 내가 자유를 찾게 된 건 편지 본문보다도 저 추신에 쓴 내용의 공이 더 컸다.

마크스빌에서 돌아온 배스는 무슨 일이 있었는지 자세히 이야기해주었다. 우리는 계속해서 한밤중에 만나 이야기를 나누었고, 낮 동안에는 일 때문에 꼭 필요한 경우가 아니면 거의 대화를 나누지 않았다. 배스가 아는 바에 따르면 편지가 새러토가까지 도착하는 데만 약 2주의 시간이 걸리며 답장을 받으려면 또다시 2주를 더 기다려야 한다고 했다. 그러니까 아무리 늦어도 6주 정도면 답장이 오든 어찌 되든 결론이 날 것이라고 생각했다.

그동안 우리는 내가 자유인임을 증명하는 문서들을 받게 될 경우 그다음에는 어떻게 해야 가장 안전하고 정확하게 나를 탈출시킬 수 있을지에 대해 많은 대화를 나누었다. 설령 우리 계획이 발각되어 체포당한다 해도 이 문서들은 배스의 안전을 보장해줄 것이었다. 개인적으로 그에게 원한을 가질 사람은 있을지 몰라도 어찌 되었건 법적으로 자유인인 내가 자유를 되찾도록 도와준 것은 결코 위법이라 볼 수 없는 일이었기 때문이다.

4주가 지나고 배스가 다시 마크스빌을 방문했지만 여전히 답장은 없었다. 나는 크게 실망했지만, 아직 좀더 기다려봐야 한다며 스스로 마음을 달랬다. 어쩌면 편지를 배달하는 과정에서 지연되었을지도 모르며, 답장이 도착하려면 좀더 기다려야 할 수도 있다고 말이다. 그러나 6주, 7주, 8주, 10주가 흘러도 답장은 오지 않았다. 나는 배스가 마크스빌에 다녀올 때마다 조바심에 온몸이 달아오를 지경이었다. 그가 마크스빌에서 돌아올 때까지는 숨조차 편하게 쉴 수 없었다. 마침내 엡스의 새 집 건축은 끝이 났고, 배스도 농장을 떠나야 했다. 그가 떠나기 전날 밤에 나는 이제 글렀다는 생각에 절망에 빠져 있었다. 나는 마치 난파선에서 빠져나와 널빤지에 몸을 맡긴 조난자처럼 그에게 매달렸다. 배스마저 가버린다면 나는 그나마 의지하던 널빤지마저 놓쳐버린 채 영원히 파도 속으로 가라앉게 될 것이었다. 그동안 그토록 기대해 마지않던 자유에의 희망이 내 손바닥 안에서 잘게 부서지는 것이 느껴졌다. 나는 노예라는 무서운 파도 속으로 깊이, 더 깊이 빠져드는 기분이었다. 다시는 돌아올 수 없는 심해의 어둠 속으로……

내 친구이자 은인인 배스 역시 내가 괴로워하는 모습을 보며 동정심을 느꼈다. 나를 위로하려 했으며, 크리스마스 전에는 반드시 다시 오겠다고 이야기했다. 만일 그때까지도 아무 소식이 없다면 우리 계획을 실현시킬 다른 방법을 찾아보자고도 말했다. 나를 위해 이렇게까지 노력하고 있는 자신을 봐서라도 기운을 내라고 말했고, 자신도 나를 이곳에서 탈출시키는 것을 그 무엇보다도 최우선으로 생각하겠다며 진실되고 설득력 있게 이야기해주었다.

배스가 가고 나자 시간은 더 더디게 흘렀다. 나는 불안하고 초조한 마음으로 빨리 크리스마스가 돌아오기만을 기다리고 또 기다렸다. 편지에 대한 답장은 포기한 지 오래였다. 중간에 유실되었거나, 잘못 전달되었는지도 모를 일이었다. 어쩌면 새러토가에 사는 내 지인들이 모두 죽었을지도 모른다. 아니면 각자 살기에 바빠서 기억도 잘 나지 않는 흑인 친구의 운명 따위는 어떻게 되든 중요하지 않다는 생각에 편지를 받고도 무시해버렸는지 모른다. 나는 배스에게 전적으로 의지했다. 그래도 그에 대한 신뢰 덕분에 마음의 안정을 되찾을 수 있었고, 계속해서 이어지는 실망의 파도 속에서도 질식하지 않은 채 꿋꿋이 일어설 수 있었다.

내가 처한 상황과 미래에 대해 무척이나 골똘히 생각한 나머지 들판에서 나와 함께 일하던 동료들도 뭔가 이상한 낌새를 눈치챘다. 팻시는 내게 어디가 아프냐고 물었고, 에이브럼과 밥, 윌리는 도대체 내가 뭘 그토록 깊이 생각하고 있는지에 대해 호기심을 보였다. 그렇지만 나는 이들의 질문에 모두 적당히 둘러대며 대답했을 뿐 진짜 고민은 마음속에 묻어두었다.

# **20** 마지막 목화 수확

배스는 약속을 지켜 크리스마스 전날 막 해가 질 무렵 말을 타고 마당으로 돌아섰다.

"어떻게 지냈나? 반갑네."

엡스가 배스와 악수를 하며 말했다.

"잘 지냈지. 아주 잘 지냈어."

배스가 대답했다.

"바유에 볼 일이 있어서 왔다가 여기 와서 자네도 만나고 하룻밤 신세 져야겠다고 마음먹었네."

엡스는 노예들 중 한 명에게 배스의 말을 돌보라고 지시했고, 두 사람은 함께 집 안으로 들어가 웃으며 이야기꽃을 피웠다. 그제야 배스는 "비밀 지켜. 우린 서로 이해하는 사이잖아"라고 말하듯 나를 의미심장하게 바라보았다. 나는 하루 일을 다 끝내고 밤 10시에 오두막으로 들어갔다. 당시 나는 오두막을 에이브럼, 밥과 함께 쓰고 있었다. 널빤지 침대 위에 누워서 자는 척하다가 다른 사람들이 깊은 잠에 곯아떨어지자 살금살금 문밖으로 나왔다. 그러고는 배스가 무슨 신호를 보내거나 소리를 내지는 않는지 주의 깊게 살피고 귀를 기울였다. 그러나 그곳에 자정이 훨씬 지나서까지 서 있었지만 아무런 기척도 없었다. 아마도 배스는 가족들의 의심을 받을까봐 집에서 나올 엄두를 못 내는 것 같았다. 나는 배스가 아침에 평소보다 더 일찍 일어나서 엡스가 잠에서 깨기 전에 나를 만날 기회를 노리고 있을 거라고 판단했다. 그래서 평소보다 한 시간 더 일찍 에이브럼을 깨워 불을 피우라고 집 안으로 보냈다. 그 계절에는 에이브럼이 불 피우는 일을 맡고 있었기 때문이다.

나는 밥도 세차게 흔들어 깨워 대낮까지 잘 셈이냐면서 노새에게 먹이도 주기 전에 주인님이 일어나겠다고 으름장을 놓았다. 그런 일이 일어날 경우 어떤 결과가 뒤따를지 똑똑히 알고 있는 밥은 벌떡 일어서더니 눈 깜빡할 새에 말 목장으로 달려갔다.

두 사람이 나가자 이내 배스가 슬그머니 오두막으로 들어왔다.

"아직 아무런 편지도 오지 않았네, 플랫."

그 말은 납덩이처럼 무겁게 내 마음에 내려앉았다.

"오, 다시 쓸게요, 배스 주인님."

내가 외쳤다.

"제가 아는 사람이 많아요. 그 사람들 이름을 다 알려드릴게요. 분명 그 사람들이 다 죽지는 않았을 거예요. 분명히 누군가는 저를 불쌍하게 여길 거예요."

"소용없어."

배스가 대답했다.

"나는 마음을 굳혔어. 마크스빌의 우체국장이 뭔가를 의심하지 않을까 겁이 나. 내가 우체국에 굉장히 자주 알아보러 갔으니까. 이 방법은 무척이나 불확실하고 위험해."

"그러면 다 끝났군요."

내가 탄식했다.

"오, 하느님, 제가 어떻게 이곳 생활에서 벗어날 수 있을까요!"

"여기서 끝나지 않을 거야."

배스가 말했다.

"네가 금방 죽지 않는 한 말이야. 나는 이 문제를 두루 생각해봤고 결론을 내렸어. 이 일을 처리할 수 있는 방법이 한 가지밖에 없는 건 아니야. 편지를 쓰는 것보다 더 확실하고 좋은 방법이 있어. 나는 3월이나 4월까지 끝내야 할 일이 한두 가지 있는데, 그때쯤이면 내 수중에 상당한 돈이 들어올 거야. 그러면 플랫, 내가 직접 새러토가에 가볼게."

나는 그의 입에서 나오는 말이 좀처럼 믿기지 않았다. 하지만 배스는 봄까지 자기 목숨이 붙어 있기만 하다면 반드시 새러토가로 출발할 것이라면서, 진심으로 하는 말이란 게 조금도 의심되지 않도록 확실하게 약속을 했다.

"나는 이 지역에서 오래 살았어."

배스가 차근차근 말했다.

"나는 어느 곳에 있으나 마찬가지야. 고향으로 되돌아가는 문제도 오랫동안 생각해왔지. 너뿐 아니라 나도 노예 제도에 질렸어. 너를 여기서 구출하는 데 성공하면 나는 평생 기분 좋게 떠올릴 좋은 일을 하게 되는 셈이야. 그리고 나는 반드시 널 구해낼 거야, 플랫. 꼭 그렇게 해야 돼. 내가 계획한 걸 말해줄게. 엡스가 곧 일어날 거야. 여기에서 들키면 안 돼. 새러토가와 샌디힐 그리고 그 부근에서 한때 너를 알았던 많은 사람을 생각해봐. 겨울에 다시 구실을 만들어 여기 와서 그 이름들을 적어갈게. 그러면 내가 북부에 갔을 때 누구를 찾아가야 할지 알겠지. 할 수 있는 한 모두를 생각해봐. 기운 내! 낙담하지 말고······. 살든 죽든 내가 너와 함께할 테니······. 잘 있어. 신의 가호가 있길······."

배스는 이렇게 말하며 급히 오두막을 나가 대저택으로 들어갔다.

크리스마스 날 아침이었다. 크리스마스는 노예들에게는 1년 중 가장 행복한 날이었다. 그날 아침에는 호리병박과 목화를 담을 봉지를 들고 서둘러 들에 나갈 필요가 없었다. 모두의 눈에 행복이 반짝이고 얼굴에는 기쁨이 번졌다. 잔뜩 먹고 춤출 시간이 다가왔다. 그날은 사탕수수밭과 목화밭에 가지 않았으며, 깨끗한 옷을 꺼내 입고 빨간색 리본을 맸다. 헤어졌던 사람들이 다시 만나고 기쁨과 웃음이 넘쳤으며 다들 분주하게 왔다 갔다 했다. 노예들에게는 자유의 날이었다. 그래서 행복하고 즐거웠다.

아침을 먹은 뒤 엡스와 배스는 느긋하게 마당을 걸으며 목화 가격과 그 밖의 다양한 화제를 입에 올렸다.

"자네 검둥이들은 크리스마스를 어디에서 보내나?"

배스가 물었다.

"플랫은 오늘 태너 집에 갈 걸세. 플랫의 바이올린 연주를 원하는 곳이 많다네. 월요일에는 마셜의 집에서 불렀고, 옛 노우드 농장의 메리 매코이Mary McCoy 양도 화요일에 플랫이 그 집 검둥이들에게 연주해주길 바란다고 전갈을 보내왔지."

"꽤 똑똑한 아이로군, 그렇지?"

배스가 이렇게 물어보며 나를 불렀다.

"이리 와봐, 플랫."

그러고는 내가 다가가자 그전에는 나를 특별히 주목한 적이 없었던 것처럼 나를 쳐다보았다.

"그렇다네."

엡스가 내 팔을 붙잡고 만지며 대답했다.

"이놈은 관절이 죄다 튼튼해. 이 지류에서 이놈보다 더 쓸모 있는 놈은 없어. 완벽하게 건강하고 못된 꾀도 부리지 않는다네. 이놈은 어느 검둥이와 달라. 검둥이처럼 보이지 않고 행동거지도 다르지. 지난주에 이 녀석을 팔면 1700달러를 주겠다는 제안을 받았다네."

"제안을 받아들이지 않았나?"

배스가 놀라며 물었다.

"받아들이다니……. 그럴 리가. 뻔할 뻔자 아닌가. 이놈은 정말로 똑똑하다네. 쟁기자루도, 마차 끌채도 만들 수 있어. 뭐든 자네만큼 잘 만들지. 마셜이 자기 검둥이 중 한 놈과 이놈을 경쟁 붙이고 상금을 걸었네. 하지만 나는 마셜에게 악마가 이놈 편을 들어줄 거라고 했지."

"그다지 눈에 띄는 건 없어 보이는데……."

배스가 말했다.

"아니, 이놈을 한번 만져보면 알걸세."

엡스가 대꾸했다.

"이놈보다 더 탄탄한 놈을 본 적이 별로 없을걸세. 이놈은 피부가 약해서 매질은 잘 견디지 못할 거야. 하지만 근육이 단단하다네. 틀림없어."

배스는 나를 만지고 몸을 돌려보면서 꼼꼼하게 살펴보았다. 그동안 엡스는 내 장점을 자세히 설명했다. 하지만 손님이 이 주제에 별로 관심이 없어 보이자 결국 그만두었다. 배스는 곧 그 집을 떠났다. 빠르게 말을 몰아 마당을 나가면서 배스는 내게 또 한 번 의미심장한 눈길을 은밀히 보냈다.

배스가 떠나자 나는 통행증을 받아 태너의 집으로 갔다. 앞서 말한 적이 있는 피터 태너가 아니라 그의 사촌이다. 나는 그날 낮과 밤 시간 대부분을 연주하면서 보낸 뒤 다음 날인 일요일은 내 오두막에서 지냈다. 월요일에는 엡스의 노예 모두와 함께 강줄기를 건너 더글러스 마셜의 집에 갔고 화요일에는 마셜의 집에서 위쪽으로 세 번째 농장인 옛 노우드 농장으로 향했다.

현재 이 사유지의 주인은 스무 살 정도 된 어여쁜 아가씨인 메리 매코이 양이다. 매코이 양은 아름다운 숙녀로 바유뵈프의 자랑거리였다. 그녀는 100여 명의 일꾼 외에 수많은 하인, 정원사, 어린아이를 소유했다. 인근에 사는 형부가 그녀의 대리인을 맡고 있었다. 매코이 양은 자신이 거느린 모든 노예에게서 사랑을 받았다. 그렇게 온화한 사람 아래에 있으니 고마워하는 것도 당연했다. 지류 근방에서 매코이 양이 여는 것만큼 흥겨운 잔치는 없었다. 크리스마스 휴가철이면 부근 수 킬로미터 안에 사는 나이 든 사람이건 젊은 사람이건 다른 어느 곳보다 매코이 양의 잔치에 가장 많이 모였다. 다른 곳에서는 그렇게 맛있는 음식을 먹을 수 없으려니와 자신들에게 그렇게 상냥하게 이야기하는 목소리도 들을 수 없기 때문이다. 부모님이 돌아가시고 옛 노우드 사유지의 안주인이 된 매코이 양만큼 커다란 사랑을 받고 수많은 노예의 마음에 큰 자리를 차지하는 사람은 없었다.

매코이 양의 집에 도착하자 200~300명의 사람이 모여 있었다. 매코이 양이 노예들이 춤을 출 수 있도록 특별히 세운 긴 건물 안에 식탁이 차려져 있었다. 식탁 위에는 그 지방에서 나는 갖가지 재료로 만든 음식이 차려져 있었는데 다들 진귀한 만찬이라며 칭송했다. 칠면조고기, 돼지고기, 닭고기, 오리고기 등 굽고 삶아 요리한 온갖 육류가 긴 테이블 끝에서 끝까지 한 줄로 놓여 있었고 중간 중간에는 타르트, 젤리, 얼린 케이크, 갖가지 패스트리로 가득 채워져 있었다. 젊은 안주인은 미소 띤 얼굴로 테이블 주위를 돌아다니며 한 사람 한 사람에게 다정한 말을 건넸다. 이 잔치를 굉장히 즐기는 듯했다.

저녁 식사가 끝나자 테이블이 치워지고 춤출 공간이 마련되었다. 나는 바이올린을 조율한 뒤 활기찬 선율을 연주하기 시작했다. 그러자 일부는 음악 소리에 맞춰 날렵하게 춤을 췄고 일부는 발로 바닥을 가볍게 치며 단순하지만 감미로운 노래를 불렀다. 사람들의 목소리와 수많은 발이 타닥거리는 소리가 음악 소리와 어우러져 커다란 방을 가득 채웠다.

저녁에 안주인이 돌아와 한참 동안 문 안쪽에 서서 우리를 바라보았다. 그녀는 화려한 차림새였고, 새까만 머리카락과 눈이 맑고 섬세한 피부색이 또렷한 대조를 이루었다. 몸매는 호리호리했지만 위엄 있었고 동작에는 자연스러운 기품과 우아함이 흘렀다. 화려한 옷을 입고 그곳에 서 있는 그녀의 얼굴에는 즐거움이 가득하고 생기가 넘쳤다. 나는 그 아름다움의 절반에 미치는 사람도 본 적이 없었다. 내가 이 아름답고 점잖은 숙녀를 흐뭇한 마음으로 자세히 이야기하는 건 그녀가 내게 감사하는 마음과 존경심을 불러일으켰을 뿐 아니라 독자들에게 바유뵈프의 모든 노예 소유자가 엡스나 티비츠, 짐 번스 같지 않다는 걸 알려주고 싶어서다. 드물기는 했지만 때때로 윌리엄 포드 같은 주인이나 매코이 양처럼 천사같이 상냥한 주인도 있었다.

엡스가 한 해에 우리에게 허락한 사흘간의 휴가가 화요일에 끝났다. 수요일 날 아침 집으로 돌아오는 길에 윌리엄 피어스의 농장을 지날 때였다. 피어스가 나를 부르더니 윌리엄 바넬이 가져온 엡스의 짧은 편지를 받았는데 그날 밤 자기 노예들에게 연주를 해주도록 나를 그 집에 머물도록 허락했다고 말했다. 내가 바우뵈프 기슭에서 노예들의 춤을 본 건 그 때가 마지막이었다. 피어스 집에서의 잔치는 한낮까지 흥겹게 이어졌다. 나는 쉬지 못해 좀 지쳤지만 내 연주에 만족한 백인들에게서 많은 동전을 받아 기쁜 마음으로 집에 돌아왔다.

그런데 토요일 아침에 나는 몇 년 만에 처음으로 늦잠을 자고 말았다. 놀라서 오두막을 나와보니 노예들은 벌써 들판에 나가 있었다.

노예들은 나보다 15분 정도 먼저 나가 있었다. 나는 밥도 먹지 않고 물병도 놔둔 채 가능한 한 빨리 허둥지둥 노예들의 뒤를 쫓았다. 아직 해가 뜨지 않았지만 내가 오두막에서 나왔을 때 마당에 있던 엡스는 해가 중천에 떴는데 일어났다며 고함을 질렀다. 나는 더 열심히 일해서 엡스가 아침을 먹고 나왔을 때는 내게 주어진 일을 다 해놓았다. 하지만 그것으로 늦잠 잔 죄를 용서받지는 못했다. 엡스는 내게 옷을 벗고 엎드리라고 명령하고는 열 대인가 열다섯 대를 때렸다. 그리고 다 때렸을 때쯤 이제는 아침에 일어날 수 있겠느냐고 물었다. 나는 할 수 있다고 분명하게 말한 뒤 일을 하러 갔다. 등이 찌르듯 아파왔다.

다음 날은 일요일이었다. 배스가 떠올랐고, 그가 어떻게 행동하고 결정하느냐에 따라 달라질 가능성과 희망을 생각했다. 나는 인생의 불확실성에 대한 생각에 잠겼다. 배스가 죽는 것이 하느님의 뜻이라면 내가 구제될 가능성과 이 세상에서 기대할 수 있는 행복은 완전히 끝나고 깨질 것이다. 아마도 등이 쓰라려서 평소와 달리 기운을 내지 못했을 수도 있다. 나는 하루 종일 불행한 기분으로 실의에 빠졌고 밤에 딱딱한 널빤지 침대 위에 몸을 누이자 지독한 슬픔에 짓눌려 마음이 부서질 것만 같았다.

월요일인 1853년 1월 3일 아침에 우리는 일찍 들에 나갔다. 이 지역에서는 드물게 몹시 추운 아침이었다. 내가 앞장서고 에이브럼, 밥, 팻시, 월리가 차례로 뒤를 따라 왔다. 모두 목화 비닐봉지를 목덜미에 걸치고 있었다. 그날 아침 엡스는 채찍을 들고 나오지 않았다. 이는 실로 드문 일이었다. 엡스는 우리가 일을 전혀 하지 않고 빈둥거린다면서 해적은 저리 가라 할 정도로 심한 욕설을 내뱉었다. 밤이 추위에 손가락이 곱아서 목화를 빨리 딸 수 없다고 조심스럽게 말했다. 그러자 엡스는 생가죽 채찍을 들고 오지 않은 스스로에게 욕설을 퍼붓더니 돌아오면 우리를 아주 따뜻하게 해주겠다고 엄포를 놓았다. 틀림없이 엡스는 우리 모두를 불구덩이보다 더 뜨겁게 만들어놓을 것이다. 내가 가끔 엡스가 결국 살게 될 곳이라 생각한 지옥불보다 더 뜨거운 맛을 보여주겠지.

엡스는 독한 말을 내뱉으며 자리를 떴다. 엡스가 우리 소리를 듣지 못하는 곳까지 가자 우리는 곱은 손가락으로 이 일을 계속해야 하는 게 얼마나 힘든지, 주인이 얼마나 부당한지 이야기하기 시작했다. 전혀 과장되지 않은 이야기들이었다. 그런데 집 쪽으로 빠르게 달려가는 마차 소리에 대화가 끊겼다. 쳐다보니 남자 두 명이 목화밭을 헤치고 우리 쪽으로 다가오고 있었다.

이제 내가 바유뵈프에서 보낸 마지막 시간을 이야기할 때가 되었다. 나는 마지막으로 목화를 땄고 엡스에게 작별을 고했다. 독자들이여, 이제 나와 함께 8월로 되돌아가자. 지금부터 나는 배스의 편지가 새러토가에 도착하기까지의 긴 여정을 좇아 그 편지가 가져온 결과를 알려주려고 한다. 내가 에드윈 엡스의 오두막에서 탄식하며 절망에 빠져 있는 동안 나를 구하기 위한 모든 일이 착착 진행되고 있었다. 배스의 우정과 신의 은총 덕분이었다.

# **21** 드디어 자유를 되찾다

새러토가에 도착한 편지-편지, 앤에게 전달되다-헨리 노섭, 편지를 읽다-1840년 5월 14일 제정된 법-법 조항-앤, 주지사에게 탄원하다-탄원서에 첨부된 진술서-소울 상원의원의 서한-주지사가 임명한 조사관, 출발하다-조사관, 마크스빌에 도착하다-존 와딜-뉴욕 주 정치 이야기-좋은 아이디어가 나오다-배스와의 만남-비밀이 밝혀지다-법적 절차 개시-노섭과 보안관, 마크스빌에서 농장으로 출발하다-이동 중에 정한 약속-엡스의 농장에 도착하다-목화밭에서 노예를 발견하다-재회-이별

나는 이 장에 담긴 많은 사건에 대해 헨리 B. 노섭 씨를 비롯한 여러 사람에게 큰 은혜를 입었다.

1852년 8월 15일에 파커 씨와 페리 씨 앞으로 작성해 마크스빌의 우체국에 맡긴 배스의 편지는 9월 초에 새러토가에 도착했다. 그보다 조금 앞서 앤은 워런 카운티의 글렌즈폴스로 옮겨가 카펜터스 호텔의 조리부에서 일하고 있었다. 아이들과 함께 살며 집안일을 돌보았고 호텔 일에 필요할 때만 아이들과 떨어져 지냈다.

편지를 받은 파커 씨와 페리 씨는 곧바로 앤에게 전했다. 편지를 읽은 아이들은 커다란 흥분에 휩싸여 곧바로 이웃의 샌디힐 마을로 달려가 헨리 노섭 씨에게 자문을 구하고 이 문제와 관련된 조언과 도움을 얻었다.

이 일의 조사에 착수한 노섭 씨는 주의 법령들 중에서 자유인이었다가 노예가 된 사람의 복권을 허용하는 법을 발견했다. 1840년 5월 14일에 통과된 이 법에는 "이 주의 자유인이 납치되거나 노예로 전락하는 것을

더 효과적으로 막기 위한 법"이란 이름이 붙어 있었다. 이 법은 이 주의 자유민 혹은 주민이 미국의 다른 주나 준주에서 노예라는 주장이나 허위 진술에 따라 부당하게 붙잡혀 있거나 관습 혹은 법에 의해 노예로 여겨지고 노예 취급을 받았다는 납득이 갈 만한 정보를 입수했을 경우 그 사람의 필요에 따라 자유를 되찾아줄 조치를 취하는 것이 주지사의 의무라고 규정해놓았다. 이런 목적을 위해 주지사는 대리인을 지정하고 채택할 권한이 있으며 이 직책의 목적을 달성할 가능성이 높아지도록 대리인에게 신임장을 발급하고 지시를 내려야 한다. 이렇게 임명된 대리인은 해당 시민의 자유권을 확보할 정확한 증거를 모아야 한다. 또한 해당 시민을 이 주로 돌아오도록 하기 위해 출장을 가고 필요한 조치를 취하며 법적 절차를 밟아야 한다. 이 법을 실행하면서 발생하는 모든 비용은 별도로 책정되지 않는 한 국고에서 부담한다.

주지사를 납득시키려면, 첫째, 내가 뉴욕 시의 자유민이었다는 것과, 둘째, 부당하게 노예로 붙잡혀 있다는 것, 두 가지 사실을 입증해야 했다. 첫째 사항은 어려울 게 없었다. 내가 살던 동네의 주민이었던 모든 사람이 이 사실을 증언해줄 준비가 되어 있었으니까……. 둘째 사항은 누군지 모르는 사람이 파커 씨와 페리 씨에게 쓴 편지와 내가 올리언스 호에서 썼지만 불행히도 어디에 놔두었는지 잊어버렸거나 잃어버린 편지에 전적으로 의존해야 했다.

앤이 나와 결혼했다는 것, 내가 워싱턴을 떠난 일, 편지를 받은 일, 내가 자유인이었다는 것, 그 밖에 중요하다고 생각되는 사실들을 헌트 주지사에게 제시하는 청원서를 준비했다. 샌디힐과 포트에드워드의 몇몇 유지가 청원서에 담긴 진술이 사실임을 입증하는 자술서를 작성하고 몇몇 유명 인사가 제정법에 따라 헨리 B. 노섭을 대리인으로 지명해달라는 요청서를 써주어 청원서와 함께 제출했다.

청원서와 자술서들을 읽은 주지사는 이 문제에 커다란 관심을 보였다. 그리고 1852년 11월 23일에 헨리 B. 노섭을 내 복권을 실현시킬 조치를 취할 모든 권한을 지닌 대리인으로 임명하고 신속하게 루이지애나에 갈 것을 지시했다.

노섭 씨의 업무 및 정치활동과 관련된 급한 일들 때문에 출발은 12월로 미뤄졌다. 12월 14일에 노섭 씨는 샌디힐을 떠나 워싱턴으로 향했다. 루이지애나 출신 상원의원 피에르 소울, 육군 장관 콘래드, 대법원의 넬슨 판사가 이 사실을 듣고 위임장, 청원서, 자술서 등을 검토한 뒤 루이지애나의 의원들에게 노섭 씨가 임명된 목적을 달성하도록 도와주라고 강력하게 촉구하는 공개장을 써주었다.

특히 소울 상원의원은 이번 일에 많은 관심을 기울여 내가 자유를 되찾는 걸 돕는 것이 자신이 대표하는 주에 속한 모든 농장주의 의무이자 이익이 되는 일이고, 루이지애나 주에 사는 모든 주민의 가슴에 살아 있는 명예와 정의감을 믿는다고 강력하게 촉구했다. 이 귀한 편지들을 손에 넣은 노섭 씨는 볼티모어로 돌아갔다가 피츠버그로 향했다. 원래는 워싱턴에 있는 친구들의 조언에 따라 바로 뉴올리언스로 가서 그 도시의 관계 당국에 문의할 생각이었다. 그러나 레드 강 입구에 당도한 노섭 씨는 마음을 바꿨다. 이렇게 계속 가면 배스를 만나지 못할 것이고 그럴 경우 나를 찾는 일이 아마도 허사로 돌아갈 것이었기 때문이다.

노섭 씨는 선착장에 도착한 첫 번째 증기선을 타고 레드 강을 거슬러 올라갔다. 사람이 거의 살지 않는 원시의 숲과 헤치고 들어가지 못할 정도로 **빽빽한** 늪들이 펼쳐진 광대한 지역을 구불구불한 물길이 느릿느릿 흘러갔다. 노섭 씨가 마크스빌에 도착해 증기선에서 내린 때는 1853년 1

월 1일 오전 9시쯤이었다. 노섭 씨는 바로 내륙으로 6.5킬로미터가량 들어가면 있는 작은 마을인 마크스빌 코트하우스로 발길을 옮겼다.

노섭 씨는 파커 씨와 페리 씨에게 보낸 편지의 소인이 마크스빌로 찍혀 있는 걸로 봐서 내가 그곳이나 혹은 바로 가까이에 있을 거라고 짐작했다. 시내에 도착한 노섭 씨는 저명한 변호사이자 머리가 좋고 성품이 고귀한 존 P. 와딜 씨를 만나 당장 일을 시작했다. 편지와 문서들을 읽고 내가 납치된 상황을 들은 와딜 씨는 즉시 도움을 주기 시작했고 매우 열성적이고 성실하게 이 일에 임했다. 와딜 씨는 고귀한 성품을 지닌 사람들이 그러하듯이 납치를 혐오스러운 짓이라 여겼다. 그와 같은 교구에 사는 주민들이나 고객들이 지닌 부의 큰 부분을 차지하는 재산에 대한 소유권이 선의의 노예 거래로만 얻어진 건 아니었지만, 와딜 씨는 이런 불의를 보면 분노가 치밀어 오르는 고결한 성품의 소유자였다.

마크스빌은 유명한 곳이고 루이지애나 주 지도에서 이탤릭체로 돋보이게 표시되어 있지만 사실 작고 보잘것없는 촌락이다. 유쾌하고 너그러운 주인이 운영하는 여관, 휴가철이면 무법자인 소와 돼지들이 차지하는 법원, 갈라진 밧줄이 달랑거리는 교수대를 빼면 이방인의 주의를 끌 만한 게 별로 없었다.

와딜 씨는 솔로몬 노섭이란 이름을 들어본 적이 없었지만 마크스빌이나 이 부근에 그런 이름을 가진 노예가 있다면 자신의 흑인 노예인 톰이 그 사람을 알 것이라고 확신했다. 그래서 톰이 불려왔다. 하지만 톰의 넓은 인맥에도 솔로몬 노섭이란 자는 없었다.

파커 씨와 페리 씨가 받은 편지는 바유뵈프에서 보낸 것으로 되어 있었다. 그래서 내가 그곳에서 팔린 게 틀림없다는 결론이 내려졌다. 하지만 거기서 두 사람은 심각한 난관에 부딪혔다. 바유뵈프는 가장 가까운 지점도 마크스빌에서 약 37킬로미터나 떨어져 있고 강 양편으로 80~160 킬로미터에 이르는 시골 지역이 모두 이 지명에 속했다. 바유뵈프 강가에 는 수없는 노예가 살았으며 토양이 기름지고 비옥해 농장주들도 그 일대로 많이 모여들었다. 편지에 나와 있는 정보가 무척이나 모호하고 불명확해서 구체적으로 어떤 방법으로 일을 진행시켜야 할지 결정하기 어려웠다. 그러다가 마침내 성공 가능성이 있는 유일한 방법으로 결정지어진 것이 와딜 씨 사무실에서 일을 배우고 있던 와딜 씨 동생과 노섭 씨가 바유뵈프의 한쪽 강가를 따라 끝까지 올라갔다가 맞은편 기슭으로 건너가 다시 쭉 내려오면서 샅샅이 뒤지는 방법이었다. 와딜 씨가 자기 마차를 제공하기로 했고 월요일 아침 일찍 출발하기로 결정했다.

이 방법은 딱 봐도 십중팔구는 실패할 듯이 보일 것이다. 일단 두 사람이 들판까지 들어가 일하고 있는 모든 노예를 살펴본다는 건 불가능할 것이다. 게다가 두 사람은 내가 플랫이라는 이름으로만 불린다는 사실도 모르고 있었다. 엡스에게 물어본다 한들 그는 솔로몬 노섭이라는 사람은 전혀 모른다고 대답할 것이고 그 말은 거짓이 아니었다.

하지만 그 계획으로 결정이 났고 일요일이 지날 때까지 더 이상 다른 일은 진행되지 않았다. 그날 오후 노섭 씨와 와딜 씨가 이야기를 나누다가 뉴욕의 정치 쪽으로 화제가 흘렀다.

"나는 당신 주의 정당들을 잘 구별하지 못하겠습니다."

와딜 씨가 말했다.

"중도파니 원리주의자니, 보수주의자니 과격파니, 곱슬머리파woolly-heads니 은발파silver gray니 하는 얘기들을 읽었지만 정확한 차이를 이해할 수 없었죠. 그게 뭡니까?"

노섭 씨는 파이프에 담배를 다시 채우며 다양한 경향의 정파가 나온

기원을 자세하게 설명했다. 그리고 뉴욕에는 그 밖에도 노예 제도 침투 반대자와 노예폐지론자라는 또 다른 정파도 있다는 말로 설명을 끝내면서 덧붙였다.

"이 고장에서는 그런 사람을 본 적 없을 것 같습니다만……."

"한 사람만 빼고 본 적 없죠."

와딜 씨가 웃으며 대답했다.

"이곳 마크스빌에 한 사람 있답니다. 북부의 어떤 열렬한 지지자 못지 않게 열성적으로 노예폐지를 설파하는 기인이죠. 마음씨가 너그럽고 남에게 해를 끼치지 않는 사람인데, 항상 다른 주장을 펼쳐서 우리에게 큰 즐거움을 주지요. 그는 훌륭한 기계공이라서 이 고장에서는 없어서는 안 될 사람이랍니다. 목수이기도 하고요. 이름은 배스예요."

배스의 특별한 점들을 화제삼아 선량한 대화가 더 오가던 중이었다. 갑자기 와딜이 어떤 생각에 잠기더니 의문투성이의 편지를 다시 보여달라고 했다.

와딜은 "어디 보자, 어─디─보─자!"라고 신중하게 되뇌며 편지를 다시 한번 훑어보았다.

"'바유뵈프, 8월 15일', 날짜는 8월 15일이고 소인은 이곳으로 찍혀 있군. '저를 위해 편지를 써주고 있는 이분……' 음, 배스가 지난여름에 어디서 일했지?"

별안간 와딜이 동생을 돌아보며 물었다. 동생은 대답을 하지 못했지만 일어나서 사무실을 나갔다가 곧 정보를 알아내서 돌아왔다.

"배스는 지난여름에 바유뵈프 어디에선가 일했다고 합니다."

그러자 와딜은 힘주어 탁자를 치며 외쳤다.

"배스가 바로 솔로몬 노섭에 관해 우리한테 얘기해줄 수 있는 사람입니다."

그래서 바로 배스를 찾아 나섰지만 찾을 수 없어서 알아보니 그가 레드 강 선착장에 있다는 게 확인되었다. 와딜의 동생과 노섭 씨는 차량을 구해 이내 몇 킬로미터를 달려 선착장으로 갔다. 두 사람이 도착했을 때 배스는 2주 정도 자리를 비울 계획으로 막 떠나려던 참이었다. 노섭 씨는 자신을 소개한 뒤 배스에게 잠깐 둘이서만 이야기하자고 청했다. 두 사람은 강 쪽으로 걸어가며 다음과 같은 대화를 나누었다.

"배스 씨, 지난 8월에 바유뵈프에 있었는지 물어봐도 되겠습니까?"

노섭 씨가 물었다.

"네, 8월에 그곳에 있었습니다."

배스가 대답했다.

"그곳에서 한 유색인을 위해 새러토가스프링스에 있는 신사들에게 편지를 써주었요?"

"죄송합니다만 그건 선생님과 상관없는 일입니다."

배스가 걸음을 멈추더니 자신에게 질문을 던지는 남자의 얼굴을 살피듯 쳐다보았다.

"제가 좀 서둘렀나봅니다, 배스 씨. 죄송합니다. 하지만 저는 마크스빌의 소인이 찍힌 편지를 쓴 사람을 만나려고 뉴욕 주에서 여기까지 왔습니다. 8월 15일에 쓴 편지였죠. 정황으로 봐서 선생님이 그 편지를 쓴 분 같아서요. 저는 솔로몬 노섭을 찾고 있습니다. 그 사람을 아시면 그가 어디에 있는지 숨김없이 말해주십시오. 원하지 않으신다면 선생님이 주신 정보를 누가 알려준 것인지는 밝히지 않겠습니다."

배스는 새로 알게 된 이 사람의 눈을 한참 동안 응시하면서 아무런 말이 없었다. 자기를 속이려는 건 아닌지 의심하는 듯했다. 그러다 마침내 배스가 찬찬히 말했다.

"저는 부끄러워할 만한 짓을 한 적이 없습니다. 제가 편지를 쓴 사람입니다. 솔로몬 노섭을 구하러 오신 거라면 만나서 기쁩니다."

"언제, 어디서 마지막으로 노섭을 보셨습니까?"

"지난 크리스마스 때 봤습니다. 일주일 전이죠. 노섭은 바유뵈프의 홈즈빌 근방에 사는 에드윈 엡스라는 농장주의 노예입니다. 솔로몬 노섭이 아니라 플랫이라는 이름으로 불리지요."

비밀이 밝혀졌다. 드디어 수수께끼가 풀린 것이다. 지난 12년 동안 내가 걷는 길에 어둡고 음울한 그늘을 드리워온 짙은 먹구름 사이로 별이 떠올라 내가 자유의 품으로 돌아갈 수 있도록 빛을 비춰주었다. 곧 모든 불신과 망설임이 걷혔고 노섭 씨와 배스는 가장 중차대하다고 여겨지는 문제에 대해 한참 동안 거리낌 없이 이야기를 나눴다. 배스는 내 처지에 관심을 가졌던 일, 봄에 북부에 가려고 했던 일을 이야기하고 힘닿는 한 나를 자유의 몸으로 만들기로 결심한 것을 말했다. 배스는 나와 가까워진 과정을 설명했고 내 가족과 내 젊은 시절 이야기를 아주 흥미롭게 들었다. 헤어지기 전에 배스는 종이에 붉은색 분필로 엡스의 농장 위치와 그곳까지 곧장 갈 수 있는 길을 표시한 지도를 그려주었다.

노섭 씨와 그의 젊은 동행자는 마크스빌로 돌아왔다. 이제 내 자유권 문제를 심사하는 법적 소송을 진행하자는 결정이 내려졌다. 내가 원고였고 노섭 씨가 내 후견인, 에드윈 엡스가 피고였다. 교구의 보안관에게 압류동산 회복소송 성격의 명령서를 발행해 법원의 결정이 내려질 때까지 나를 보호하고 억류하라고 지시하기로 했다. 서류들이 준비되었을 때는 밤 12시였다. 시내에서 좀 떨어진 곳에 사는 판사의 서명을 받기에는 무척 늦은 시간이었다. 그래서 추가적인 일은 월요일 아침으로 미뤄졌다.

일요일 오후에 와딜 씨가 노섭 씨의 방을 찾아와 예상치 못한 곤란한 상황이 우려된다고 말할 때까지는 모든 게 순조로웠다. 그런데 상황을 들어보니, 배스가 불안을 느끼고는 선착장의 어떤 사람에게 자기 일을 맡기면서 자신은 이 주를 떠날 생각이라고 말했다고 했다. 그런데 이 사람이 비밀을 누설해버리는 바람에 와딜 변호사와 함께 있는 모습이 목격되었고 지금 여관에 묵고 있는 외지인이 바유에서 늙은 엡스의 노예 중 한 명을 찾고 있다는 소문이 마을에 퍼지기 시작했다. 엡스는 의회가 열리는 시기에 마크스빌에 자주 왔기 때문에 이곳 사람들이 알고 있는 인물이었다. 와딜 씨는 밤 동안에 엡스에게 이 정보가 누설되면 보안관이 도착하기 전에 나를 몰래 빼돌릴 기회를 얻을 거라며 염려했다.

이런 우려 때문에 일이 상당히 더 신속하게 진행되었다. 마을 밖에 사는 보안관에게 자정이 막 지났을 무렵 출발할 채비를 갖추라는 요청을 했고 판사에게도 같은 시간에 방문할 것이라고 알렸다. 마크스빌의 관계자들은 자신들이 도울 수 있는 일은 흔연히 다 도와주었다고 말해두는 편이 공정할 것이다.

자정이 지나 출발 채비가 다 갖춰지고 판사의 서명을 받자마자 노섭 씨와 보안관은 여관 주인 아들이 모는 마차를 타고 빠른 속도로 마크스빌을 벗어나 바유뵈프로 가는 길로 접어들었다.

엡스가 내 자유권에 이의를 제기할 것으로 예상되었기 때문에 노섭 씨는 보안관이 나와의 첫 만남을 증언하는 게 중요할 수 있다는 생각이 들었다. 그래서 마차를 타고 가는 도중에 보안관과 의논해 내가 노섭 씨와 이야기하기 전에 보안관이 내게 아이들의 수와 이름, 결혼하기 전 아내의 이름, 북부에서 내가 알고 있는 장소의 이름 등을 물어보기로 했다. 내 대답이 보안관이 받았던 진술서와 일치하면 분명 결정적인 증거가 될 것이었다.

앞 장의 마지막 부분에서 이야기한 것처럼 엡스가 집에 갔다가 돌아와서 우리를 따뜻하게 해주겠다고 마치 위로하듯 장담하면서 들을 떠난 직후에 드디어 노섭 씨 일행이 농장이 보이는 곳까지 왔고 들에서 일하고 있는 우리를 발견했다. 노섭 씨와 보안관은 마차에서 내린 뒤 마부에게 대저택으로 가되 다시 만날 때까지 여기에 온 용무를 누구에게도 언급하지 말라고 단단히 일렀다. 노섭 씨와 보안관은 큰길에서 벗어나 목화밭을 가로질러 우리 쪽으로 다가왔다. 마차 쪽을 보던 우리도 두 사람을 발견했다. 한 사람이 다른 사람보다 몇 미터 앞서서 걸어왔다. 백인들이 그런 식으로 우리에게 다가오는 모습을 보는 건 특이하고 드문 일이었다. 특히 그렇게 이른 아침에는 좀처럼 없는 일이었다. 에이브럼과 팻시가 놀라서 무슨 말인가를 했다. 보안관이 밥 쪽으로 걸어가며 물었다.

"플랫이라는 아이를 아느냐?"

밥이 모자를 잡아당겨 벗으면서 나를 가리키며 대답했다.

"이 사람입니다, 선생님."

나는 그 사람이 대체 내게 무슨 볼일이 있는지 궁금해서 몸을 돌려 그가 코앞에 다가올 때까지 뚫어지게 쳐다보았다. 바유에서 오랜 세월 살면서 나는 부근 수 킬로미터 안에 사는 농장주의 얼굴은 다 알고 있었지만 이 남자는 전혀 모르는 사람이었다. 분명 전에는 본 적이 없는 얼굴이었다.

"네 이름이 플랫이냐?"

그가 물었다.

"그렇습니다, 선생님."

내가 대답했다.

그는 몇 미터 뒤에 서 있는 노섭 씨를 가리키며 물었다.

"저 사람을 아느냐?"

그가 가리키는 쪽으로 눈을 돌려 노섭 씨의 얼굴을 보자 머릿속으로 수많은 이미지가 주르륵 떠올랐다. 앤과 사랑하는 아이들, 돌아가신 아버지 등 수많은 익숙한 얼굴, 어린 시절과 젊은 날의 모든 광경과 추억, 더 행복했던 시절의 모든 친구가 내 상상 속의 눈앞에서 녹아 사라지는 그림자처럼 휙휙 스쳐 지나갔다. 그러다 마침내 한 사람에 대한 기억이 정확하게 떠올랐고 나는 양손을 내던지듯이 쳐들며 흥분된 목소리로 외쳤다.

"헨리 노섭 씨! 감사합니다. 하느님, 감사합니다!"

이내 나는 그가 여기에 왜 왔는지 이해했고 내가 구출될 시간이 가까이 왔다는 걸 직감했다. 나는 노섭 씨 쪽으로 걸음을 옮겼다. 그러나 보안관이 내 앞을 막아섰다.

"잠시 멈춰라."

보안관이 말했다.

"플랫 말고 다른 이름이 있느냐?"

"솔로몬 노섭이 제 이름입니다."

내가 대답했다.

"가족이 있느냐?"

"아내와 세 아이가 있습니다."

"아이들의 이름이 뭐지?"

"엘리자베스, 마거릿, 알론조입니다."

"아내의 결혼 전 이름은?"

"앤 햄프턴입니다."

"누가 주례를 섰지?"

"포트에드워드의 티머시 에디 씨입니다."

목화밭에서 구출되는 솔로몬.

"저분은 어디에 살지?"

보안관이 다시 노섭 씨를 가리키며 물었다. 노섭 씨는 내가 처음 그를 알아봤던 곳에 그대로 서 있었다.

"노섭 씨는 뉴욕 주 워싱턴 카운티의 샌디힐에 삽니다."

내가 대답했다.

보안관은 계속해서 질문을 던졌지만 나는 더 이상 참지 못하고 그를 밀치고 노섭 씨에게로 갔다. 그리고 내 오랜 지인의 두 손을 꼭 붙들었다. 아무런 말도 할 수가 없었다. 참지 못하고 눈물이 흘러내렸다.

"솔로몬!" 마침내 노섭 씨가 입을 열었다.

"만나서 반갑네."

나는 무언가 대답을 하려고 했지만 북받치는 감정에 말문이 막혀 한마디도 나오지 않았다. 다른 노예들은 어안이 벙벙해서 이 광경을 지켜보고 있었다. 무슨 일인지 몹시 궁금하고 엄청나게 놀랐는지 입을 떡 벌린 채 눈을 굴리고 있었다. 나는 10년 동안 들판과 오두막에서 저들과 함께 지냈다. 함께 같은 고생을 견디고 같은 음식을 먹었다. 내 슬픔과 저들의 슬픔이 어우러졌고 미미한 기쁨이지만 함께 나누었다. 그러나 내가 마지막으로 저들과 함께 있는 이 시간까지 그중 누구도 내게 플랫이 아닌 진짜 이름이 있다는 낌새를 눈치 채거나 내 진짜 사연을 조금이라도 아는 사람은 없었다.

몇 분 동안 아무 말도 나오지 않았다. 그동안 나는 노섭 씨의 얼굴을 쳐다보며 그를 꼭 끌어안았다. 잠에서 깨어 이 모든 게 꿈이라는 걸 알게 될까봐 두려웠다.

"그 봉지를 내려놓게."

마침내 노섭 씨가 말했다.

"목화를 따면서 살던 시절은 끝났다네. 이제 자네와 같이 사는 사람에게 함께 가세."

나는 그의 말대로 했다. 우리는 노섭 씨, 나, 보안관 순으로 대저택 쪽으로 걸음을 옮겼다. 얼마간 걸어간 뒤에야 나는 가족이 모두 살아 있는지 물어볼 만큼 목소리가 돌아왔다. 노섭 씨는 앤, 마거릿, 엘리자베스를 불과 얼마 전에 봤다고 알려주었다. 알론조 역시 살아 있었고 모두 건강했다. 하지만 어머니는 다시 뵙지 못하게 되었다. 정신을 차릴 수 없을 정도의 갑작스럽고 엄청난 흥분에서 어느 정도 회복되기 시작하자 나는 걷기 힘들 정도로 현기증이 나고 맥이 빠졌다. 보안관이 내 팔을 붙잡고 부축해주지 않았더라면 나는 아마도 쓰러졌을 것이다. 우리가 마당으로 들어가자 엡스가 문가에 서서 마부와 이야기를 나누고 있었다. 자신이 받은 지시에 충실한 그 젊은이는 무슨 일로 왔는지 재차 다그치는 엡스의 질문에 대답을 할 수 없었다. 우리가 다가가자 엡스는 밥이나 에이브럼 못지않게 놀라고 당황했다.

보안관과 악수를 하고 노섭 씨를 소개받은 엡스는 두 사람에게 집 안으로 들어오라고 하면서 내게는 땔감을 좀 들고 오라고 했다. 이상하게 팔에 힘이 빠져 도끼를 정확하게 휘두를 수 없어서 장작을 한 아름 패는 데 얼마간의 시간이 걸렸다. 마침내 내가 장작을 들고 들어가자 탁자 위에는 서류들이 흩어져 있고 그중 한 장을 노섭 씨가 읽고 있었다. 나는 세 사람이 각각 어디 서 있는지 파악하느라 신경을 곤두세우다가 아마도 필요 이상으로 오랫동안 난로에 땔감을 넣었을 것이다. "앞에서 말한 솔로몬 노섭" 증인이 추가적으로 말하기를 "뉴욕의 자유민"이라는 말이 자주 들려왔고 이런 표현들에서 내가 그토록 오랫동안 엡스 주인님과 마님에게 숨겨온 비밀이 드디어 밝혀졌다는 걸 알았다. 내가 눈치껏 최대한 오랫동안 머뭇거리다가 막 방을 나서려는데 엡스가 물었다.

"플랫, 이 신사를 알아?"

"네, 주인님."

내가 대답했다.

"아주 오래전부터 아는 분입니다."

"이분은 어디에 살지?"

"뉴욕에 사십니다."

"너도 거기서 산 적이 있어?"

"네, 주인님, 그곳에서 나고 자랐습니다."

"그땐 자유인이었단 말이지, 이 빌어먹을 검둥이 놈아."

그가 소리쳤다.

"내가 너를 샀을 때 왜 말하지 않았어?"

"엡스 주인님."

나는 평소에 그를 부르던 것과는 다소 다른 말투로 대답했다.

"주인님이 물어보시지 않았으니까요. 게다가 전에 모시던 주인님들 중한 명인, 저를 납치했던 사람에게 제가 자유인이라고 말했다가 거의 죽을만큼 채찍질을 당한 적이 있답니다."

"누가 널 위해 편지를 쓴 것 같은데 그게 누구냐?"

엡스가 위압적인 태도로 추궁했다.

"제가 직접 썼겠죠."

내가 대답했다.

"내가 알기로 넌 마크스빌 우체국에 갔다가 날이 밝기 전에 돌아온 적이 없어."

엡스는 누군지 알려달라고 계속 강요했고 나 역시 고집을 부렸다. 엡스는 누가 되었건 그 사람에 대한 맹렬한 위협의 말을 쏟아내면서 누군지 알아내기만 하면 잔인하고 무참하게 앙갚음을 하리라는 뜻을 내비쳤다. 엡스의 태도와 말에서는 나를 위해 편지를 써준 미지의 인물에 대한 분노와 큰 재산을 잃게 된 데 대한 신경질이 역력히 드러났다. 엡스는 노섭 씨의 방문을 한 시간만 일찍 눈치챘다면 그가 나를 뉴욕에 다시 데리고 가는 수고를 덜었을 것이라고 말했다. 나를 늪에 처넣거나 세상의 어떤 보안관도 발견할 수 없는 벽지로 보내버렸을 거라며 씩씩거렸다.

내가 마당으로 나가서 부엌으로 들어가는데 뭔가가 내 등을 때렸다. 감자가 든 냄비를 들고 대저택 뒷문에서 나오던 피비가 감자 하나를 내게 세게 던진 것이었다. 그녀는 나와 잠깐 조용히 이야기를 나누고 싶은 눈치였다. 내게로 달려오더니 내 귀에 대고 아주 진지하게 속삭였다.

"세상에, 플랫! 어떻게 생각해? 두 남자가 너를 따라왔어. 들어보니 네가 자유인이라고 하지 뭐야. 고향에 아내와 세 아이도 있고. 그 남자들과 갈 거야? 안 가면 바보겠지. 나도 가고 싶구나."

피비는 빠른 속도로 말을 이었다.

이내 엡스 부인이 부엌에 나타났다. 부인은 내게 이런저런 말을 하더니 내가 누구인지 왜 자신에게 말하지 않았느냐고 물었다. 그러면서 나 말고 누구라도 농장의 다른 노예를 잃는 편이 더 나을 거라고 나를 칭찬하면서 유감스런 마음을 표했다. 만약 그날 떠나는 게 내가 아니라 팻시였다면 안주인은 기쁨에 넘쳤을 것이다. 이제 이 농장에는 의자 하나, 가구 한 점 고칠 사람도 없을 것이다. 집을 건사하는 데 요긴하게 써먹을 사람도 없고 그녀에게 바이올린을 연주해줄 사람도 없을 것이다. 엡스 부인은 감정이 북받쳐 정말로 눈물을 흘렸다.

엡스가 밥을 부르더니 자기 말을 몰라고 했다. 노예들은 처벌에 대한 두려움도 무릅쓰고 일을 중단한 채 마당에 와 있었다. 노예들은 엡스의 눈에 띄지 않는 오두막 뒤에 서 있다가 손짓으로 나를 불렀다. 그러고는 넘치는 궁금증과 흥분에 한껏 높아진 목소리로 대화를 나누고 내게 질문을 던졌다. 내가 그들이 말한 단어를 정확히 그대로 옮길 수 있다면, 그들이 보인 태도와 얼굴 표정을 그대로 그릴 수 있다면 실로 재미있는 그림이 나올 것이다. 그들의 평가에서 나는 무한하게 높은 존재, 아주 중요한 존재가 되었다.

노섭 씨와 보안관은 엡스에게 법적 서류들을 전달하고 다음 날 마크스빌에서 만나기로 약속한 뒤 돌아가려고 마차에 탔다. 내가 마부석에 타려는데 보안관이 내게 엡스 부부에게 작별 인사를 하라고 했다. 나는 두 사람이 서 있던 마당으로 도로 달려가 모자를 벗으며 인사했다.

"안녕히 계십시오, 마님."

"잘 가게, 플랫."

엡스 부인이 다정하게 말했다.

"안녕히 계십시오, 주인님."

"오, 이 빌어먹을 검둥이 놈."

엡스가 퉁명스럽고 심술궂은 말투로 내뱉었다.

"그렇게 좋아할 필요 없어. 네놈은 아직 놓여난 게 아니니까……. 내가 내일 마크스빌에서 이 일에 대해 알아볼 테다."

나는 '검둥이'일 뿐이었고 내 처지를 잘 알고 있었다. 하지만 마치 내가 백인이라도 된 듯이 그에게 마지막으로 독설을 쏘아붙인다면 마음이 편할 것 같다는 생각이 치밀어 올랐다. 마차로 돌아오는데 팻시가 오두막 뒤에서 달려 나오더니 두 팔로 내 목을 껴안았다.

"오, 플랫."

팻시의 뺨에서 눈물이 흘러내렸다.

"이제 자유의 몸이 되어 다시는 보지 못할 곳으로 가겠군요. 내가 매질을 당하지 않도록 여러 번 구해주었는데. 플랫이 자유의 몸이 되어 정말 기뻐요. 하지만 오, 주여, 주여! 나는 어떻게 될까요?"

나는 팻시에게서 떨어져 나와 마차에 올라탔다. 마부가 채찍을 휘둘렀고 마차는 엡스의 집에서 멀어져갔다. 뒤를 돌아보니 고개를 푹 숙이고 바닥에 반쯤 쓰러지다시피 한 팻시가 보였다. 엡스 부인은 앞마당에 서 있었고 에이브럼, 밥, 윌리, 피비는 문가에서 내 뒷모습을 보고 있었다. 나는 손을 흔들었지만 마차가 모퉁이를 도는 바람에 그들의 모습은 내 시야에서 영영 사라져버렸다.

우리는 케리의 제당소에서 잠시 마차를 멈췄다. 수많은 노예가 일하고 있는 시설이 북부 사람의 눈에는 진기하게 비쳤다. 엡스가 전속력으로 말을 몰고 우리 곁을 빠르게 지나쳤다. 다음 날 듣기로, 엡스는 나를 이 고장에 데려온 윌리엄 포드를 만나러 '파인우즈'에 가는 길이었다고 한다.

1월 4일 화요일에 엡스와 그의 변호인인 E. 테일러 씨, 노섭 씨, 와딜 씨, 어보이엘르의 판사와 변호사, 그리고 내가 마크스빌에서 만났다. 노섭 씨가 나와 관련된 사실들을 진술했고 자신이 받은 위임장과 자술서들을 제시했다. 보안관은 목화밭에서 있었던 일을 설명했다. 나도 세세한 질문들을 받았다. 마침내 테일러 씨가 자기 고객에게 자신은 상대의 주장을 납득했으며 소송을 걸면 비용이 많이 들 뿐 아니라 아무런 소용도 없다고 못 박았다. 테일러 씨의 조언에 따라 엡스가 내 자유권을 납득하고 나를 공식적으로 뉴욕 당국에 넘긴다고 인정하는 서류들이 작성되었으며 당사자들이 서명을 했다. 또한 어보이엘르 등기소에 이 사실을 기록해야 한다는 점도 명기되었다.

# **22** 노예상인 버치의 재판

증기선이 뉴올리언스로 미끄러지듯 항해 중이었는데도 나는 전혀 행복하지 않았다. 갑판 위를 돌아다니며 춤이라도 출 기분이어야 할 텐데 그런 마음도 들지 않았다. 수백 킬로미터를 달려 나에게 와준 사람에게도 그다지 고마운 마음이 들지 않았다. 그의 담뱃대에 불을 붙여주지도 않았고, 그를 지켜보며 뭐라고 말할지 기다리다가 말이 끝나기 무섭게 그의 명령을 따르지도 않았다. 왜 그랬는지는 모르겠다. 그러나 이제는 모두 중요하지 않다.

뉴올리언스에서 이틀을 묵는 동안, 나는 시어필러스 프리먼의 노예수용소 위치와 포드가 나를 산 장소를 알려주었다. 길거리에서 프리먼을 만났는데 그를 다시는 알은체하지 않아도 될 것 같다는 생각이 들었다. 믿을 만한 사람에게 들은 이야기로는 그는 완전히 망가져 난폭하고 질이 아주 좋지 못한 불량배가 되었다고 했다.

우리는 소울 상원의원이 편지를 보낸 제누아 판사도 만났다. 그가 널리 인정받고 평판이 좋을 만하다는 사실을 알 수 있었다. 그는 우리에게 아무것도 문제삼지 않고 자신의 서명과 법원의 공식 인장을 찍은 통행증을 발행해주었다. 통행증에는 내 생김새에 대한 제누아 판사의 묘사도 포함되어 있으니 이곳에 통행증을 공개하는 것이 잘못된 일은 아닐 것이다. 아래는 나에게 발행된 통행증 사본이다.

루이지애나 주 뉴올리언스 시

2지구 기록 사무실

이 서류를 보는 사람에게 알림.

본 통행증은 뉴욕 주 워싱턴 변호사 헨리 B. 노섭이 솔로몬이 자유인의 신분이라는 증거를 제시했기에 이를 증명하기 위해 발행되었음. 42세의 물라토, 키 170센티미터, 곱슬곱슬한 양털 같은 머리카락에 밤색 눈을 가진 솔로몬이 뉴욕에서 태어났음을 증명함. 노섭이 남부에서 솔로몬을 데리고 뉴욕으로 돌아오는 동안 흑인 솔로몬이 적법하게 처신하는 한 통행을 허락해줄 것을 요청함.

본인의 서명과 뉴올리언스 시 인장으로 증명함. 1853년 1월 7일

판사 제누아

1월 8일에 우리는 기차를 타고 폰차트레인 호수에 도착했다. 그리고 곧 일반적인 경로를 따라 찰스턴에 당도했다. 증기선에 승선한 뒤, 뱃삯을 내려다가 노섭 씨는 증기선 내 세관 직원에게 왜 하인을 등록하지 않았냐는 이유로 불려가 상황을 자세히 설명해야 했다. 노섭 씨는 하인이 없어서 등록하지 않았다고 대답했다. 그리고 자신은 뉴욕 시에 근무하는 관리이

며 노예의 삶에서 벗어난 한 남자를 자유인의 삶으로 데려가는 중이라는 말도 덧붙였다. 그러면서 하인으로 등록할 생각도 의향도 전혀 없다고 설명했다. 노섭 씨의 말과 행동을 보니 내가 실수를 저지르더라도 찰스턴 세관 직원들이 내세우는 어떤 문제로도 내게 제재를 가하기란 쉽지 않을 거라는 생각이 들었다. 한참이 지난 뒤에 우리는 통과해도 좋다는 허가를 받았다. 리치먼드를 지날 때는 구딘의 수용소도 잠깐 스치고 1853년 1월 17일에 워싱턴에 도착했다.

우리는 버치와 래드번이 아직도 워싱턴에 살고 있다는 것을 확인한 뒤 즉시 제임스 버치에 대해 나를 납치해 노예로 팔아넘긴 혐의를 제기해 워싱턴 법원에 고소했다. 고다드 판사가 영장을 발부해 버치가 즉시 체포되었고 맨슬 판사가 보석금 3000달러를 조건으로 구속했다.

버치는 체포 당시 몹시 놀라고 겁을 먹어 경황이 없는 모습이었다. 루이지애나 애비뉴에 위치한 판사 사무실에 도착하기 전에 고소 내용도 제대로 모른 채 경찰에게 17년 동안 노예 불법 거래상으로 일하는 자신의 전동업자 벤저민 O. 셰켈스를 만나 상의할 수 있게 해달라고 간청했다. 벤저민 O. 셰켈스는 버치의 보석 보증인이 되었다.

1월 18일 10시, 피고와 원고 측 모두 판사 앞에 섰다. 오하이오 주 출신 상원 의원 체이스, 샌디힐의 오빌 클라크 장군과 노섭 씨가 원고 측 변호를 맡고 조지프 H. 브래들리가 피고 측 변호를 맡았다.

오빌 클라크 장군이 선서를 한 뒤 증인석에 앉아 자신은 나를 어린 시절부터 알고 있으며 내 아버지와 같이 나도 자유의 몸이었다고 증언했다. 노섭 씨도 똑같이 증언했다. 그리고 어보이엘르로 파견된 사실과 관련된 사항을 증언했다.

에버니저 래드번이 검찰 측 증인으로 나와 자신은 마흔 살이며 현재 워싱턴에서 살고 있고 버치와 14년 동안 알고 지낸 사이이며 1841년 윌리엄 노예수용소에서 간수로 근무해 내가 노예수용소에 갇혀 있던 당시를 기억하고 있다고 증언했다. 내가 버치에게 잡혀 1841년 봄 노예수용소에 수감되었다는 사실은 피고 측 변호인도 인정했다. 검찰 측도 이에 동의했다.

벤저민 O. 셰켈스는 피고 측 증인으로 출석했다. 벤저민은 아주 덩치가 크고 우락부락하게 생겼는데, 피고 측 변호인의 첫째 질문에 대한 대답을 읽고 나면 독자들도 그에 대해 정확히 알 수 있을 것이다. 출생지가 어디냐는 질문에 다음과 같이 껄렁하게 대답했다.

"저는 뉴욕 주 온타리오 카운티에서 태어났는데요, 태어날 때 몸무게가 6킬로그램쯤 나갔어요!"

벤저민은 아기 때부터 아주 거대했던 모양이다. 그는 1841년 워싱턴에서 스팀보트 호텔을 소유하고 있던 시절에 대해 이야기하면서 그해 봄 거기서 나를 보았다고 증언했다. 벤저민이 두 남자가 하는 이야기를 들었다며 입을 떼자 상원의원 체이스가 법정에서 제삼자에게 들은 이야기는 증언으로 부적절하다는 이유로 이의를 제기했다. 판사는 체이스 상원의원의 이의를 기각했고 셰켈스는 하던 이야기를 이어갔다. 스팀보트 호텔에 온 두 남자가 흑인 노예를 팔 수 있다고 말했으며 그들이 버치와 한참 동안 대화를 나누었다는 것이다. 남자 두 명이 조지아 출신이라고 하는 걸 듣긴 했지만, 정확히 어떤 카운티인지는 기억하지 못한다고 했다. 그리고 흑인 노예가 벽돌공이고 바이올린도 켤 수 있으며 버치가 남자 둘이 동의하기만 하면 그 노예를 사겠다고 했다는 이야기도 덧붙였다. 그러자 남자 둘이 밖으로 나가서 흑인 노예를 데리고 들어왔는데 나랑 똑같이 생겼다고 했다. 벤저민은 자신이 마치 진실을 말한다는 양 태연한 모습으로 내가 조지아에서 태어나고 자랐으며 그때 함께 있었던 남자들 중 한 명이 내 주인이었다고 말하는 것을 들었다고 증언했다. 그리고 내가 주인과 떨어진다는 사실을 몹시 슬퍼하는 모습이었다는 말도 했다. 내가 '눈물을 흘리면서' 내 주인이 나를 팔 권리가 있고 어쩔 수 없이 팔아야 한다고 했으며 그래야 하는 가장 큰 이유는 '도박에 빠져 흥청망청 살았기 때문'이라고 했다는 것이었다.

벤저민은 증언을 이어갔다. 다음은 법원 기록을 그대로 옮긴 내용이다.

"버치는 흑인 노예에게 평소와 다름없이 집요하게 질문을 했습니다. 자기가 노예를 사게 된다면 남부로 보낼 수도 있다고 말했어요. 흑인 노예는 전혀 이의를 제기하지 않았고요. 그리고 실제로 자기는 남부로 가고 싶다고 했어요. 제가 알기로는 버치가 650달러를 지불하고 흑인 노예를 샀습니다. 이름을 뭐라고 붙였는지는 모르겠지만, 솔로몬은 아니었던 걸로 기억해요. 함께 있던 두 남자의 이름도 모르겠습니다. 남자 둘이 호텔에 머문 시간은 고작 두세 시간이었으니까요. 그동안 흑인 노예는 바이올린 연주도 했어요. 호텔에 있던 술집에서 거래명세표에 서명을 했습니다. 비어 있는 상태로 찍힌 서류에 버치가 빈칸을 채워넣었습니다. 1838년까지 버치는 제 동업자였습니다. 우리는 함께 노예를 사고파는 일을 했어요. 그 이후 버치는 뉴올리언스에서 시어필러스 프리먼과 동업을 했지요. 버치가 여기서 사고 프리먼이 거기서 팔았습니다."

셰켈스는 증인석에 오르기 전에 내가 브라운이랑 해밀턴과 함께 워싱턴에 온 상황에 대한 이야기를 이미 들었던 것이다. 그래서 확실히 '남자 둘'이라고 말하고 내가 바이올린을 연주했다는 이야기까지 했다. 벤저민이 한 증언은 순전히 날조된 것이었다. 그리고 워싱턴에서 한 남자가 나타나 벤저민의 허위 증언을 입증하려고 애썼다.

벤저민 A. 손은 자신이 1841년 셰켈스의 호텔에 있었고 자신도 흑인 노예가 바이올린을 켜는 모습을 목격했다고 증언했다.

"셰켈스는 흑인이 판매용이라고 말했습니다. 주인이 노예를 팔 거라고 했다더군요. 흑인은 제게 자기는 노예라고 했습니다. 돈을 지불할 때 저는 못 봤습니다. 여기에 있는 저 사람이 그때 본 그 흑인 노예인지 확실하지는 않습니다. 흑인 노예의 주인은 곧 눈물을 흘릴 듯했어요. 흑인 노예는 울고 있었던 것 같아요! 저는 20년 동안 북부에 있는 노예를 남부로 데려가는 일을 했습니다. 이 일을 하지 못할 때는 다른 일도 했고요."

내가 증언을 해야 했다. 하지만 내 이야기를 증거로 인정할 수 없다고 피고 측에서 이의를 제기했고 법정에서 이를 받아들였다. 흑인이라는 이유로 내 증언은 그 자리에서 바로 거부당했다. 내가 자유로운 뉴욕 시민이라는 사실은 전혀 받아들여지지 않았다.

셰켈스가 거래명세표가 있었다고 증언했기 때문에 검사 측에서는 손과 버치가 한 증언을 증명하려면 거래명세표를 제출하라고 말했다. 피고 측 변호인은 거래명세표를 제시하든지 아니면 거래명세표를 제시할 수 없는 타당한 이유를 내세워야 했다. 버치는 후자를 택했고 피고 측 변호인은 버치를 증인석에 세웠다. 원고 측 변호인은 피고 당사자의 증언이 받아들여진다면 법정에서 정의가 사라지는 일이라며 반대했다. 하지만 법정은 피고인 버치의 증언을 받아들였다. 버치는 증인 선서까지 하고 거래명세표를 만들었고 서명도 했지만 잃어버려서 지금은 어떻게 되었는지 모른다고 증언했다! 그러자 판사는 경찰관을 버치의 집으로 보내 1841년 당시 작성한 거래명세표를 포함한 장부를 모두 가져오라는 명령을 내렸다. 법원의 명령에 대처할 새도 없이 이것이 곧바로 시행되어 경찰이 버치의 장부를 모두 압수해 증거로 제출했다. 1841년에 작성된 기록을 찾아내 샅샅이 뒤졌지만 내 이름은 어디서도 찾을 수 없었다.

법정에서 한 버치의 증언이 진실로 확인된 뒤 버치는 무죄로 풀려났다. 그러자 바로 버치와 그를 따르는 패거리는 다른 꿍꿍이를 실행에 옮겼다. 내가 백인 남자 둘과 공모해서 버치에게 사기를 쳤다는 이유로 나를 구속시키려고 한 것이다. 그들의 꿍꿍이가 어느 정도 먹혀들어서 재판이 끝나고 하루인가 이틀 뒤에 나온 『뉴욕타임스』지에는 다음과 같은 기사가 실리기도 했다.

> 피고 측 변호인은 피고인이 무죄로 풀려나기 전에 이미 버치가 서명한 진술서를 작성했다. 그리고 이미 알려진 대로 백인 남자 둘과 짜고 버치에게 625달러를 갈취한 혐의로 흑인에 대해 구속영장을 신청했다. 구속영장이 발부된 흑인은 고다드 판사에게 재판을 받았다. 버치와 버치 측 증인들도 법정에 모습을 드러냈다. 그리고 헨리 B. 노섭이 피고 측 변호인으로 법정에 나와 재판을 받을 준비가 되었으니 지체 없이 진행해달라고 요청했다. 버치는 셰켈스와 개인적으로 짧은 면담을 하고 난 뒤, 판사에게 고소를 취하하고 더 진행하고 싶지 않다는 뜻을 밝혔다. 피고 측 변호인은 판사에게 피고 측의 요구나 허가 없이는 고소를 취하할 수 없다는 자신들의 입장을 분명히 밝혔다. 게다가 버치는 판사에게 고소장 구속영장을 자기에게 달라고 요청했고 서류를 받았다. 피고 측 변호인은 판사의 행동에 이의를 제기하고 버치가 제출한 고소장과 구속영장은 재판에 대한 기록의 의미로 법원에서 계속 보관해야 한다고 주장했다. 판사는 버치에게 서류를 되돌려달라는 판결을 내리고 버치는 판결에 따라 서류를 반환했으며 버치가 제출한 서류는 법원에서 보관 중이다.

아마도 노예상인의 진술을 믿는 이가 있을지도 모르겠다. 버치의 증언이 내 증언보다 더 믿을 만하다고 생각하는 사람도 있을 것이다. 나는 가난하고 짓밟히며 무시당하기 일쑤인 천한 인종, 바로 흑인이다. 내 보잘것없는 목소리는 나를 발아래로 보는 이들의 귀에는 들리지 않을지도 모른다. 하지만 내 말을 분명히 책임질 각오로 모든 사람과 하느님 앞에서 엄숙히 맹세한다. 나는 진실을 알고 있다. 내가 나 자신을 팔려고 백인 남자 둘과 직접 혹은 간접적으로 공모했다는 버치의 주장, 또 내가 워싱턴에 온 이유와 납치당해 윌리엄 노예수용소에 갇혔다는 버치의 이야기는 하나같이 꾸며낸 것이다. 나는 워싱턴에서 바이올린을 연주한 적도 스팀보트 호텔이라는 곳에 간 적도 없다. 그리고 지난 1월 전까지 손이나 셰켈스를 만난 적도 결코 없다. 노예상인 셋의 이야기는 터무니없고 사실 무근이다. 그들의 이야기가 사실이라면, 내가 자유의 몸이 되고 난 뒤 버치를 고소하지 않았을 것이다. 버치를 고소하면 내가 죄를 받을지도 모르니 오히려 버치를 찾아내기보다는 피해 다녔을 것이다. 버치와 그 패거리의 주장이 진실이라면 나는 가족을 되찾고 집으로 돌아갈 기쁨에 가득 차 있던 상황에서 내 신분을 밝히고 버치를 고소하면서 스스로 위험을 무릅쓴 사람이 되는 것이다. 나는 몹시 힘들게 버치를 찾아내 나를 유괴했다는 죄목으로 그를 고소하고 마침내 법정에서 대면했다. 그리고 내가 버치를 고소할 수밖에 없었던 이유는 버치가 내게 저지른 못된 행동을 법으로 심판해 정의를 되찾고 싶었기 때문이다. 하지만 앞에서 이미 설명한 대로 버치는 무죄로 풀려났다. 인간의 법정은 버치를 풀어주었지만 위증은 전혀 힘을 발휘할 수 없는 좀더 높은 법정이 분명 있을 것이다. 그리고 적어도 그 문제로 나도 그곳에서 다시 최후의 재판을 받을 뜻이 분명히 있음을 밝혀둔다.

우리는 1월 20일에 워싱턴을 떠났고 필라델피아, 뉴욕, 올버니를 지나 21일 밤에 샌디힐에 도착했다. 이곳저곳 익숙한 풍경이 눈에 들어오자 어린 시절에 친구들과 함께 지내던 곳으로 다시 왔다는 생각이 들었다. 행복에 겨워 심장이 터질 듯 기뻤다. 다음 날 아침 나는 지인들과 함께 아내 앤과 아이들이 사는 글렌즈폴스로 향했다.

나는 가족이 사는 작은 집에 들어섰다. 가장 먼저 처음 딸아이 마거릿을 만났다. 마거릿은 나를 알아보지 못했다. 내가 집을 떠날 당시, 마거릿은 겨우 일곱 살 난 아이였다. 인형을 손에 쥐고 재잘거리던 마거릿의 어린 시절 모습이 떠올랐다. 마거릿은 몰라보게 컸고 결혼을 해 눈빛이 아주 밝은 남자가 그 애 곁을 지키고 있었다. 운 나쁘게 납치당해 노예로 전락한 할아버지를 잊지 말라는 뜻으로 마거릿은 자기 아들에게 솔로몬 노섭 스탠턴Solomon Northup Staunton이라는 이름을 지어주었다. 내가 누구인지 이야기를 들은 마거릿은 북받치는 감정으로 할 말을 잃었다. 곧 엘리자베스가 집으로 들어왔고 호텔에서 일하던 중 내가 돌아왔다는 소식을 들은 아내도 서둘러 집으로 달려왔다. 아내와 두 딸은 내 목에 팔을 두르고 꼭 껴안은 채 눈물을 흘렸다. 하지만 이 광경을 글로 묘사하는 데는 한계가 있으니 머릿속으로 그려보는 편이 더 나을 것이다.

가족을 다시 만난 격한 감동이 가라앉고 나자 말할 수 없는 기쁨이 마음을 가득 채웠다. 온 가족이 벽난로 앞에 모여 앉아 온기와 편안함을 만끽하며 서로에게 일어난 수많은 사건에 대해 이야기를 나누었다. 오랜 시간 떨어져 살면서 겪은 모진 시련과 희망과 두려움, 기쁨과 슬픔을 함께 나누었다. 알론조는 서부의 어느 주에 가 있다고 했다. 내가 자유를 되찾는 데 필요한 돈을 충분히 모을 수 있겠다는 편지를 최근 아내에게 보냈다고 했다. 알론조는 어릴 때부터 늘 나를 되찾겠다는 의지를 잃지 않았다. 내 가족은 내가 노예가 되었다는 사실을 알고 있었다. 내가 배에서 쓴 편지를 받았고 클레먼스 레이도 이야기를 전해주었기 때문이다. 하지만

집에 돌아와 아내와 아이들과 재회하는 솔로몬.

배스가 쓴 편지를 받기 전까지는 내가 어디에 있는지 몰랐다. 아내의 말을 들으니 하루는 엘리자베스와 마거릿이 학교에서 몹시 슬피 울면서 집에 왔다고 했다. 아이들에게 왜 우는지 그 이유를 물었더니 지리 수업 시간에 목화밭에서 일하는 노예와 채찍을 들고 쫓아오는 감시인의 모습이 담긴 사진을 보고 아버지의 모습이 떠올라서라고 대답하더란다. 실제로 내가 남부에서 노예생활을 할 당시 겪은 일이기도 했다. 이런 이야기를 들으니 온 가족이 나를 잊지 않고 늘 생각하고 있었다는 사실을 분명히 알 수 있었다. 이 글을 읽고 있는 독자들은 그다지 관심이 없을지도 모르겠지만 말이다.

이제 내 이야기는 거의 끝났다. 나는 노예 제도에 대한 내 의견을 말하려는 것이 아니다. 독자들이 이 책을 읽고 나면 이 '독특한 제도'에 대한 의견이 분명히 생길 것이다. 솔직히 말하면 다른 지역에서는 노예들이 어떻게 지내는지 나는 잘 모른다. 내가 이 책에서 있는 그대로 꾸밈없이 밝힌 이야기는 레드 강 지역 노예들의 생활이다. 내 이야기는 꾸며낸 것도 아니고 과장도 없다. 단지 내가 실수한 것이 있다면, 독자들에게 사건에 대한 밝은 면만 두드러지게 보여준 게 아닌가 싶다. 수많은 사람이 나와 같이 불행한 일을 겪고 수많은 자유 시민이 납치되어 노예로 팔려가 지금 이 순간에도 텍사스와 루이지애나의 농장에서 힘겹게 생활하고 있다는 사실을 나는 믿어 의심치 않는다. 하지만 이제 이야기를 끝내고 싶다. 온갖 시련을 겪으면서 얻은 평정심과 행복과 자유를 되찾을 수 있게 자비를 베풀어주신 그분께 감사하면서, 앞으로 나는 겸손하고 정직하게 살다가 내 아버지가 잠들어 계신 묘지에서 생을 마감하고 싶다.

# 굽이치는 강

## 레드 강 농장의 후렴구

하퍼스 크리크와 로링 강

아, 내 사랑 우린 영원히 죽지 않는다네

우리는 인디언들의 나라로 갈 거야

세상 모든 피조물 중 내가 원하는 건

예쁜 마누라와 거대한 농장뿐이지


(코러스) 뗏목을 타고 강을 따라 내려가는

두 감시인과 검둥이 한 명

제375조

## '이 주州의 자유인이 납치되거나 노예 신분으로 전락하는 것을 좀더 효과적으로 방지하기 위한 법령' [1840년 5월 14일 제정]

뉴욕 주 상원과 의회는 주민을 대표해 다음과 같은 법률을 제정한다.

1. 이 주의 주지사가 다음과 같은 보고를 받을 경우: 노예생활을 시킬 목적으로 뉴욕 주의 자유인 혹은 주민을 납치하거나 뉴욕 주 이외에 미국의 다른 주나 준주로 이송할 경우, 주의 자유인이나 주민이 노예라는 진술 혹은 주장에 근거해 미국의 다른 주나 준주에서 부당하게 체포·구금되거나 노예생활을 하는 경우, 혹은 특정 주나 준주에서 효력이 발생하는 법률의 관례나 규칙의 특성에 따라 노예 취급을 받거나 노예가 된 경우 혹은 시민에게 부여된 개인의 자유에 대한 권한을 부여받지 못하는 등의 경우 주지사는 위에서 열거한 사항에 해당되는 이들에게 자유를 회복시키고 이 주로 돌아오게 하는 데 필요하다고 생각되는 조치를 취할 의무가 있다.

이런 경우 주지사는 피해자의 복권과 귀환에 필요하다고 여겨지는 한 명 혹은 여러 명의 대리인을 지명할 권한을 갖는다. 그리고 대리인에게 신임장을 수여하고 자신의 임명 목적이 완수될 수 있도록 지시를 내려야 한다. 주지사는 대리인에게 업무 수행에 필요한 비용과 그 밖의 편의를 제공해야 한다.

2. 주지사의 지휘 아래 대리인은 당사자가 자유를 되찾도록 증거를 수집하고, 법적 소송 절차를 밟기 위한 수사를 진행하며 피해자가 자유를 회복하고 이 주로 돌아올 수 있도록 하는 데 필요한 조치를 강구해야 한다.

3. 업무 수행에 드는 모든 편의와 비용은 감사원장의 감사를 받고 감사원장의 승인

아래 감사원에서 지불한다. 하지만 그 밖의 비용에 대해서 주 감사원은 지출 승인을 하지 않는다. 주지사가 대리인이 임무를 완성하는 데 필요하다고 인정하는 선불금은 감사원장의 승인 아래 감사원에서 지불한다. 대리인은 최종 감사에서 이 선불금에 대해 설명해야 한다.

4. 이 법안은 즉시 효력을 발생한다.

## 존경하는 뉴욕 주지사님께

뉴욕 주 워런 카운티 글렌즈폴스 마을에서 앤 노섭이 청원서를 제시합니다.

청원인의 출생명은 앤 햄프턴입니다. 지난 3월 14일에 44세가 됐습니다. 워싱턴 카운티와 워싱턴 주의 포트에드워드에서 치안판사인 티머시 에디의 주례로 1828년 12월 25일에 솔로몬 노섭과 결혼했습니다. 결혼 후 솔로몬은 1830년까지 앞서 얘기한 마을에서 앤과 함께 살다가 1830년에 가족과 함께 워싱턴 카운티의 킹스베리로 이사해 그곳에서 3년간 머물렀습니다. 그리고 워싱턴 주의 새러토가스프링스로 이사해 1841년까지 살다가 컬럼비아 행정구의 워싱턴 시로 떠났습니다. 그 이후로 본 청원인은 그녀의 남편을 보지 못했습니다.

청원인은 솔로몬이 1841년에 뉴욕 워싱턴 카운티 샌디힐의 헨리 B. 노섭에게 보낸, 뉴올리언스 발신지가 찍힌 편지를 통해 남편이 워싱턴에서 납치돼 뉴올리언스로 향하는 배에 실렸다는 것을 알았습니다. 그런데 어떻게 그런 일이 발생했는지 혹은 이후 어떻게 됐는지에 대해서는 아무런 설명이 없었습니다.

그 이후 청원인은 지난해 9월 루이지애나 주의 어보이엘르 패리시의 마크스빌 도장이 찍힌 편지를 받기 전까지는 솔로몬이 어디에 있는지에 대해 아무런 정보도 얻지 못했습니다. 편지 내용은 그녀의 남편이 그곳에 노예로 잡혀 있다고 적혀 있었는데, 그녀는 이 사실을 그대로 믿었습니다.

45세였던 솔로몬은 앞서 말한 워싱턴 시로 가기 전까지 그가 태어난 뉴욕 주를 떠난 적이 없습니다. 뉴욕 주의 자유인인 솔로몬은 지금, 그가 노예라는 진술 혹은 주장을 근거로 미국의 루이지애나 주 어보이엘르 패리시의 마크스빌 혹은 그 근처에서 부당하게 노예생활을 하고 있습니다.

솔로몬의 아버지로 알려진 민투스 노섭은 1829년 11월 22일 포트에드워드에서 사망했다고 합니다. 그리고 청원인에 따르면, 솔로몬의 어머니는 백인의 피가 4분의 3 섞여 있는 물라토였는데, 뉴욕 오스위고에서 사망했으며 결코 노예가 아니었습니다.

청원인과 가족들은 솔로몬에게 자유를 되찾아줄 비용의 일부분도 지불할 능력이 없을 정도로 가난합니다.

존경하는 주지사님, 1840년 5월 14일에 통과된 '이 주의 자유인이 납치되거나 노예 신분으로 전락하는 것을 좀더 효과적으로 방지하기 위한 법령'이라는 이름이 붙은 뉴욕 주 입법부의 법에 따라, 솔로몬 노섭이 자신의 신분을 회복하고 이곳으로 돌아올 수 있도록 대리인으로 하여금 필요한 모든 조치를 취할 수 있게끔 해주시길 간곡히 부탁드립니다. 청원인이 항상 기도드리겠습니다.

앤 노섭

1852년 11월 19일

뉴욕 주

워싱턴 카운티, 구區

**뉴욕 주**

워런 카운티 글렌즈폴스 마을의 앤 노섭은 서명하고 진술한 위 청원서가 사실과 다름없음을 엄숙히 선서함.

앤 노섭

위 사실을 본인의 입회하에 서명하고 선서함

1852년 11월 19일

치안판사 찰스 휴즈

저희는 주지사님께서 앤 노섭의 남편인 솔로몬 노섭의 복권과 귀환을 위한 대리인으로 뉴욕 워싱턴 카운티 샌디힐 마을의 헨리 B. 노섭을 지명해주실 것을 청원합니다.

샌디힐, 워싱턴 카운티, 뉴욕

1852년, 11월 20일

피터 홀브룩

다니엘 스위트

B. F. 호아그

앨먼 클라크

찰스 휴즈

벤저민 페리스

E. D. 베이커

조사이어 H. 브라운

오빌 클라크

## 뉴욕 주

워싱턴 카운티, 구

워싱턴 카운티 샌디힐 마을에서 태어나 지금까지 여기서 살고 있는 57세의 조사이어 핸드는 엄숙히 선서하며 다음과 같은 사실을 말합니다. 증인은 민투스 노섭과, 앤 노섭의 청원서에 이름이 올라온 그의 아들 솔로몬을 1816년 이전부터 알고 있습니다. 민투스 노섭은 증인이 처음으로 그를 알던 때부터 죽을 때까지 킹스베리와 포트에드워드 마을 농장에서 농사를 지었습니다. 민투스와 그의 아내, 즉 솔로몬의 어머니는 뉴욕의 자유인이 되었다는 통지를 받았고, 증인 또한 그들이 자유인이라는 사실을 믿고 있습니다. 솔로몬 노섭은 워싱턴 카운티에서 태어났고, 1828년 12월 25일에 포트에드워드에서 결혼했으며, 그의 아내와 세 명의 아이(딸 둘과 아들 하나)는 현재 뉴욕 주 워런 카운티 글렌즈폴스에서 살고 있습니다. 솔로몬 노섭은 계속 워싱턴 카운티에서 살았고, 그가 사라진 1841년경까지 증인과 가까운 이웃이었습니다. 증인은 믿을 만한 소식을 들었고 솔로몬이 현재 루이지애나 주에서 부당하게 노예생활을 하고 있다는 사실을 진실로 믿게 됐습니다. 청원인인 앤 노섭을 신뢰하며 그녀의 청원서에 있는 모든 진술이 사실이라고 믿습니다.

조사이어 핸드

위 사실을 본인 입회하에 선서함

1852년 11월 19일

치안판사 찰스 휴즈

# 뉴욕 주

워싱턴 카운티, 구

워싱턴 카운티 포트에드워드의 티머시 에디는 엄숙하게 선서하며 다음과 같은 사실을 말합니다. 증인은 현재 OO세이며, 포트에드워드에서 OO년 살고 있고 앤 노섭의 청원서에 이름이 명기된 솔로몬 노섭과 흑인인 그의 아버지 민투스 노섭(그의 아내는 물라토)을 잘 알고 있습니다. 민투스 노섭은 그의 아내와 두 아들(조지프와 솔로몬)과 함께 1828년까지 수년간 포트에드워드에 살았고, 1829년에 사망했습니다. 증인은 1828년 당시 이 마을의 치안판사였으며 솔로몬 노섭과 앤 햄프턴(청원서에 서명한 앤 솔로몬)의 결혼식에 참석했습니다. 증인은 솔로몬이 뉴욕 주의 자유인이었으며 증인의 시야에서 사라진 1840년경까지 뉴욕 주에서 살았음을 분명하게 말합니다. 최근에 소식을 듣고 솔로몬 노섭이 루이지애나 주 어보이엘르 패리시 마크스빌에서 노예생활을 하고 있다는 사실을 알게 됐습니다. 그리고 민투스 노섭이 사망할 당시 나이는 60세 가까이 됐으며 그가 죽기 전 30년 이상은 뉴욕 주의 자유인으로 살았습니다. 솔로몬 노섭의 부인인 앤 노섭은 온화한 품성의 소유자로 주위의 평판도 좋습니다. 여기 청원서에 있는 그녀의 진술은 전적으로 신뢰할 수 있는 것입니다.

티머시 에디
위 사실을 본인 입회하에 서명하고 선서함
1852년 11월 19일 치안판사 티미 스타우턴

## 뉴욕 주

워싱턴 카운티, 구

워싱턴 카운티 샌디힐 마을의 헨리 B. 노섭은 다음과 같은 사실을 말함에 거짓이 없음을 엄숙히 선서합니다. 증인의 나이는 47세이고 줄곧 워싱턴 카운티에서 살고 있습니다. 증인은 청원서에 명기된 민투스 노섭을 1829년 포트에드워드에서 사망할 때까지 알고 있었습니다. 그리고 민투스의 아이들, 즉 솔로몬과 조지프도 알고 있습니다. 증인이 아는 바로는, 그 두 명은 모두 워싱턴 카운티에서 태어났습니다. 증인은 앤 노섭의 청원서에 명기된 솔로몬과 어린 시절부터 가까이 지냈습니다. 솔로몬은 1841년경까지 줄곧 워싱턴 카운티와 그 인근 지역에서 살았습니다. 솔로몬은 읽고 쓸 줄 알았습니다. 솔로몬과 그의 부모는 뉴욕 주의 자유인이었습니다. 증인은 1841년경에 뉴올리언스 인장이 찍힌 편지 한 통을 솔로몬에게서 받았는데, 편지에는 그가 워싱턴 시에서 일하고 있을 때 납치돼 증명서를 빼앗기고 족쇄가 채워진 채 배에 태워졌고 그때부터 노예로 전락하고 말았으며 그가 어디로 가고 있는지 모른다고 적혀 있었습니다. 솔로몬은 증인에게 자신이 자유를 되찾게끔 도와달라고 간절하게 부탁했고, 증인은 이러한 편지 내용을 사실이라 믿었습니다. 증인은 이 편지를 잃어버렸거나 어딘가에 두고 찾지 못하고 있었습니다. 이후 증인은 솔로몬이 어디 있는지 찾아내려고 애를 썼지만 지난 9월까지 그의 흔적을 더 이상 찾을 수 없었습니다. 증인은 솔로몬이 루이지애나 주 어보이엘르 패리시 마크스빌 혹은 그 근처에서 노예로 붙잡혀 있다는 내용의 편지를 근거로 솔로몬의 행방을 조사했습니다. 그리고 이러한 편지 내용이 사실이고 솔로몬이 부당하게 붙잡혀 마크스빌에서 지금 노예생활을 하고 있다는 사실을 진심으로 믿게 됐습니다.

헨리 B. 노섭
위 사실을 본인 입회하에 서명하고 선서함
1852년 11월 20일
치안판사 찰스 휴즈

## 뉴욕 주

워싱턴 카운티, 구

워싱턴 카운티 샌디힐 마을의 니콜라스 C. 노섭은 다음과 같은 사실을 말함에 거짓이 없음을 엄숙히 선서합니다. 증인은 지금 58세이며 앤 노섭의 청원서에 명기된 솔로몬 노섭을 그가 태어났을 때부터 알고 있습니다. 솔로몬은 현재 45세가량 되었고, 뉴욕 주의 워싱턴 카운티 혹은 에식스 카운티에서 태어났으며, 1841년경까지 뉴욕 주에서 살았습니다. 이후 몇 주 전에 소식을 듣기 전까지 그를 보지 못했고, 어디 있는지도 몰랐습니다. 소식을 들은 지금 증인은 솔로몬이 루이지애나 주에서 노예생활을 하고 있는 것을 알게 되었습니다. 솔로몬은 워싱턴 카운티의 포트에드워드에서 24년 전에 결혼을 했고 그의 아내와 두 딸과 아들 하나는 현재 뉴욕 주 워런 카운티 글렌즈폴스에서 살고 있습니다. 솔로몬 N. 노섭은 뉴욕 주의 시민이며 자유인으로 태어났고 어린 시절부터 뉴욕 주의 워싱턴, 에식스, 워런 그리고 새러토가 카운티에서 살았으며, 솔로몬이 결혼한 후 이 지역을 떠나본 적이 없습니다. 증인은 솔로몬 노섭의 아버지를 알고 있습니다. 민투스 노섭이라는 이름의 흑인이었습니다. 그는 1829년 11월 22일 뉴욕 주 워싱턴 카운티의 포트에드워드에서 사망했고, 샌디힐의 묘지에 묻혔습니다. 사망하기 전에 30년 이상을 에식스, 워싱턴, 렌셀러 카운티에서 살았고, 삶의 원천이었던 그의 아내와 두 아들(조지프와 솔로몬)을 떠났습니다. 솔로몬의 어머니는 물라토로 뉴욕의 오스위고 카운티에서 5~6년 전에 사망했습니다. 증인은 솔로몬 노섭이 태어날 당시 노예가 아니었고 지난 50년간 그 어느 때도 노예인 적이 없었다고 증언합니다.

니콜라스 C. 노섭
위 사실을 본인 입회하에 서명하고 선서함
1852년 11월 19일
치안판사 찰스 휴즈

## 뉴욕 주

워싱턴 카운티, 구

뉴욕 주 워싱턴 카운티 샌디힐 마을의 오빌 클라크는 엄숙히 선서하고 증언합니다. 증인은 50세가 넘었습니다. 1810년과 1811년 혹은 그 시기의 대부분을 샌디힐과 글렌즈폴스에서 살았습니다. 증인은 흑인 혹은 유색인인 민투스 노섭을 알고 있습니다. 그는 당시 자유인이었습니다. 이것은 사실입니다. 증인은 1818년부터 민투스 노섭이 사망한 때인 1829년경까지 그와 상당히 가깝게 지냈습니다. 그는 그가 거주하는 지역에서 훌륭한 인물이었으며 자유인이었습니다. 모든 친지로부터 환대받고 존경받았습니다. 또한 증인은 그의 아들인 솔로몬 노섭과 1818년부터 그가 이 지역을 떠난 1840년 혹은 1841년경까지 가깝게 지냈습니다. 그는 윌리엄 햄프턴의 딸이자 증인의 가까운 이웃인 앤 햄프턴과 결혼했습니다. 솔로몬의 아내인 앤은 지금 이곳에서 가까운 곳에 살고 있습니다. 민투스 노섭과 윌리엄 햄프턴은 이 지역에서 모두 존경받는 인물이었습니다. 증인이 그들과 처음 알게 된 때인 1810년부터 민투스 노섭과 그의 가족 그리고 윌리엄 햄프턴과 그의 가족은 평판이 좋고 존경과 환대를 받았으며, 뉴욕 주의 진정한 자유 시민이었습니다. 증인은 윌리엄 햄프턴이 뉴욕 주의 법에 의한 투표권을 부여받았다는 사실을 알고 있으며, 민투스 노섭 역시 자유 시민으로서 재산소유 권한을 부여받았다고 믿고 있습니다.

민투스의 아들이자, 뉴욕 주를 떠날 당시 앤 햄프턴의 남편이었던 솔로몬 노섭은 그 당시 뉴욕 주의 자유 시민이었습니다. 또한 솔로몬 노섭의 아내인 앤 햄프턴은 좋은 품성을 가진 존경할 만한 여인입니다. 그녀의 남편과 관련해서 주지사에게 낸 청원서의 진술 내용이 사실이라고 믿습니다.

오빌 클라크

위 사실을 본인 입회하에 서명하고 선서함

1852년 11월 19일

치안판사 U. G. 패리스

## 뉴욕 주

워싱턴 카운티, 구

워싱턴 카운티 샌디힐 마을의 벤저민 페리스는 엄숙히 선서하고 증언합니다. 증인은 57세이며 샌디힐에서 45년째 살고 있습니다. 앤 노섭의 청원서에 언급된 민투스 노섭과 1816년부터 그가 포트에드워드에서 사망한 1829년까지 가까이 지냈습니다. 청원서에 언급된, 민투스의 두 아들 조지프 노섭과 솔로몬 노섭도 알고 있습니다. 민투스 노섭은 사망할 때까지 워싱턴 카운티에서 살았고, 증인에 의하면 이 기간 내내 뉴욕 주의 자유인으로 살았습니다. 청원인 앤 노섭은 좋은 품성을 가진 여인이며 그녀의 청원서에 담긴 진술은 신뢰할 수 있습니다.

벤저민 페리스
위 사실을 본인 입회하에 서명하고 선서함
1852년 11월 19일
치안판사 U. G. 패리스

## 뉴욕 주

올버니 행정부, 1852년 11월 30일

이로써 저는 위에서 진술한 내용이 행정부에 제출된 증거물과 동일함을 증명합니다. 이에 따라 저는 청원서에 명기된 솔로몬 노섭을 위해 적절한 조치를 취할 대리인으로 헨리 B. 노섭을 임명합니다.

워싱턴 헌트

뉴욕 주

주지사

보좌관 J. F. R.

## 뉴욕 주

행정부

이와 관련한 뉴욕 주 주지사 워싱턴 헌트의 답변


이로써 저는 이 주의 자유인인 솔로몬 노섭이 불법으로 납치돼 루이지애나 주에서 노예생활을 하고 있다는 (성경에 맹세한) 충분한 정보를 입수했습니다:

또한 이로써 주 법에 의거해 불법으로 납치돼 노예생활을 하는 시민을 찾아내 자유를 회복시키고 이 주로 복귀시키는 것이 제 임무가 됐습니다:

여러분이 잘 아시는 1840년에 제정된 주 법률안 375조를 이행할 때 저는 솔로몬 노섭을 원래대로 복귀시키는 데 필요한 모든 권한을 지닌 주 워싱턴 카운티의 대리인으로 헨리 B. 노섭 씨를 임명해 임무를 부여합니다. 이로써 위 대리인은, 증거를 확보해 협의 과정을 거쳐 임무를 완수하기 위한 조치를 취하는 데 필요한 적절한 법적 절차를 시작하는 권한과 권능을 부여받았습니다.

대리인은 또한 임무를 완수하는 데 필요한 모든 편의를 제공받으며 루이지애나 주로 급파되었습니다.


위 증언에 대해, 저는 여기 제 이름을 서명하고 주의 인장을 날인합니다.

1852년 11월 23일 올버니에서

워싱턴 헌트

보좌관 제임스 E. 러글스

# 루이지애나 주

어보이엘르 패리시

1852년 11월 23일, 뉴욕 주지사 워싱턴 헌트의 뉴욕 주 대리인으로 임명을 받아, 뉴욕 주의 자유인이며 납치돼 루이지애나 주로 노예로 팔려가 현재 어보이엘르 패리시에서 에드윈 엡스의 소유로 있는 유색 자유인인 솔로몬 노섭을 노예 상태에서 해방시킬 권한과 직능을 부여받은 뉴욕 주 워싱턴 카운티의 헨리 B. 노섭이 어보이엘르 패리시의 기록관인 저 아리스티드 바빈 앞에 출두했습니다. 본 서류에 서명한 대리인은 에드윈 엡스가 대리인이 제시한 증거들을 인정하고, 전술한 유색 자유인인 솔로몬 노섭이 노예 상태에서 풀려나 뉴욕 주로 돌아가도록 대리인에게 솔로몬 노섭을 위임 양도한 것에 그리고 솔로몬 노섭이 자유를 되찾게 된 것에 감사드립니다. 담당 부서는 본 법령에 관계된 대리인의 권한을 인정합니다.

위 서류는 1853년 1월 4일, 어보이엘르 패리시 마크스빌에서

여기 서명한 증인들의 입회하에 작성되고 서명됨.

헨리 B. 노섭

에드윈 엡스

기록관 ADE. 바빈

증인

H. 타일러

존 P. 와딜

**루이지애나 주**

어보이엘르 패리시

저는 위에 기술한 내용이 원본과 제 기록서류의 사본과 다르지 않음을 증명합니다.

1853년 1월 4일, 루이지애나 주 어보이엘르 패리시에서, 기록관의 직접 서명과 부서 인장과 함께 제출됨.

# 노예 12년

| | |
|---|---|
| **초판 인쇄** | 2014년 2월 10일 |
| **초판 발행** | 2014년 2월 17일 |

| | |
|---|---|
| **지은이** | 솔로몬 노섭 |
| **엮은이** | 데이비드 윌슨 |
| **옮긴이** | 박우정 |
| **펴낸이** | 강성민 |
| **기획** | 노만수 |
| **편집** | 이은혜 박민수 이두루 |
| **편집보조** | 김용숙 |
| **마케팅** | 이연실 정현민 지문희 |
| **온라인 마케팅** | 김희숙 김상만 한수진 이천희 |
| **독자모니터링** | 황치영 |

| | |
|---|---|
| **펴낸곳** | (주)글항아리 | 출판등록 2009년 1월 19일 제406-2009-000002호 |
| **주소** | 413-120 경기도 파주시 회동길 210 |
| **전자우편** | bookpot@hanmail.net |
| **전화번호** | 031-955-8891(마케팅) 031-955-8897(편집부) |
| **팩스** | 031-955-2557 |

| | |
|---|---|
| ISBN | 978-89-6735-094-9 03900 |

글항아리는 (주)문학동네의 계열사입니다.

이 도서의 국립중앙도서관 출판시도서목록(CIP)은 서지정보유통지원시스템 홈페이지(http://seoji. nl.go.kr)와 국가자료공동목록시스템(http://www.nl.go.kr/kolisnet)에서 이용하실 수 있습니다. (CIP제어번호 : CIP2014003679)